Reihe Rechtswissenschaft
Band 194

Die Sicherung des Erbbauzinses bei der Zwangsversteigerung des Erbbaurechts

Astrid Fischer

Centaurus Verlag & Media UG 2002

Astrid Fischer, Dr. jur., studierte Rechtswissenschaften und promovierte 2001 an der Universität Bochum. Sie ist als Justitiarin der Ingenieurkammer-Bau Nordrhein-Westfalen sowie als Lehrbeauftragte für Baurecht an der Fachhochschule Aachen tätig.

Die Deutsche Bibliothek – CIP-Einheitsaufnahme

Fischer, Astrid:
Die Sicherung des Erbbauzinses bei der Zwangsversteigerung des Erbbaurechts / Astrid Fischer. – Herbolzheim : Centaurus-Verl., 2002
(Reihe Rechtswissenschaft ; Bd. 194)
Zugl.: Bochum, Univ., Diss., 2001
ISBN 978-3-8255-0366-6 ISBN 978-3-86226-377-6 (eBook)
DOI 10.1007/978-3-86226-377-6

ISSN 0177-2805

Satz: Kumpernatz + Bormann, Hamburg
Umschlaggestaltung: DTP-Studio, A. Walter, Hinterzarten

Für Ilse

Inhaltsübersicht

Inhaltsverzeichnis

Seite

I. Das Erbbaurecht ohne Erbbauzins

Ein Erbbaurecht ohne Erbbauzins ist ein Erbbaurecht ohne Entgelt[1]. Herkömmlicherweise wird damit aber der Wegfall der Verpflichtung des jeweiligen künftigen Erbbauberechtigten zur Zahlung von Erbbauzinsen in der Zwangsversteigerung des Erbbaurechts verbunden[2]. Der Grundstückseigentümer hat gegen den Ersteher[3], obwohl dieser neuer Inhaber des Erbbaurechts ist, keinen Anspruch auf Fortzahlung des Erbbauzinses.

Dieses Problem gilt bis heute als das schwierigste des Erbbaurechts[4].

Der Grund liegt in den schwerwiegenden wirtschaftlichen Folgen, die mit dem Ausfall des Anspruchs verbunden sind. Sieht der Grundstückseigentümer der Zwangsversteigerung des Erbbaurechts tatenlos zu, behält er zwar in jedem Fall das Eigentum an dem Grundstück, muß aber die Nutzung des Grundstücks unter Umständen für die weitere Laufzeit des Erbbaurechts ohne das hierfür vereinbarte Entgelt, d.h. ohne den Erbbauzins, dulden. Der Grundstückseigentümer kann dieses Dilemma nicht durch die Veräußerung des Grundstücks lösen. Ein mit einem Erbbaurecht belastetes Grundstück, für das kein Erbbauzins gezahlt wird, ist für einen potentiellen Käufer in der Regel uninteressant.

Ein besonders krasses Beispiel für diese Folgen der Zwangsversteigerung bietet ein Fall, über den der Bundesgerichtshof am 25. September 1981 zu entscheiden hatte[5]. Zugrunde lag ein auf 99 Jahre bestelltes, also befristetes Erbbaurecht. Es wurde im Jahr 1973 ausgegeben. Im darauffolgenden Jahr verlangte der Erbbauberechtigte von den Grundstückseigentümern die Zustimmung zur Belastung des Erbbaurechts mit einer Grundschuld. Weiter verlangte er, der Grundschuld den Vorrang vor der den Erbbauzinsanspruch sichernden Reallast einzuräumen. Die Grundstückseigentümer stimmten zu. Sie räumten auch, wie verlangt, den Vorrang ein, indem sie mit ihrer Erbbauzins-

---

1 Zu den Begriffen „Erbbauzins" und „Erbbauzinsanspruch" s. II. 1. a) aa), S. 19.

2 Beschlußempfehlung und Bericht des Rechtsausschusses (6. Ausschuß) zu dem Gesetzesentwurf der Bundesregierung, Drucks. 12/5992, in: BT-Drucks. 12/7425 vom 27.4.1994, S. 3 (nachfolgend als BT-Drucks. 12/7425 bezeichnet); OLG Hamm, DNotZ 1987, S. 40 (42); Groth, DNotZ 1983, S. 652 (653); Herbig/Gaitzsch/Hügel/Weser, S. 81; Klawikowski, Rpfleger 1995, S. 145 Anm. III; von Oefele, DNotZ 1995, S. 643 (645); Stöber, Rpfleger 1996, S. 136; Tradt, DNotZ 1983, S. 370 (371); Wenzel, Zeitschrift für Bankrecht und Bankwirtschaft 1995, S. 359 (360, 362); Winkler, NJW 1985, S. 940 (941).

3 Zum schuldrechtlichen Erbbauzinsanspruch gegen den früheren Erbbauberechtigten s. unten II. 1. c) und II. 2. b).

4 Eichel, DNotZ 1995, S. 91; Herbig/Gaitzsch/Hügel/Weser, S. 81; Ingenstau/ Hustedt, § 9 ErbbauV Rn. 86; Linde-Richter, Rn. 264 und 145; MüKo-von Oefele, 2. Aufl., vor § 1 ErbbauV, Rn. 10 (unklar dagegen ders. in der 3. Aufl., a.a.O.); von Oefele, DNotZ 1995, S. 91; ders., DtZ 1995, S. 158 (162); von Oefele/Winkler, S. V (Vorwort); Stöber, Zwangsvollstreckung in das unbewegliche Vermögen, Rn. 392.

5 BGHZ 81, S. 358 ff.

reallast zurücktraten. Ein Dritter erwarb die Grundschuld und betrieb daraus die Zwangsversteigerung des Erbbaurechts. Aufgrund des Zuschlages erlosch der Erbbauzinsanspruch der Grundstückseigentümer[6]. Es entstand im vierten Jahr nach Bestellung des Erbbaurechts ein Erbbaurecht ohne Erbbauzins, d.h., die Grundstückseigentümer und ihre Rechtsnachfolger erhalten bis zum Jahr 2072 keine Vergütung für die Überlassung ihres Grundstücks. Da bei Abschluß des Erbbaurechtsvertrages ein vierteljährlicher Erbbauzins in Höhe von 1.500 DM vereinbart wurde[7], beträgt der wirtschaftliche Schaden der Grundstückseigentümer ohne Berücksichtigung einer verzinslichen Anlage 570.000 DM. Der Ersteher kann dagegen das Erbbaurecht 95 Jahre nutzen, ohne den Grundstückseigentümern dafür ein Entgelt zahlen zu müssen.

Wenn das Erbbaurecht unbefristet, d.h. als sog. ewiges Erbbaurecht[8] ausgegeben wird, ist der dem Grundstückseigentümer durch die Zwangsversteigerung entstehende Nachteil noch gravierender. In diesem Fall hat das Erbbaurechtsgrundstück für den Grundstückeigentümer für alle Zeiten keinen wirtschaftlichen Wert mehr.

Die Lösung des Problems „Erbbaurecht ohne Erbbauzins" ist durch die politische Entwicklung in Deutschland noch dringlicher geworden. Es ist zu erwarten, daß in den neuen Bundesländern künftig eine Vielzahl von neuen Erbbaurechten bestellt wird[9]. Aufgrund der Vereinigung müssen die vorhandenen alten Sachenrechte im Sinne des Rechts der früheren Deutschen Demokratischen Republik in das Sachenrechtssystem der Bundesrepublik Deutschland überführt werden. In den fünf neuen Bundesländern haben die Eigentümer von insgesamt 360.000 Gebäudeeinheiten, d.h. ca. 250.000 Eigenheimen, 90.000 Wirtschaftsgebäuden und 20.000 Gebäuden aus staatlichem oder genossenschaftlichem Wohnungsbau[10], deren Gebäude sämtlich auf fremdem Boden errichtet wurden, die Möglichkeit, das Rechtsverhältnis mit dem Grundstückseigentümer durch Abschluß eines Erbbaurechtsvertrages[11] zu klären,

---

6 BGHZ 81, S. 358 (359, 361).

7 BGHZ 81, S. 358 (359 ff.).

8 LG Deggendorf, MittBayNot 1987, S. 254; Böttcher, Praktische Fragen des Erbbaurechts, Rn. 76; von Oefele/Winkler, Rn. 2.146; Palandt-Bassenge, § 27 ErbbauV Rn. 1; Staudinger-Ring, § 1 ErbbauV Rn. 30; Winkler, NJW 1992, S. 2514 (2516).

9 Die Bundesregierung bei Einbringung der Gesetzesinitiative, bei der das Bundesjustizministerium federführend war, in: BT-Drucks. 12/5992 vom 27.10.1993 (nachfolgend als „BT-Drucks. 12/5992" bezeichnet), S. 61 Ziffer 3; Claussen, WiB 1995, S. 864 (867); Wenzel, Zeitschrift für Bankrecht und Bankwirtschaft 1995, S. 357.

10 BT-Drucks. 12/5992, S. 95 Anm. 2) b) aa); Herbig/Gaitzsch/Hügel/Weser, S. V; Vossius, Vorwort.

11 Von den nach den §§ 32-60 SachRÄndG zu bestellenden Erbbaurechten sind die im Zeitpunkt der Vereinigung im Beitrittsgebiet bestehenden Erbbaurechte zu unterscheiden. Diese existieren fort. Für sie gilt die Sonderregelung in § 112 SachenRÄndG. Ausführlich zu diesen Erbbaurechten: Flik, DtZ 1997, S. 146 ff.

§§ 32-60 SachenRÄndG[12]. Wenn ein solches Erbbaurecht in die Zwangsversteigerung gerät, besteht wie bei den im alten Bundesgebiet bestellten Erbbaurechten die Gefahr, daß es der Ersteher ohne die Verpflichtung erwirbt, Erbbauzinsen zu zahlen.

Der Gesetzgeber hatte wohl die Absicht, das Problem im Sachenrechtsänderungsgesetz zu lösen[13]. Das am 1. Oktober 1994 in Kraft getretene und insbesondere die Erbbaurechtsverordnung novellierende Gesetz hat dieses Ziel aber – wie noch zu zeigen sein wird – nur teilweise erreicht[14]: Der Erbbauzins bleibt weiterhin nicht kraft Gesetzes bestehen. Von der Änderung profitieren somit nur die Grundstückseigentümer, die nach Inkrafttreten der Novelle ein Erbbaurecht ausgeben und dabei von der neugeschaffenen Möglichkeit Gebrauch machen, mit dem Erbbauberechtigten das Bestehenbleiben des Erbbaurechts als Inhalt der Erbbauzinsreallast i.S.d. § 9 Abs. 3 S. 1 Nr. 1 ErbbauV n.F. zu vereinbaren. Für alle vor dem Inkrafttreten des Sachenrechtsänderungsgesetzes ausgegebenen Erbbaurechte[15] führt die Neuregelung nicht ohne weiteres zu einem Bestehenbleiben des Erbbauzinses in der Zwangsversteigerung. Für das Fortbestehen ist eine Einigung zwischen dem Grundstückseigentümer und dem Erbbauberechtigten über die Änderung der bisherigen Erbbauzinsvereinbarung erforderlich, wozu der Erbbauberechtigte in der Regel nicht bereit sein wird. Er würde durch die Vertragsänderung nur die Stellung des Grundstückseigentümers verbessern, nicht seine eigene: Der Grundstückseigentümer hätte trotz der Zwangsversteigerung des Erbbaurechts in bestimmten Konstellationen fortan gegen den Ersteher einen Anspruch auf Zahlung der Erbbauzinsen aus der Erbbauzinsreallast. Wenn entweder der Grundstückseigentümer aus der Erbbauzinsreallast oder erstrangige oder gleichrangige Grundpfandgläubiger in das Erbbaurecht vollstreckten, entstünde kein Erbbaurecht ohne Erbbauzins[16]. Der bisherige Erbbauberechtigte wird aber durch die Zwangsversteigerung unabhängig davon, ob die Erbbauzinsreallast untergeht oder nicht, frei von der Verpflichtung,

12 Das Gesetz zur Änderung sachenrechtlicher Bestimmungen vom 21.9.1994 (BGBl. I, S. 2457 ff.) wird als „Sachenrechtsänderungsgesetz" (SachenRÄndG) bezeichnet.

13 BT-Drucks. 12/5992, S. 183 und S. 193.

14 Ausführlich zu den Gründen s. unten II. 1. b) cc), S. 27, und II. 2. c), S. 56.

15 In Deutschland werden nur selten amtliche oder private Statistiken darüber erstellt, wieviele Erbbaurechte in der Bundesrepublik Deutschland existieren und jährlich neu ausgegeben werden. Eine der wenigen Erhebungen ergab, daß im Jahr 1964 z.B. in Bayern 33.612 und in Hessen 18.472 existierten (Statistisches Bundesamt Wiesbaden, Reihe 7.5.2, Fachserie 14, Finanzen und Steuern, S. 21). Sechs Jahre später waren es mehrere tausend Erbbaurechte mehr, d.h. insgesamt 39.278 in Bayern und 19.556 in Hessen (von Oefele/Winkler, Rn. 1.15). Seit 1997 liegt eine neue Studie vor (GEWOS, Erbbaurechte in Westdeutschland). Ermittelt wurde, wie viele Erbbaurechte in den alten Bundesländern im Jahr 1995 zu Wohnzwecken neu bestellt wurden (GEWOS, S. 5 Anm. 4.1.). Danach entfielen auf 137.000 abgeschlossene Kaufverträge 3.900, d.h. 2,9%, auf Erbbaurechte (GEWOS, S. 6 Anm. 4.2.) Im Land Nordrhein-Westfalen waren es 46 von 1.000 (GEWOS, S. 12 Anm. 4.4.).

16 S. unten II. 2. c).

den durch sie gesicherten Erbbauzins zu zahlen[17]. Außerdem besteht trotz der Einigung nach § 9 Abs. 3 S. 1 Nr. 1 ErbbauV n.F. die Gefahr des Ausfalls der Erbbauzinsreallast. Betreibt ein Gläubiger der Rangklasse gem. § 10 Abs. 1 Nr. 1-3 ZVG die Zwangsversteigerung des Erbbaurechts, entsteht unbeachtlich der vermeintlich schützenden Vereinbarung ein Erbbaurecht ohne Erbbauzins[18].

Die Arbeit widmet sich der Frage, in welcher Weise der Grundstückseigentümer den Wegfall des Erbbauzinses verhindern kann. Sie versucht, einen Lösungsweg dahin aufzuzeigen, daß der Grundstückseigentümer den Erbbauzins durch die Verbindung der Gläubigerablösung mit dem erbbaurechtlichen Sonderinstitut des Heimfalls retten kann. Voraussetzung hierfür ist allerdings, daß die Anordnung der Zwangsversteigerung im Erbbaurechtsvertrag als Heimfallgrund vereinbart ist, was in der Praxis nahezu ausschließlich der Fall ist[19], und der Heimfallanspruch nicht verjährt ist. Der Abrede über diesen Heimfallgrund kommt also entscheidende Bedeutung für die vorliegende Untersuchung zu; fehlt sie ausnahmsweise, ist der Grundstückseigentümer auf die bislang entwickelten Schutzmöglichkeiten angewiesen, die den Erbbauzins aber überwiegend nicht retten können[20].

Es wird erläutert, in welchen Fällen ein Erbbaurecht ohne Erbbauzins entsteht (II.). Es muß ein Anspruch des Grundstückseigentümers gegen den Erbbauberechtigten auf Zahlung von Erbbauzinsen begründet werden (II. 1.), der durch die Zwangsversteigerung entfällt (II. 2.). Dabei wird besonders auf den durch das Sachenrechtsänderungsgesetz neugeschaffenen dinglichen Erbbauzins i.S.d. § 9 Abs. 3 S. 1 Nr. 1 ErbbauV n.F. eingegangen (II. 2. c)).

Danach wird – mit in den meisten Fällen ablehnendem Ergebnis – diskutiert, ob die bislang bekannten Schutzmöglichkeiten den herkömmlichen und den neuen Erbbauzins retten können (III.).

Anschließend wird die taktische Verknüpfung der Institute vorgestellt (IV.). Bei der Erörterung (V.) wird vor allem geprüft, ob dem Grundstückseigentümer Arglist vorzuhalten ist, wenn er zur Entstehung eines Heimfallanspruchs die Zwangsversteigerung des Erbbaurechts erneut einzuleiten versucht und den Heimfallanspruch geltend macht. Unter Berücksichtigung der vollstreckungsrechtlichen Besonderheiten wird die Entwicklung spezieller vollstreckungsrechtlicher Fallgruppen des § 242 BGB untersucht, wobei die bislang zum materiellen Recht und zum Prozeßrecht entwickelte Kasuistik und Forschung nutzbar gemacht werden. Die Konsequenzen der in dieser Arbeit vorgeschlagenen Schutzmöglichkeit werden dargestellt (VI.). Abschließend werden die wesentlichen Ergebnisse zusammengefaßt (VII.).

---

17 Etwas anderes gilt für den schuldrechtlichen Erbbauzins (s. II. 2. b)).

18 S. unten II. 1. c) und II. 2. c). Im Ergebnis zustimmend: Herbig/Gaitzsch/Hügel/ Weser, S. 83 ff.; H. Mohrbutter/Chr. Mohrbutter, ZIP 1995, S. 806 (810 f.).

19 Glaser, S. 29, 160; Linde-Richter, Rn. 106 f.; MüKo-von Oefele, § 2 ErbbauV Rn. 27.

20 Vgl. im einzelnen unten III.

II. Die Entstehung des erbbauzinslosen Erbbaurechts

Das Erbbaurecht ohne Erbbauzins könnte in der Zwangsversteigerung des Erbbaurechts nach wie vor aufgrund der besonderen Rechtsnatur des Erbbauzinses entstehen. Wenn außer dem Erbbauzins, der wie im Ausgangsfall des Bundesgerichtshofs durch die Reallast gesichert ist, noch andere Arten von Erbbauzinsen existieren, könnte die jeweilige Erscheinungsform des Erbbauzinses dessen Rechtsnatur beeinflussen. In welcher Form der Erbbauzins geschuldet wird, entscheidet sich möglicherweise bereits bei der Begründung der Verpflichtung des Erbbauberechtigten. Entsteht die Erbbauzinsschuld kraft Gesetzes z.B. bei der Bestellung des Erbbaurechts und würde das Gesetz den Inhalt regeln, hätten der Grundstückseigentümer und der Erbbauberechtigte keinen Einfluß auf die Art. Existiert die Verpflichtung zur Zahlung von Erbbauzinsen dagegen nur aufgrund einer Vereinbarung, ist denkbar, daß die Vertragspartner nicht nur über das „Ob", sondern gleichfalls über das „Wie", d.h. die Erscheinungsform des Erbbauzinses, disponieren können. Bestimmt die Rechtsnatur der jeweiligen Erscheinungsform, ob in der Zwangsversteigerung ein Erbbaurecht ohne Erbbauzins entsteht, haben die Parteien das Schicksal des Erbbauzinses zumindest bei der Begründung der Verpflichtung in der Hand.

Es soll deshalb zum Verständnis der späteren Abspaltung des Erbbauzinses vom Erbbaurecht untersucht werden, auf welche Weise der Erbbauzins entsteht (1.), wobei der Begriff zuerst allgemein (a)) und anschließend die speziellen Erscheinungsformen erläutert werden (b)-d)). Danach wird erörtert, unter welchen Voraussetzungen sich der jeweilig geschuldete Erbbauzins von dem Erbbaurecht löst (2.), bevor die Frage der Kombination von Erscheinungsformen behandelt (3.) und schließlich die Konstellationen, auf die es maßgeblich ankommt, zusammengefaßt werden (4.).

1. Die Entstehung des Erbbauzinses

a) Die Begriffsbestimmung des Erbbauzinses

aa) Die Abgrenzung zum Erbbauzinsanspruch

Die Erbbaurechtsverordnung verwendet z.B. in § 9 Abs. 1 ErbbauV den Begriff „Erbbauzins", in den Absätzen 3 und 4 derselben Vorschrift dagegen die Bezeichnung „Erbbauzinsanspruch". Die Legaldefinition des Erbbauzinses in § 9 Abs. 1, 1. Halbs. ErbbauV lautet:

„Wird für die Bestellung des Erbbaurechts ein Entgelt in wiederkehrenden Leistungen (Erbbauzins) ausbedungen, ...“

Der Erbbauzins ist demnach das als Gegenleistung vereinbarte, wiederkehrende Entgelt. Dieses kann theoretisch in einer Sachleistung oder in Geld bestehen[21]. Die Praxis kennt heute nur noch den Erbbauzins in Geld[22]. Dabei handelt es sich nicht um einen Zins i.S.d. § 246 BGB. Dieser ist die Vergütung für den Gebrauch eines auf Zeit überlassenen Kapitals[23] und damit eine Nebenschuld, während der Erbbauzins keine Gegenleistung für ein dem Erbbauberechtigten überlassenes Kapital darstellt, sondern für die Bestellung eines Erbbaurechts geschuldet wird und damit eine Hauptschuld ist [24].

Der Erbbauzinsanspruch ist demgegenüber das Recht des Gläubigers, von dem Erbbauberechtigten die Zahlung des Erbbauzinses zu verlangen, § 194 BGB.

Die Begriffe werden oft nicht differenziert, sondern synonym[25] oder in anderem Sinn gebraucht[26]. Wenn beispielsweise vom „Erbbaurecht ohne Erbbauzins“ die Rede ist, so ist damit üblicherweise gemeint, daß das Erbbaurecht ohne die Verpflichtung des jeweiligen Erbbauberechtigten fortexistiert, ein Entgelt an den Grundstückseigentümer zu zahlen, d.h. unter dem Erbbauzins wird in diesem Fall die Erbbauzinsschuld verstanden[27].

bb) Der Rechtsgrund

Wenn aufgrund der Bestellung des Erbbaurechts ein Erbbauzins geschuldet würde, bestünde bei der Zwangsversteigerung eines Erbbaurechts stets die Gefahr, daß es der Ersteher ohne die Verpflichtung erwirbt, Erbbauzinsen zu zahlen. Eine Entstehung des Anspruchs kraft Gesetzes scheidet aus, da das Recht nach dem eindeutigen Wortlaut des § 9 Abs. 1 S. 1 ErbbauV[28] „ausbedungen“ werden muß.

Es stellt sich die Frage, welche Konsequenzen das Fehlen einer solchen Abrede hat. Denkbar wäre, daß davon die Wirksamkeit der Bestellung des Erbbaurechts abhinge. Für die Ausgabe oder das Fortbestehen eines Erbbaurechts ist

21 So ebenfalls z.B. Wilhelm, Rn. 1146; Winkler, NJW 1992, S. 2514 (2517).

22 Böttcher, Praktische Fragen des Erbbaurechts, Rn. 267.

23 BGH NJW-RR 1992, S. 591 (592).

24 Böttcher, Praktische Fragen des Erbbaurechts, Rn. 267.

25 Beispielsweise bei BGHZ 81, S. 358 (361).

26 Z.B.: Staudinger-Ring, § 9 ErbbauV Rn. 10 und 13; anders wieder ders. in § 9 ErbbauV Rn. 30 f.

27 S. oben I., S. 15, und Fn. 2.

28 Zitiert auf S. 19, II. 1. a) aa).

eine Einigung über die Zahlung von Erbbauzinsen aber nicht notwendig[29]. Folglich könnten theoretisch Erbbaurechte in die Zwangsversteigerung geraten, für die zu keinem Zeitpunkt Erbbauzinsen geschuldet wurden.

In der Praxis ist jedoch eine entsprechende Vereinbarung üblich[30]. Der Grundstückseigentümer verlangt in der Regel einen Gegenwert dafür, daß er dem Erbbauberechtigten die wirtschaftliche Nutzung des Grundstücks überläßt[31]. Nur ausnahmsweise werden Erbbaurechte gegen eine einmalige Zahlung[32] oder unentgeltlich[33] bestellt, wenn die öffentliche Hand öffentliche Gebäude auf Erbbaugrundstücken errichten möchte[34]. Diese originär ohne Erbbauzinsanspruch ausgegebenen Erbbaurechte sind aufgrund ihrer Seltenheit nicht relevant. In der Praxis droht daher bei nahezu jedem Erbbaurecht, das in die Zwangsversteigerung gerät, der Wegfall der Erbbauzinsschuld des Erstehers[35].

cc) Die Höhe des Schadens

Die Höhe des Schadens richtet sich nach dem Umfang der Leistungen, die der Erbbauberechtigte ohne die Zwangsversteigerung noch erbringen müßte[36]. Dabei kommt es maßgeblich auf die Höhe der Einzelleistungen, deren Häufigkeit und Dauer an.

aaa) Der Umfang des Erbbauzinses bei der Ausgabe des Erbbaurechts

Der Gesetzgeber hat die anfängliche Höhe des Erbbauzinses nicht begrenzt, Grundstückseigentümer und Erbbauberechtigter können insoweit also beliebige

---

29 Mugdan, Materialien Bd. III, S. 261; Amtliche Begründung zu § 9 ErbbauV, abgedruckt bei Samoje; RGZ 61, S. 1 (3); Günther, S. 26; Samoje, § 9 ErbbauV Anm. 1; Staudinger-Ring, § 1 ErbbauV Rn. 37; Winkler, NJW 1992, S. 2514 (2517).

30 So z.B. GEWOS, Erbbaurechte in Westdeutschland, S. 2; Winkler, NJW 1992, S. 2514 (2517).

31 BVerfG NJW 1996, S. 43 (44); Böttcher, Praktische Fragen des Erbbaurechts, Rn. 267; Claussen, WiB 1995, S. 864 (865); Geissel, S. 25; Ingenstau/Hustedt, § 9 ErbbauV Rn. 1; Wang, S. 11.

32 Winkler, NJW 1992, S. 2514 (2517). Es gibt manchmal Fälle, in denen der Erbbauberechtigte die Wahl zwischen der Zahlung eines Erbbauzinses oder einer einmaligen Ablösesumme hat, bei deren Zahlung der Erbbauzinsanspruch entfällt (RGZ 85, S. 244 (248); Ingenstau/Hustedt, § 9 ErbbauV Rn. 1).

33 Küster, NWB 1995, S. 4189.

34 Wie z.B. Theater oder Museen (Geissel, S. 25; Knothe, S. 238; Richter, S. 13; Stahlhacke, S. 42).

35 Etwas anderes gilt für den Fall, daß ein Erbbaurecht in die Zwangsvollstreckung gerät, bei dem der Erbbauzins bereits durch eine frühere Zwangsversteigerung weggefallen ist. Unter diesen Voraussetzungen besteht für den Grundstückseigentümer kein Handlungsbedarf; die Erörterung dieser Konstellation erübrigt sich.

36 Z.B. 570.000 DM im Beispielsfall des BGH (BGHZ 81, S. 358 (359 ff.)).

Vereinbarungen treffen[37]. In den alten Bundesländern ist ein Entgelt von jährlich 4% bis 8% des Verkehrswerts des Grundstücks[38] oder 2 DM bis 5 DM pro Quadratmeter[39] üblich[40]. Etwas anderes gilt in bestimmten Fällen für die neuen Bundesländer. Unter den Voraussetzungen des § 32 SachenRÄndG[41] kann der Grundstückseigentümer[42] regelmäßig nur 50% des üblichen Erbbauzinses verlangen, § 43 Abs. 1 SachenRÄndG[43]. Die Ziffer 1 dieser Vorschrift sieht beispielsweise für Eigenheime einen Erbbauzins von lediglich 2% des Bodenwerts vor.

---

37 Die Erhöhung des Erbbauzinses ist demgegenüber für ein Erbbaurecht zu Wohnzwecken gem. § 9 a ErbbauV eingeschränkt.

38 Geissel, S. 25; Linde-Richter, Rn. 153; Knothe, S. 236; Richter, S. 15 Fn. 2; Stahlhacke, S. 41; eine andere Ansicht vertritt für Wohnungserbbaurechte Ring: 3-5% (Staudinger-Ring, § 9 ErbbauV Rn. 18).

39 Schreiber, Sachenrecht, Fn. 262; ferner GEWOS, Erbbaurechte in Westdeutschland, S. 3.

40 Dagegen liegt der durchschnittliche Zinssatz für Hypothekarkredite bei Wohngrundstücken mit einer Laufzeit von zehn Jahren im langfristigen Mittel bei ca. 8% (GEWOS, Erbbaurechte in Westdeutschland, S. 3), also mehrere Prozentpunkte höher. Bei gewerblich genutzten Erbbaurechten wird neuerdings in der Literatur diskutiert, neben einem festen Erbbauzins in Höhe von 4% des Grundstücksverkehrswerts zusätzlich einen umsatzabhängigen Erbbauzins zu vereinbaren (Claussen, WiB 1995, S. 974). Gedacht ist beispielsweise an folgenden Fall: Ein kommunaler Eigenbetrieb gibt aufgrund eines örtlichen Strukturwandels einen ehemaligen Lagerplatz auf. Die Gemeinde will das frei gewordene Grundstück nicht veräußern, sondern ein Einkaufszentrum ansiedeln. Sie kann dieses Projekt aber nicht finanzieren. Vorausgesetzt, daß die Gemeinde ein Erbbaurecht bestellt, könnte ein Investor diese Aufgabe übernehmen und die Gebäude anschließend vermieten. Dafür müßten sich die Beteiligten über die Höhe des Erbbauzinses einigen. Die Gemeinde wird aufgrund des Strukturwandels die künftige Entwicklung positiv einschätzen und ein hohes Entgelt verlangen. Dagegen wird der Investor von einer eher langsamen Entwicklung ausgehen und schon aus diesem Grund lediglich einen niedrigen Erbbauzins akzeptieren. Die Unwägbarkeiten der Entwicklung des Einkaufszentrums können durch die Vereinbarung eines festen und eines zusätzlich zu zahlenden, umsatzabhängigen Erbbauzinses kompensiert werden, wobei geregelt werden kann, daß das zusätzliche Engelt nur zu zahlen ist, wenn ein bestimmter Umsatz erzielt wird. Bei einer solchen Abrede ist der Umfang des Schadens des Grundstückseigentümers beim Wegfall in der Zwangsversteigerung von der zukünftigen Geschäftsentwicklung abhängig.

41 Auf diese Fälle wurde bereits eingegangen (s. oben I., S. 15).

42 Das Sachenrechtsänderungsgesetz verwendet eine andere Terminologie. Es bezeichnet den Eigentümer des Bauwerks als „Nutzer“. § 9 SachenRÄndG enthält eine Legaldefinition des Nutzers und beschreibt umfassend den Kreis der Nutzer, die Anspruchsberechtigte im Sinne des Gesetzes sind.

43 Eine Ausnahme von dem Grundsatz, daß der regelmäßige Zins nur die Hälfte des für die entsprechende Nutzung üblichen Zinses beträgt, enthält § 43 Abs. 2 S. 2 SachenRÄndG. Grundsätzlich zu dem im Sachenrechtsbereinigungsgesetz gefundenen Interessenausgleich zwischen Grundstückseigentümer und Erbbauberechtigten: Herbig/Gaitzsch/Hügel/Weser, S. 22 ff.

bbb) Die Fälligkeit des Erbbauzinses

Der Erbbauzins setzt begrifflich wiederkehrende Leistungen voraus[44]. Darunter ist zu verstehen, daß sich die Einzelleistungen von Zeit zu Zeit, wenn auch nicht in gleicher Höhe, wiederholen müssen[45]. Bei einer einmaligen sog. Abfindung, die ohne weiteres zulässig wäre[46], wie beispielsweise bei manchen öffentlichen Gebäuden[47] kann daher nicht von einem Erbbauzins gesprochen werden. Normalerweise werden monatliche, quartalsweise[48] oder jährliche Raten in jeweils gleichbleibender Höhe[49] geschuldet.

ccc) Die Dauer der Zahlung

Schließlich stellt sich die Frage nach der Dauer, für die der Erbbauzins zu zahlen ist. Die Parteien können sie mangels gesetzlicher Regelung frei bestimmen, in der Praxis orientieren sich die Vertragsabreden grundsätzlich an der Laufzeit des jeweiligen Erbbaurechts. Diese beträgt oft 99 Jahre[50]; manchmal werden Erbbaurechte für 30, 50, 64 bis 69, 70[51], 80, 90 oder für 100 Jahren[52] ausgegeben. Ungewöhnliche Laufzeiten wie z.B. eine 69jährige Laufzeit beruhen auf dem Wunsch des Grundstückseigentümers, das Erbbaurecht, das er im Jahr 1931 bestellt hat, nicht über die Jahrtausendwende hinaus laufen zu lassen[53]. Bei den ewigen Erbbaurechten, von denen eingangs schon die Rede war[54], muß der Erbbauberechtigte den Erbbauzins auf unbestimmte Zeit zahlen, es sei denn, der Anspruch geht unter. In Sonderfällen, wie z.B. bei Kirchen und Museen[55], geben Grundstückseigentümer Erbbaurechte

---

44 Das beruht auf der Legaldefinition (s. oben II. 1. a) aa), S. 19).

45 Von Oefele/Winkler, Rn. 6.10; ferner Ingenstau/Hustedt, § 9 ErbbauV Rn. 1; Linde-Richter, Rn. 147.

46 So im Ergebnis ebenfalls z.B. Ingenstau/Hustedt, § 9 ErbbauV Rn. 1; Linde-Richter, Rn. 146; von Oefele/Winkler, Rn. 6.2.

47 S. oben II. 1. a) bb), S. 20.

48 Im eingangs (I., S. 15 ff.) dargestellten Fall des BGH waren z.B. solche quartalsweisen Zahlungen vereinbart (BGHZ 81, S. 358 (359 ff.).

49 Allg. Ansicht, z.B.: Böttcher, Praktische Fragen des Erbbaurechts, Rn. 267; Claussen, WiB 1995, S. 975.

50 Winkler, NJW 1992, S. 2514 (2516); ferner GEWOS, Erbbaurechte in Westdeutschland, S. 3.

51 Brandel, S. 21.

52 Essig, S. 25 f.

53 Brandel, S. 21; Essig, S. 25 f.

54 S. oben I., S. 15.

55 Staudinger-Ring, § 1 ErbbauV Rn. 30. Erbbaurechte zur Errichtung von Kirchengebäuden oder Museen wurden im Zusammenhang mit der Unentgeltlichkeit schon angesprochen (s. oben II. 1. a) bb), S. 20).

aus, die „bis zum Fortfall des Gebäudes oder seines Zwecks" existieren[56]. Die Vertragspartner vereinbaren also im Unterschied zu anderen Erbbaurechten eine Laufzeit, die sich an dem Zustand der Bausubstanz orientiert. Dann ist, wenn das Erbbaurecht nicht unentgeltlich ausgegeben wurde[57], für den entsprechenden Zeitraum ein Entgelt zu zahlen. Demnach kann der Schaden durch den Wegfall des Erbbauzinses bei solchen Erbbaurechten gleichfalls erheblich sein.

ddd) Ergebnis

Daraus ergibt sich in der Praxis üblicherweise folgende wirtschaftliche Ausgangslage: Es wird ein Erbbauzins in Höhe von durchschnittlich jährlich 6% des Verkehrswerts des Grundstücks vereinbart. Bereits nach 17 Jahren hat der Grundstückseigentümer somit ein Entgelt erhalten, das höher als der Verkehrswert des Grundstücks ist.

Die Rettung des Erbbauzinses ist somit regelmäßig[58] dringend geboten.

b) Der herkömmliche dingliche Erbbauzins gem. § 9 Abs. 1 ErbbauV (Erbbauzinsreallast)

aa) Die frühere Diskussion über die Rechtsnatur

Die Rechtsnatur des Erbbauzinses war bei den sog. altrechtlichen Erbbaurechten lange umstritten[59]. Darunter sind solche Erbbaurechte zu verstehen, die vor dem Inkrafttreten der Erbbaurechtsverordnung am 22. Januar 1919[60] ausgegeben worden sind[61]. Für sie gelten die Vorschriften der §§ 1012-1017 BGB[62]; diese Normen regeln die Rechtsnatur des Erbbauzinses nicht. Bei der Kodifizierung der Erbbaurechtsverordnung vom 15. Januar 1919[63] wollte der Gesetzgeber die zahlreichen Unklarheiten beseitigen und eine einheitliche Rechtslage schaffen[64]. In welcher Weise dieses Ziel erreicht werden sollte, war im Gesetzgebungsverfahren lange

56 Staudinger-Ring, § 1 ErbbauV Rn. 30.

57 Zur Unentgeltlichkeit von Erbbaurechten s. oben II. 1. a) bb), S. 20.

58 Eine Ausnahme würde für solche Erbbaurechte gelten, die kurz vor dem Ablauf der Zeit, für die sie bestellt sind, versteigert werden. Ein solcher Fall ist unwahrscheinlich. Ein Erbbaurecht, das bald endet, ist für die Bieter normalerweise nicht interessant, so daß ein Gläubiger auf die Zwangsvollstreckung in ein solches Recht verzichten wird.

59 Günther, S. 26; Jasper, S. 3 f.; von Oefele/Winkler, Rn. 1.8.f.; Samoje, § 9 ErbbauV Anm. 1; Staudinger-Ring, Einl. zur ErbbauV Rn. 5; Schlesinger, S. 63.

60 RGBl. S. 72 und 122; BGBl. III S. 403-406.

61 Staudinger-Ring, § 34 ErbbauV Rn. 1, § 38 ErbbauV Rn. 1 ff.

62 Trotz Inkrafttreten der Erbbaurechtsverordnung sind für die altrechtlichen Erbbaurechte weiterhin diese Vorschriften maßgeblich, §§ 35, 38 ErbbauV.

63 RGBl. S. 72 und 122; BGBl. S. 403-406.

64 Amtliche Begründung zu § 9 ErbbauV, abgedruckt bei Samoje.

streitig[65]. Es wurden zwei Gestaltungsmöglichkeiten[66] diskutiert: Der Erbbauzins sollte entweder als Inhalt oder als Belastung des Erbbaurechts konzipiert werden. Da es auf den Unterschied auch im Zusammenhang mit der Novellierung der Erbbaurechtsverordnung durch das Sachenrechtsänderungsgesetz maßgeblich ankommt, ist zu erörtern, welche Folgen beide Lösungen haben.

aaa) Die erste Alternative: Der Erbbauzins als Inhalt des Erbbaurechts

Diese Konzeption könnte grundbuchrechtlich bedeuten, daß der Erbbauzins unabdingbar den ersten Rang hätte. Der Erbbauzins teilt dessen Rang, wenn er Inhalt des Erbbaurechts ist. Die entscheidende Frage lautet deshalb, ob das Erbbaurecht stets den ersten Rang hat.

Das Erbbaurecht ist nach § 1 ErbbauV ein dingliches Gebrauchs- und Nutzungsrecht. Es lastet auf dem Grundstück, für das es bestellt wird, und muß in der Lastenabteilung II des zuständigen Grundbuchs eingetragen werden, § 14 Abs. 2 ErbbauV. Die Bestellung ist gem. § 10 Abs. 1 S. 1, 1. Halbs. ErbbauV lediglich erstrangig möglich, es sei denn, die Norm ist abdingbar. Sinn und Zweck der Vorschrift ist es, das Erlöschen des Erbbaurechts in der Zwangsversteigerung des Grundstücks zu vermeiden[67]. Da dies gem. §§ 44, 52, 91 ZVG nur bei seiner Erstrangigkeit gewährleistet ist, ist die Vorschrift § 10 Abs. 1 S. 1, 1. Halbs. ErbbauV zwingend[68].

Zu überlegen ist, ob das Erbbaurecht den – im Zeitpunkt der Eintragung – ersten Rang aus diesen Gründen während der gesamten Laufzeit behält. Vertraglich ist eine Änderung weitgehendst[69] ausgeschlossen, § 10 Abs. 1 S. 1, 2. Halbs. ErbbauV[70]. Äußerst selten kann es vorkommen, daß der Verlust der ersten Rangstelle kraft Gesetzes eintritt. Wenn z.B. ein Erbbaurecht im Grundbuch formell rechtswidrig gelöscht wird, existiert es materiell außerhalb des Grundbuchs fort. Bevor es wieder eingetragen werden kann, erwirbt ein gutgläubiger Dritter mit einem Grundpfandrecht die erste Rangstelle im Grundbuch des Grundstücks, § 892 BGB. Wird das Erbbaurecht dann wieder eingetragen, kann es nur noch an zweiter Rangstelle bestellt werden.

---

65 Samoje, § 9 Anm. 1.I; Handschumacher, S. 63; Hoeniger, S. 15 (§ 8).

66 In dem Gesetzgebungsverfahren zum Sachenrechtsänderungsgesetz wurde eine weitere Gestaltungsmöglichkeit, d.h. das Bestehenbleiben in der Zwangsversteigerung des Erbbaurechts als Inhalt der Erbbauzinsreallast selbst, diskutiert.

67 Ingenstau/Hustedt, § 10 ErbbauV Rn. 2; Palandt-Bassenge, § 10 ErbbauV Rn. 1; Staudinger-Ring, § 10 ErbbauV Rn. 1.

68 So im Ergebnis auch: Ingenstau/Hustedt, § 10 ErbbauV Rn. 2; Palandt-Bassenge, § 10 ErbbauV Rn. 1; Staudinger-Ring, § 10 ErbbauV Rn. 1.

69 Eine Ausnahme bilden die seltenen Fälle i.S.d. § 10 Abs. 2 ErbbauV.

70 Aus den genannten Gründen ist auch dieser Halbsatz zwingend (Ingenstau/Hustedt, § 10 ErbbauV Rn. 2; Palandt-Bassenge, § 10 ErbbauV Rn. 1; Staudinger-Ring, § 10 ErbbauV Rn. 1).

Im Ergebnis hat das Erbbaurecht deshalb von der Bestellung bis zu der Beendigung nahezu ausschließlich den ersten Rang. Der Erbbauzins wäre als Inhalt des Erbbaurechts zwingend erstrangig.

bbb) Die zweite Alternative: Der Erbbauzins als Belastung des Erbbaurechts

Die Rechtslage könnte anders sein, wenn der Erbbauzins als Belastung des Erbbaurechts definiert wird. Das Erbbaurecht ist einerseits, wie schon erwähnt, eine Belastung des Grundstücks[71], andererseits gem. § 11 Abs. 1 S. 1 ErbbauV selbst ein grundstücksgleiches Recht[72]. Es kann daher wie ein Grundstück[73] mit Grundpfandrechten im Sinne des BGB belastet werden, die in Abteilung II oder in Abteilung III des nach § 14 ErbbauV anzulegenden Erbbaugrundbuchs[74] einzutragen sind. Der Erbbauzins wird als Belastung des Erbbaurechts in Abteilung II eingetragen, § 14 Abs. 3 S. 1 ErbbauV i.V.m. § 57 Abs. 2 GBVg[75]. Wie noch gezeigt wird, entsteht unter diesen Voraussetzungen eine Erbbauzinsreallast. Notwendigerweise können vor der Ausgabe keine Belastungen des Erbbaurechts existieren. Die Erbbauzinsreallast erhält somit bei der Ausgabe des Erbbaurechts den ersten Rang. Wird später in Abteilung III ein Grundpfandrecht eingetragen, weil der Erbbauberechtigte beispielsweise einen Kredit zur Finanzierung seines Bauwerks aufnehmen und das Erbbaurecht als Sicherheit belasten muß, ist dieses Grundpfandrecht gegenüber der schon eingetragenen Erbbauzinsreallast nachrangig. Dieses Rangverhältnis könnte sich ändern, wenn der Grundstückseigentümer und der Erbbauberechtigte wirksam eine entsprechende Vereinbarung treffen. Das setzt voraus, daß die Rangstelle der Erbbauzinsreallast frei vereinbart werden kann. In der Erbbaurechtsverordnung existiert – anders als für die Rangstelle des Erbbaurechts[76] – keine Vorschrift, die eine bestimmte Rangstelle für die Sicherung des Erbbauzinses vorschreibt. § 879 Abs. 3 BGB, der für Erbbaurechte gem. § 11 Abs. 1 S. 1 ErbbauV[77] gilt, ermöglicht den Parteien vielmehr ausdrücklich,

---

71 S. oben II. 1. b) aa) aaa), S. 25.

72 So auch BGHZ 62, S. 179 (180).

73 So auch BGHZ 62, S. 179 ff.; Schreiber, Sachenrecht, Rn. 529; für den Fall eines Untererbbaurechts: Wurm/Wagner/Zartmann, S. 668 Anm. VI 1.

74 Das Zivilrecht der DDR bezeichnete das nach DDR-Recht vergleichbare Grundbuch klarer als „Gebäudegrundbuchblatt", vgl. Claussen, WiB 1995, S. 864 (865).

75 Im einzelnen: Böttcher, Praktische Fragen des Erbbaurechts, Rn. 270; Eickmann, S.29; Geissel, S.26; Schöner/Stöber, Rn. 1801; Linde-Richter, Rn. 152; Soergel-Stürner, § 9 ErbbauV Rn. 2. Weitere Beispiele von Eintragungen in Abteilung II des Erbbaugrundbuchs nennt Ingenstau/Hustedt, § 14 ErbbauV Rn. 9 ff.

76 S. oben II. 1. b) aa) ccc), S. 27.

77 S. oben II. 1. b) aa) bbb), S. 26.

eine Rangänderung herbeizuführen[78]. Soll die Erbbauzinsreallast zurücktreten, erhält das Grundpfandrecht durch eine entsprechende Eintragung mit Rangvermerk[79] im Erbbaugrundbuch den ersten Rang.

Die Parteien können also die Rangstelle beliebig festlegen, wenn der Erbbauzins als Belastung des Erbbaurechts konzipiert wird.

ccc) Die Wahl des historischen Gesetzgebers

Die Praxis wird oft bestimmt durch Bankenrichtlinien, wonach die Kreditinstitute z.B. Hypothekendarlehen nur in dem Fall der Erstrangigkeit des Grundpfandrechts ausgeben dürfen[80]. Sie verlangen aus diesem Grund von den Erbbauberechtigten durchweg die Sicherung an erster Rangstelle[81]. Wäre der Erbbauzins als Inhalt des Erbbaurechts zu verstehen, würde er einem Grundpfandrecht stets vorgehen, so daß die Beleihbarkeit in Frage gestellt wäre. Das könnte für manchen Erbbauwilligen bedeuten, daß er das Erbbaurechtsbauwerk nicht finanzieren kann und auf den Abschluß eines Erbbaurechtsvertrages verzichten muß.

Dieses Dilemma wird bei der Konzeption als Belastung vermieden. Der Gesetzgeber der Erbbaurechtsverordnung wollte aus sozialpolitischen Gründen die Beleihbarkeit von Erbbaurechten fördern[82]. Er bestimmte in § 9 Abs. 1 S. 1, 2. Halbs. ErbbauV[83], daß auf den Erbbauzins die Vorschriften über die Reallasten entsprechende Anwendung finden sollen. Die Reallast ist nach § 1105 Abs. 1 BGB eine Belastung des Grundstücks, d.h. ein dingliches Recht. Der Erbbauzins sollte nach der Vorstellung des Gesetzgebers also auf dem Erbbaurecht ruhen[84], weshalb die Erbbauzinsreallast als sog. dinglicher Erbbauzins bezeichnet wird[85].

---

78 Von Oefele bezeichnet den Rang des Erbbaurechts als „beweglich" (von Oefele, DNotZ 1995, S. 91 (93)).

79 Palandt-Bassenge, § 879 BGB Rn. 15.

80 Stahlhacke, S. 42.

81 BGHZ 81, S. 358 (362); Claussen, WiB 1995, S. 864 (866); Geissel, S. 61; Winkler, DNotZ 1970, S. 390; Tradt, DNotZ 1983, S. 370 (371); Schiffhauer, Rpfleger 1986, S. 326 (343).

82 Hußlein, S. 34; Samoje, § 9 Anm. 1.I.

83 Die Vorschrift wurde bereits teilweise zitiert oben II. 1. a) aa), S. 19.

84 BGH NJW 1982, S. 234 (235); NJW-RR 1987, S. 74 (75); Eickmann, S. 29; Erman-Hagen, § 9 ErbbauV Rn. 1; Glaß/Scheidt, § 9 ErbbauV Anm. 2; Günther, § 2 ErbbauV Anm. 1a); Handschumacher, S. 62; MüKo-von Oefele, § 9 ErbbauV Rn. 6; Palandt-Bassenge, § 9 ErbbauV Rn. 2; RGRK-Räfle, § 9 ErbbauV Rn. 3; Stahlhacke, S. 42; Scharen, Rpfleger 1983, S. 343; Staudinger-Ring, § 9 ErbbauV Rn. 10. Für die alten Erbbaurechte vor Inkrafttreten der Erbbaurechtsverordnung am 22.1.1919: Schlesinger, S. 63.

85 Staudinger-Ring spricht von einer „rechtsgeschäftliche Begründung einer reallastartigen Verpflichtung" (12. Aufl., § 9 ErbbauV Rn. 3).

Der Gesetzgeber entschied sich also aus dem Grund der besseren Beleihbarkeit für die zweite Alternative[86].

bb) Die Voraussetzungen

Aus der Verweisung auf die Reallasten im Sinne des BGB folgt, daß die Erbbauzinsreallast nur entsteht, wenn die allgemeinen materiellen und formellen sachenrechtlichen Wirksamkeitsbedingungen gem. § 873 Abs. 1 BGB i.V.m. §§ 13, 19, 29 GBO gegeben sind[87]. Erst mit der Eintragung entsteht die subjektiv dingliche[88] Reallast, § 9 Abs. 1 S. 1 ErbbauV i.V.m. § 1105 Abs. 1 BGB. Ohne die Eintragung wird nur eine Verpflichtung zur Zahlung eines schuldrechtlichen Erbbauzinses begründet. Dieser hat, insoweit wird den nachfolgenden Untersuchungen vorgegriffen, eine andere Rechtsnatur und ein anderes Schicksal in der Zwangsversteigerung des Erbbaurechts als die Erbbauzinsreallast.

cc) Die Rechtsfolgen

aaa) Die Identität von Gläubiger[89] und Grundstückseigentümer sowie Schuldner und Erbbauberechtigtem

Ist der Anspruch auf dingliche Erbbauzinsen entstanden, ist der potentiell Geschädigte derjenige, der im Zeitpunkt des Zuschlages Eigentümer des Grundstücks ist, auf dem das Erbbaurecht lastet. Hat der Ausgeber des Erbbaurechts das

---

86 Die Amtliche Begründung zu § 9 der Erbbaurechtsverordnung vom 15.1.1919, abgedruckt bei Samoje.

87 Es ist zunächst eine Einigung des Grundstückseigentümers und des Erbbauberechtigten über die Begründung einer Erbbauzinsreallast erforderlich, die nach § 11 Abs. 1 S. 1 ErbbauV formlos erfolgen kann. Weiter muß die Erbbauzinsreallast in das Erbbaugrundbuch eingetragen werden. Der Grundstückseigentümer oder der Erbbauberechtigte müssen einen Antrag gem. § 13 GBO auf Eintragung der Erbbauzinsreallast stellen, der Erbbauberechtigte muß die Eintragung nach § 19 GBO einseitig bewilligen. Die Form gem. § 29 GBO ist zu beachten. Dies geschieht in der Praxis, indem die Vereinbarung über den Erbbauzins in den Erbbaurechtsbestellungsvertrag aufgenommen und dadurch in die für die Eintragung i.S.d. §§ 13, 19, 29 GBO notwendige Form gebracht wird (Ingenstau/Hustedt, § 9 ErbbauV Rn. 5). Die Bestellung des Erbbaurechts bedarf nach § 11 Abs. 2 ErbbauV i.V.m. § 313 BGB ohnehin der notariellen Beurkundung, so daß in der Praxis beides verbunden wird.

88 Eine subjektiv persönliche Erbbauzinsreallast ist nicht zulässig, BayObLG NJW 1961, S. 1263; Ingenstau/Hustedt, § 9 ErbbauV Rn. 6; RGRK-Räfle, § 9 ErbbauV Rn. 5; Staudinger-Ring, § 9 ErbbauV Rn. 5.

89 Soweit nachfolgend die Begriffe „Gläubiger“ und „Schuldner“ gebraucht werden, ist die gelegentlich als Aktiv- und Passivlegitimation bezeichnete „Sachlegitimation“ gemeint, d.h die Frage, welche Partei Gläubiger und Schuldner des behaupteten Rechtsverhältnisses ist. Die Begriffe „Aktivlegitimation“ und „Passivlegitimation“ werden in der vorliegenden Arbeit vermieden. Sie wurden aufgrund des materiellen Parteibegriffs entwickelt, der aufgegeben wurde, weil er die Fälle der Prozeßstandschaft nicht berücksichtigte (Zeiss, Zivilprozeßrecht, Rn. 126 f.).

Grundstück z.B. veräußert, ist demzufolge der Erwerber der Gläubiger der künftigen dinglichen Erbbauzinsen. Denn die Erbbauzinsreallast kann nicht für den jeweiligen Eigentümer eines anderen Grundstücks bestellt werden. Der Anspruch auf die noch nicht fälligen Zinsen kann auch nicht von dem Eigentum am Grundstück getrennt werden, § 9 Abs. 2 S. 4 ErbbauV. Der dingliche Erbbauzins ist nicht sonderrechtsfähig, nicht selbständig übertragbar und nicht selbständig pfändbar, § 3 1. Halbs. ErbbauV. Etwas anderes gilt für die in der Vergangenheit fälligen Einzelraten. Das ergibt sich aus einem Umkehrschluß aus § 9 Abs. 2 S. 4 ErbbauV.

Weiter ist zu klären, wer durch die Zwangsversteigerung gegebenenfalls von der Verpflichtung zur Zahlung frei wird. Schuldner des Erbbauzinses ist der jeweilige Erbbauberechtigte, d.h. derjenige, in dessen Erbbaurecht vollstreckt wird. Das Erbbaurecht haftet dem Grundstückseigentümer wegen rückständiger Zinsraten dinglich, § 9 Abs. 1 S. 1 ErbbauV i.V.m. §§ 1107, 1147 BGB; daneben haftet der Erbbauberechtigte persönlich, § 1108 BGB. Eine abweichende Vereinbarung ist gem. § 1108 Abs. 1 BGB zulässig, und sie kann im Erbbaurechtsvertrag oder in einer gesonderten Vereinbarung getroffen werden[90]. Fehlt eine solche, besteht die persönliche Haftung des Erbbauberechtigten kumulativ zu der dinglichen Haftung des Erbbaurechts[91].

bbb) Ausblick: Die Gefahr des Ausfalls insbesondere aufgrund von Rücktrittsklauseln

Die Vertragspraxis hat auf die Entscheidung des Gesetzgebers, den Rang des dinglichen Erbbauzinses beweglich zu gestalten[92], durch die Entwicklung bestimmter Klauseln reagiert, die in vielen Fällen erst die Voraussetzungen für den Ausfall der Erbbauzinsreallast schaffen. Weil üblicherweise nach § 5 Abs. 2 ErbbauV vereinbart wird, daß der Grundstückseigentümer einer Belastung des Erbbaurechts zustimmen muß[93], enthalten die Erbbaurechtsverträge seit dem Inkrafttreten der Erbbaurechtsverordnung oft weitere Klauseln, wie z.B. die folgende[94]:

> „Der Erbbauberechtigte und später die jeweiligen Inhaber haben das Recht, Grundpfandrechte bis zur Höhe von insgesamt DM 750.000 DM im Rang vor der Reallast zu bestellen. Der Grundstückseigentümer stimmt dem bereits jetzt zu.“

---

90 Staudinger-Ring, 12. Aufl. § 9 ErbbauV Rn. 25.

91 Ingenstau/Hustedt, § 9 ErbbauV Rn. 84.

92 S. oben II. 1. b) cc), S. 27 f.

93 Z.B. Vertragsmuster bei von Oefele/Winkler, S. 477 § 7 Abs. 1 b).

94 Vertragsmuster bei von Oefele/Winkler für ein gewerbliches Erbbaurecht (XI., S. 473), für ein Wohnungseigentumserbbaurecht (XI., S. 482) und für ein Gesamterbbaurecht (X., S. 487).

Danach kann der Erbbauberechtigte zu einem beliebigen Zeitpunkt die Eintragung eines vorrangigen Grundpfandrechts von dem Grundstückseigentümer verlangen. Erteilt dieser wie in der vorgenannten Klausel im voraus seine generelle Zustimmung, gilt diese als Einwilligung gem. § 183 BGB und ist nach allgemeiner Ansicht zulässig[95]. Im Zeitpunkt des Zugangs der Erklärung des Erbbauberechtigten kommt die Einigung über den Rangrücktritt zustande. Der Erbbauberechtigte kann unter solchen Voraussetzungen den Rangrücktritt des Grundstückseigentümers somit auch dann herbeiführen, wenn der Grundstückseigentümer den Rangrücktritt anders als in dem Ausgangsfall des Bundesgerichtshofs nicht freiwillig erklären will[96]. Betreibt anschließend ein vorrangiger Gläubiger des Erbbauberechtigten die Zwangsvollstreckung des Erbbaurechts, besteht gem. § 52 Abs. 1 ZVG die Gefahr des Ausfalls der nachrangigen Erbbauzinsreallast.

dd) Die Wahrung der Rechtsnatur des Erbbauzinses durch das Sachenrechtsänderungsgesetz

Das Sachenrechtsänderungsgesetz vom 21. September 1994 hat die Erbbaurechtsverordnung vom 15. Januar 1919 gem. Art. 2 § 1 SachRÄndG teilweise novelliert[97]. Angesichts der Diskussion über die Rechtsnatur des Erbbauzinses bei der Kodifizierung der Erbbaurechtsverordnung und der Gefahr des Ausfalls in der Zwangsversteigerung wäre an sich zu erwarten gewesen, daß das Sachenrechtsänderungsgesetz die Erbbauzinsreallast in ihrer herkömmlichen Gestalt abschafft. Die maßgebliche Vorschrift § 9 Abs. 1 S. 1 ErbbauV wurde jedoch nicht geändert. Der Gesetzgeber hat lediglich in § 9 Abs. 3 ErbbauV n.F. eine Ausnahme zu der herkömmlichen Konzeption als Belastung des Erbbaurechts vorgesehen[98].

ee) Zwischenergebnis

Die Erbbauzinsreallasten, die bislang bestellt wurden, existieren fort. Es können auch weiterhin Erbbauzinsen in dieser Erscheinungsform vereinbart werden. Ihre Rechtsnatur kann zu einem Ausfall in der Zwangsversteigerung des Erbbaurechts führen.

---

95 OLG Braunschweig, MDR 1972, S. 420; Kappelhoff, Rpfleger 1985, S. 281 (282); MüKo-von Oefele, § 8 ErbbauV Rn. 11; von Oefele/Winkler, Rn. 4.183; Staudinger-Ring, § 8 ErbbauV Rn. 10.

96 In den Fällen, in denen solche Vereinbarungen nicht getroffen wurden, ist seit den Entscheidungen des BGH vom 25.9.1981 (BGHZ 81, S. 358 ff.) und vom 26.2.1987 (BGHZ 199, S. 107 ff.) zu beobachten, daß die Grundstückseigentümer wegen des damit verbundenen Risikos des Verlustes der Erbbauzinsreallast zurückhaltender mit dem Rangrücktritt geworden sind.

97 S. oben I., S. 15, und II. 1. b) cc), S. 27 ff.

98 Ausführlich dazu unten II. 1. d) bb) aaa) (1).

c) *Der schuldrechtliche Erbbauzins*

aa) Die Entwicklung des Instituts durch Rechtsfortbildung[99]

Unter dem schuldrechtlichen Erbbauzins ist wegen § 9 Abs. 1 S. 1, 1. Halbs. ErbbauV ebenfalls ein Entgelt in wiederkehrenden Leistungen zu verstehen, das für die Bestellung des Erbbaurechts vereinbart wird. Es erfolgt aber im Unterschied zur Erbbauzinsreallast keine Eintragung in das Grundbuch des Erbbaurechts[100]. Der schuldrechtliche Erbbauzins ist ursprünglich weder in § 9 ErbbauV noch in anderen Vorschriften der Erbbaurechtsverordnung in der Fassung der Bekanntmachung vom 22. Januar 1919[101] vorgesehen gewesen. Das Institut wurde aufgrund praktischer Bedürfnisse[102] entwickelt[103]. Die Lehre sah darin zunächst teilweise eine Umgehung von § 9 Abs. 2 S. 1 ErbbauV[104], so daß die Existenz des schuldrechtlichen Erbbauzinses mehrere Jahrzehnte umstritten war[105]. Eine Umgehung liegt jedoch nach inzwischen gefestigter Meinung nicht vor. Da die Parteien des Erbbaurechtsvertrages frei entscheiden können, ob sie ein Entgelt vereinbaren oder darauf verzichten wollen, können sie erst recht bestimmen, ob die Pflicht zur Zahlung von Erbbauzinsen dinglich oder schuldrechtlich wirken soll. Der Bundesgerichtshof bejahte deshalb in einer Entscheidung vom 28. November 1956[106] die Zulässigkeit des Instituts. Seitdem ist es allgemeine Ansicht, daß die Beteiligten in Abweichung von der gesetzgeberischen Konzeption neben oder anstelle[107] des dinglichen Erbbauzinses eine Erbbauzinspflicht mit nur schuldrechtlicher Wirkung vereinbaren können[108]. Der Gesetzgeber legalisierte[109] das Institut schließlich indirekt, indem er am 23. Januar 1974[110] § 9 a in die Erbbaurechtsverordnung einfügte, der die näheren Voraussetzungen der Wirksamkeit einer schuldrechtlichen Erhöhungsklausel des Erbbauzinses regelt.

---

99 Allgemein zur Rechtsfortbildung mit Rücksicht auf die Bedürfnisse des Rechtsverkehrs: Larenz/Canaris, Methodenlehre, S. 232 f.; Schmalz, Rn. 57, 376, 417 und 422 ff.

100 Ingenstau/Hustedt, § 9 ErbbauV Rn. 4; Linde-Richter, Rn. 155; von Oefele/Winkler, Rn. 6.87.

101 § 9 a ErbbauV wurde erst durch Art. 1 Nr. 1 des Gesetzes vom 8.1.1974 in die Erbbaurechtsverordnung eingeführt (BGBl. I 41).

102 Darauf wird später im Zusammenhang mit der Verbindung verschiedener Erscheinungsformen des Erbbauzinses eingegangen.

103 BGHZ 22, S. 220 (222).

104 Zum damaligen Streitstand z.B.: BGH NJW 1957, S. 98.

105 Linde-Richter, Rn. 155.

106 BGH NJW 1957, S. 98.

107 Geissel, S. 27.

108 BGHZ 22, S. 220 (222); BGH NJW-RR 1987, S. 74; Ingenstau/Hustedt, § 9 ErbbauV Rn. 4; Linde-Richter, Rn. 155; MüKo-von Oefele, § 9 ErbbauV Rn. 8; RGRK-Räfle, § 9 ErbbauV Rn. 4; Staudinger-Ring, § 9 ErbbauV Rn. 3.

109 Begründung des Bundesrates in BT-Drucks. 60/72 vom 11.2.1972 zu Art.1 Nr. 1.

110 An diesem Tag trat die Vorschrift in Kraft, BGBl. Teil I Z 1997 A, S. 41.

bb) Die Anspruchsberechtigung

Ähnlich wie bei der Erbbauzinsreallast[111] fragt sich, wer bei einer Rechtsnachfolge in das Grundstück Gläubiger des schuldrechtlichen Erbbauzinsanspruchs ist. Fallen die Anspruchsberechtigung und das Grundstückseigentum auseinander, kann das weitreichende Folgen haben: Geschädigt würde unter dieser Voraussetzung beim Wegfall des Erbbauzinses in der Zwangsversteigerung nicht der Grundstückseigentümer, sondern ein Dritter, der möglicherweise nicht Beteiligter des Verfahrens ist. Dem Dritten könnte ein Ablösungs- und ein Heimfallrecht nicht zustehen. Diese Konsequenzen sind nicht bei jeder Rechtsnachfolge zu bedenken. Bei einer Gesamtrechtsnachfolge ist die Rechtslage unproblematisch: Da bei ihr der Nachfolger – z.B. der Erbe – in alle Rechte (und Pflichten) eintritt[112], wird er Eigentümer des Grundstücks und Gläubiger des schuldrechtlichen Erbbauzinsanspruchs. Problematisch sind daher nur die Konsequenzen bei der Einzelrechtsnachfolge, d.h., wenn der Nachfolger nur hinsichtlich eines einzelnen Gegenstandes an die Stelle des Vorgängers tritt. Schwierigkeiten bereitet dabei insbesondere der Fall, daß der Grundstückseigentümer das mit dem Erbbaurecht belastete Grundstück veräußert, weil dann zweifelhaft ist, ob der schuldrechtliche Erbbauzinsanspruch kraft Gesetzes oder nur bei einer Vereinbarung auf den Erwerber übergeht.

aaa) Der Übergang kraft Gesetzes

(1) § 11 Abs. 1 S. 1 ErbbauV i.V.m. § 571 Abs. 1 BGB entsprechend

Der Anspruch könnte gem. § 11 Abs. 1 S. 1 ErbbauV i.V.m. § 571 Abs. 1 BGB auf den Erwerber übergehen. Die erbbaurechtliche Norm lautet:

> „Auf das Erbbaurecht finden die sich auf Grundstücke beziehenden Vorschriften … entsprechende Anwendung, soweit sich nicht aus dieser Verordnung etwas anderes ergibt."

Eine der Vorschriften, die sich auf Grundstücke beziehen, ist die schuldrechtliche Norm § 571 BGB[113]. Nach dem zuvor zitierten Wortlaut gilt sie aber nur für das Erbbaurecht. Die unmittelbare Anwendung der Vorschrift würde voraussetzen, daß unter dem Erbbaurecht der Erbbauzins zu verstehen, d.h. der Begriff Erbbaurecht weit auszulegen wäre. Die Erbbaurechtsverordnung unterscheidet beispielsweise in §§ 1-3 einerseits und §§ 9 und 9 a andererseits zwischen dem veräußerlichen und vererblichen Recht, auf oder unter dem Grundstück ein Bau-

111 S. oben II. 1. b) cc) aaa), S. 28.

112 BGHZ 32, S. 367 (369).

113 Ebenso die allg. Ansicht, z.B.: MüKo-von Oefele, § 11 ErbbauV Rn. 3; RGRK-Räfle, § 11 ErbbauV Rn. 1; Soergel-Stürner, § 11 ErbbauV Rn. 2; Staudinger-Ring, § 11 ErbbauV Rn. 1.

werk zu haben, und dem Entgelt hierfür. Das spricht für eine enge Auslegung. Systematisch steht § 11 ErbbauV nicht im Zusammenhang mit den Vorschriften über den Erbbauzins. Der Entstehungsgeschichte der Norm kann ebenfalls nicht entnommen werden, daß der Begriff „Erbbaurecht" den Erbbauzins umfaßt[114]. Die Systematik und die Entstehungsgeschichte stützen die enge Auslegung. Unter dem Erbbaurecht i.S.d. § 11 ErbbauV ist deshalb nicht der Erbbauzins zu verstehen[115]. Bei einer Veräußerung des Grundstücks geht der schuldrechtliche Erbbauzinsanspruch nicht gem. § 11 Abs. 1 S. 1 ErbbauV i.V.m. § 571 Abs. 1 BGB analog auf den Erwerber über[116].

(2) § 11 Abs. 1 S. 1 ErbbauV analog

Unter einer Gesetzesanalogie, die auch „Einzelanalogie"[117] genannt wird, ist die Anwendung eines einzelnen analogiefähigen Rechtssatzes auf einen im Gesetz nicht geregelten, aber regelungsbedürftigen ähnlichen Fall zu verstehen[118]. Der vorliegend erörterte Fall ist nicht geregelt. Ein Bedürfnis zur Regelung besteht, wenn die Unvollständigkeit des Gesetzes planwidrig ist[119]. Mit der Planwidrigkeit ist gemeint, daß der Gesetzgeber die Lücke bei der Kodifizierung übersehen hat[120]. Dem steht gleich, wenn der Gesetzgeber die Lösung des Problems der Rechtsprechung und der Lehre überläßt; hierdurch gibt er zu erkennen, daß die

---

114 Amtliche Begründung zu § 9 ErbbauV, abgedruckt bei Samoje; und Günther, S. 80 ff.

115 Im Ergebnis so gleichfalls: BGH NJW 1972, S. 198 (199).

116 Im Ergebnis ebenso: BGH NJW 1972, S. 198 (199); BGH Urteil vom 24.1.1992 in LM (Serie ab 1991), § 9 ErbbauV Nr. 32.

117 Diesen Begriff bevorzugte Larenz (Methodenlehre, S. 271); ihm folgt Canaris in der Neuauflage (Larenz/Canaris, Methodenlehre, S. 204).

118 BGHZ 5, S. 62 (67); 60, S. 14 (18 ff.); 69, S. 354 (359); 107, S. 325 (328); OLG Köln, NJW 1989, S. 1737; Bartholomeyczik, S. 81 ff.; Bydlinski, S. 473; Enneccerus/Nipperdey, Allgemeiner Teil, 1. Halbband, § 58 II, S. 339 ff.; Engisch, Einführung in das juristische Denken, S. 151; Esser, Vorverständnis und Methodenwahl, S. 182 f.; Kaufmann, S. 29; Larenz/Canaris, Methodenlehre, S. 202 f.; Schmalz, Rn. 380; Schneider, Logik für Juristen, S. 150; Wank, § 11 III 1. Auf den terminologischen, im einzelnen umstrittenen Unterschied zwischen Gesetzeslücken, Rechtslücken, Normlücken, Regelungslücken, Wertungslücken, echten und unechten Lücken kommt es an dieser Stelle nicht an (im einzelnen hierzu z.B. Larenz/Canaris, Methodenlehre, S. 191 ff.).

119 Bydlinski, S. 473; Larenz/Canaris, Methodenlehre, S. 194; Schmalz, Rn. 386.

120 Insoweit wird teilweise von einer „primären Lücke" gesprochen (BGHSt 30, S. 105 (121); Canaris, Die Feststellung von Lücken im Gesetz, S. 135 (B); Engisch, Einführung in das juristische Denken, S. 141; Krey, JZ 1978, S. 361 (364 f.); Larenz, Methodenlehre, S. 258 ff.); Wank, § 11 I 1. Von einer „sekundären Lücke" spricht man dagegen bei einer nachträglichen Wandelung in der Rechtsauffassung, die dazu führt, daß das Gesetz als lückenhaft empfunden wird (BGHSt 30, S. 105 (121); Engisch, Einführung in das juristische Denken, S. 141; Larenz, Methodenlehre, S. 258 ff.).

Frage lösungsbedürftig ist[121]. Da im Zeitpunkt der Kodifizierung der Erbbaurechtsverordnung das Institut des schuldrechtlichen Erbbauzinses noch nicht existierte[122], stellte sich die Frage des gesetzlichen Übergangs des Anspruchs seinerzeit nicht. Der Gesetzgeber hat das Problem damals nicht übersehen. Der Bundesgerichtshof befaßte sich in einer Entscheidung aus dem Jahr 1972 mit der Frage des gesetzlichen Übergangs schuldrechtlicher Verpflichtungen aus dem Erbbaurechtsvertrag auf den Erwerber des Grundstücks[123]. Als der Gesetzgeber zwei Jahre später die Erbbaurechtsverordnung novellierte, indem er § 9 a ErbbauV einfügte[124], hat er die Frage nicht aufgegriffen[125]. Es ist deshalb davon auszugehen, daß er die Lösung durch die Rechtsprechung billigte und ihr und der Lehre weiterhin überlassen wollte. Dafür spricht auch, daß der Übergang, nachdem er Anfang der neunziger Jahre erneut Gegenstand einer höchstrichterlichen Entscheidung war[126], im Gesetzgebungsverfahren des Sachenrechtsbereinigungsgesetzes nicht behandelt wurde[127]. Eine Planwidrigkeit ist also zu bejahen.

Die in § 11 Abs. 1 S. 1 ErbbauV geregelte Interessenlage müßte der vorliegend diskutierten ähnlich sein. Zweck der Verweisung auf die Grundstücksvorschriften ist, der Doppelnatur des Erbbaurechts als Recht am Grundstück einerseits und als Sondereigentum am Bauwerk andererseits Rechnung zu tragen[128]. Der schuldrechtliche Erbbauzinsanspruch ist jedoch weder das eine noch das andere. Es bestehen mithin maßgebliche Unterschiede zwischen den Interessenlagen, die eine ähnliche Behandlung ausschließen. Eine Analogie zu § 11 Abs. 1 S. 1 ErbbauV kommt deshalb nicht in Betracht.

(3) § 571 Abs. 1 BGB entsprechend

Der gesetzliche Übergang könnte unabhängig von der Verweisung in § 11 Abs. 1 S. 1 ErbbauV aus der entsprechenden Geltung der mietrechtlichen Vorschrift folgen. Das setzt voraus, daß die Vorschrift analogiefähig ist. Sie könnte eine Aus-

---

121 Engisch, Einführung in das juristische Denken, S. 141; Larenz/Canaris, Methodenlehre, S. 194; Wank, § 11 I 2.

122 S. oben II. 2. c) aa), S. 38.

123 BGH NJW 1972, S. 198 (199).

124 S. oben II. 1. c), S. 31.

125 BT-Drucks.: 60/72 vom 11.2.1972; 32/73 vom 12.1.1973; 7/118 vom 5.2.1973; 7/1285 vom 28.11.1973; 7/1354 vom 5.12.1973; 763/73 vom 7.12.1973.

126 BGH Urteil vom 24.1.1992 (LM Serie ab 1991, § 9 ErbbauV Nr. 32).

127 BT-Drucks. 12/5992, 515/93 und 12/7425; 12/5992, S. 61 ff.

128 Amtliche Begründung zur Erbbaurechtsverordnung, abgedruckt bei Samoje; Ingenstau/Hustedt, § 11 ErbbauV Rn. 2 und 3; MüKo-von Oefele, § 11 ErbbauV Rn. 2; Samoje, § 11 Anm. 1; ferner: RGRK-Räfle, § 11 ErbbauV Rn. 1 und Staudinger-Ring, § 11 ErbbauV Rn. 2, der das Erbbaurecht als „juristisches Grundstück“ bezeichnet.

nahmeregelung sein. Solche Vorschriften sind eng auszulegen[129] und deshalb grundsätzlich nicht analogiefähig[130], es sei denn, der maßgebliche Rechtssatz regelt einen bestimmten Ausnahmefall oder eine Gruppe solcher Fälle, und die zugrundeliegende besondere Situation ist im fraglichen Sachverhalt ebenfalls gegeben[131]. Mit anderen Worten ist die Analogie innerhalb des engeren Prinzips gestattet, das der Ausnahmenorm zugrundeliegt[132].

§ 571 Abs. 1 BGB regelt das Schicksal des Mietverhältnisses nach der Veräußerung des vermieteten Objektes. Ohne die Vorschrift könnte der Erwerber vom Mieter die Herausgabe der Mietsache fordern, § 985 BGB; der Mieter könnte ihm gegenüber aus dem Mietvertrag mit dem Veräußerer kein Besitzrecht herleiten. Das Gesetz bewertet demnach objektiv das Interesse des Mieters, weiterhin zu den bisherigen Vertragsbedingungen Besitzer des Objektes zu bleiben, höher als das Eigentumsrecht des Erwerbers, künftig nach Belieben mit dem Objekt zu verfahren. Das könnte der Intention des Gesetzgebers entsprechen.

Vor dem Inkrafttreten des Bürgerlichen Gesetzbuches bestand in Deutschland keine einheitliche Rechtslage bezüglich der Frage, ob und in welchem Umfang der Mieter eines Grundstücks bei der Veräußerung desselben geschützt werden sollte[133]. Während im Gebiet des gemeinen Rechts der Grundstückserwerber an einen Mietvertrag, den der Veräußerer geschlossen hatte, nicht gebunden war, galt im Raum des französischen, badischen und preußischen Rechts genau das Gegenteil, d.h. die Paraoemie „Kauf bricht nicht Miete“[134]. Eine vermittelnde Lösung sahen das österreichische, sächsische, schweizerische und bayrische Recht vor. Danach trat der Erwerber zwar kraft Gesetzes in den Mietvertrag ein, er konnte diesen aber mit der gesetzlichen Frist kündigen[135]. Der erste Entwurf zum Bürgerlichen Gesetzbuch, der dieser vermittelnden Lösung folgte[136], begegnete heftiger Kritik[137]. Nach längerer Diskussion wurde er zugunsten der heutigen Regelung revidiert, da Einigkeit erzielt wurde, daß der Mieter davor geschützt werden sollte,

129 BVerfGE 37, S. 363 (405); RGZ 153, S. 1 (23); BGHZ 2, S. 237 (244); BGH NJW 1989, S. 227 (Nr. 10) und S. 460 (461); 1998, S. 2450 (2451); Larenz/ Canaris, Methodenlehre, S. 175; Rumpf, S. 159 ff.; Schmalz, Methodenlehre, Rn. 258 und 398.

130 BGH NJW 1958, S. 303 (304); BGH NJW 1989, S. 460 (461).

131 BGH NJW 1958, S. 303 (304); Enneccerus/Nipperdey, Allgemeiner Teil, 1. Halbband, § 48 I 1 und 2 S. 297; Engisch, Einführung in das juristische Denken, S. 151; Larenz, Methodenlehre, S. 243 f.; Schmalz, Methodenlehre, Rn. 398.

132 Enneccerus/Nipperdey, Allgemeiner Teil, 1. Halbband, § 48 I 2 a) S. 297.

133 Motive bei Mugdan, Bd. II, S. 212 ff.; Staudinger-Emmerich, 12. Aufl., § 571 BGB Rn. 1.

134 Motive bei Mugdan, Bd. II, S. 212 ff.; Staudinger-Emmerich, 12. Aufl., § 571 BGB Rn. 1.

135 Motive bei Mugdan, Bd. II, S. 212; Staudinger-Emmerich, 12. Aufl., § 571 BGB Rn. 2.

136 Motive bei Mugdan, Bd. II, S. 214.

137 Protokolle bei Mugdan, Bd. II, S. 815 f.; Staudinger-Emmerich, 12. Aufl., § 571 BGB Rn. 2.

das Objekt vorzeitig zugunsten des Erwerbers räumen zu müssen[138]. Es kam dem Gesetzgeber also darauf an, daß das Mietverhältnis zum Schutz des Mieters mit dem Erwerber fortgesetzt würde[139]. Prinzip der Norm ist folglich, daß der Dritte – zum Schutz desjenigen, der an dem Übergangstatbestand nicht beteiligt ist – ohne weiteres in das bisherige Vertragsverhältnis eintritt.

Im Schuldrecht gilt der Grundsatz der Relativität, d.h. daß die Rechte und Pflichten regelmäßig nur zwischen den Parteien bestehen, die die Vereinbarung getroffen haben[140]. Ein Wechsel des Vertragspartners erfordert eine entsprechende Abrede, die entweder dreiseitig geschlossen wird oder bei der der verbleibende Teil der zweiseitigen Vereinbarung der ursprünglichen mit der neuen Partei zustimmt[141]. § 571 Abs. 1 BGB wahrt die Relativität nicht, da die Norm den allgemeinen Grundsatz zugunsten des Fortbestandes des Mietvertrages über das veräußerte Grundstück[142] durchbricht. Demnach beinhaltet die Vorschrift ein engeres Prinzip[143].

Dieses Prinzip müßte, damit eine Analogie statthaft ist, durch die entsprechende Anwendung der Norm auf den schuldrechtlichen Erbbauzins verwirklicht werden. Mit anderen Worten müßte der Erbbauberechtigte durch den Übergang des Anspruchs auf Zahlung der schuldrechtlichen Erbbauzinsen auf den Erwerber vor einer Vertreibung aus dem Erbbaurecht geschützt werden. Der Inhalt i.S.d. §§ 1 und 2 ErbbauV des zwischen dem Ausgeber und dem ersten Erbbauberechtigten geschlossenen Erbbaurechtsvertrages hat eine sog. absolute[144] oder dingliche[145] Wirkung, d.h. daß die Rechte und Pflichten des Bestellers aus dem Erbbaurechtsvertrag bei einer Veräußerung des Grundstücks auf den Erwerber übergehen. Ein zusätzlicher Übergang gem. § 571 Abs. 1 BGB analog oder aufgrund eines Vertrages ist entbehrlich, es sei denn, der Erbbaurechtsvertrag oder das Gesetz enthielten ein Kündigungsrecht zugunsten des Erwerbers. Das Erbbaurecht kennt

138 Protokolle bei Mugdan, Bd. II, S. 815 f.; Staudinger-Emmerich, 12. Aufl., § 571 BGB Rn. 2.

139 Entsprechend im Ergebnis z.B.: BGH NJW 1989, S. 2053 (Anm. II 1 a)); Erman-Jendrek, § 571 BGB Rn. 1, Staudinger-Emmerich, 12. Aufl., § 571 BGB Rn. 4.

140 Z.B. BGH NJW 1989, S. 2053; Canaris, Die Verdinglichung obligatorischer Rechte, S. 371 (372 f.); Dulckeit, S. 7 f.; Gernhuber, Das Schuldverhältnis, § 3 III 1; Larenz, Schuldrecht I, § 2 II (S. 15); Medicus, JuS 1974, S. 613; Medicus, Schuldrecht I, Rn. 30.

141 BGHZ 95, S. 88 (93 ff.); Larenz, Schuldrecht I, § 35 III (S. 616 ff.); Medicus, Schuldrecht I, Rn. 755; MüKo-Möschel, vor § 414 BGB Rn. 8; RGRK-Weber, vor § 398 BGB Rn. 10.

142 So im Ergebnis: Erman-Jendrik, § 571 BGB Rn. 1; Palandt-Putzo, § 571 BGB Rn. 1; Staudinger-Emmerich, 12. Aufl., § 571 BGB Rn. 4; Sternel I Rn. 46.

143 So auch: BGH NJW 1989, S. 2053.

144 Von Oefele/Winkler bevorzugt diesen Begriff (ders., Rn. 4.29).

145 Überwiegend wird von einer „dinglichen Wirkung" gesprochen (z.B. Erman-Hagen, § 2 ErbbauV Rn. 1; Ingenstau/Hustedt, § 2 ErbbauV Rn. 2; Staudinger-Ring, § 2 ErbbauV Rn. 5). Auf diese wird noch unter III. 8. a) ausführlicher eingegangen. Im Gegensatz stehen dazu die rein schuldrechtlichen Vereinbarungen, die zusätzlich getroffen werden können (z.B. von Oefele/Winkler, Rn. 4.5-4.13).

keine Kündigungstatbestände im schuldrechtlichen Sinne, weil sich dies nicht mit dem Charakter des Erbbaurechts als einem dinglichen Recht vertragen würde[146]. Der Erwerber kann das Erbbaurechtsverhältnis mit dem Berechtigten daher nicht einseitig beenden. Der Erbbauberechtigte muß nicht durch eine analoge Anwendung von § 571 Abs. 1 BGB geschützt werden, so daß sich die vorliegende Situation in wesentlichen Punkten von derjenigen unterscheidet, für die § 571 Abs. 1 BGB eine Ausnahmeregelung schafft. § 571 BGB ist somit nicht analog auf den Erbbauzins anzuwenden.

(4) Die Rechtsanalogie

Schließlich könnte der Anspruch auf Zahlung schuldrechtlicher Erbbauzinsen auf den Erwerber des Erbbaugrundstücks aufgrund einer Rechtsanalogie übergehen, die in der Lehre teilweise als Gesamtanalogie bezeichnet wird[147]. Bei dieser wird an mehrere Normen angeknüpft, die verschiedene Tatbestände, aber die gleiche Rechtsfolge aufweisen[148]. Diesen Vorschriften wird ein allgemeiner Rechtsgrundsatz entnommen, der wertmäßig auf die geregelten und die nicht geregelten Fälle gleichermaßen zutrifft[149].

(a) Bürgerlich-rechtliche Vorschriften und § 37 Abs. 2 WEG

In Betracht kommen §§ 569a Abs. 1 S. 1, Abs. 2 S. 1, Abs. 6 S. 1; 571 Abs. 1; 580, 581 Abs. 2; 613 a Abs. 1 S. 1; 1056, 1059 d; 1251 Abs. 2 S. 1; 2135 BGB und § 37 Abs. 2 WEG[150]. Die verschiedenen Absätze des § 569 a BGB haben die Rechtsfolge gemeinsam, daß der Bestand des Mietverhältnisses zugunsten des

---

146 Staudinger-Ring, § 1 ErbbauV Rn. 49; BGH NJW 1969, S. 1112 (1113); Ingenstau/Hustedt, § 11 ErbbauV Rn. 49.

147 Diesen Begriff bevorzugen z.B. Canaris, Die Feststellung von Lücken im Gesetz, S. 98 f.; ders., in: Larenz/Canaris, Methodenlehre, S. 204 f.; in der Vorauflage auch Larenz (Methodenlehre, S. 271 f.) und Schmalz, Methodenlehre, Rn. 397. Canaris hält nur die Bezeichnung als Induktion für sachgerecht (Die Feststellung von Lücken im Gesetz, S. 100).

148 Canaris, Die Feststellung von Lücken im Gesetz, S. 98 f.; ders., in: Larenz/Canaris, Methodenlehre, S. 204 f.; in der Vorauflage auch Larenz (Methodenlehre, S. 271 f.); Schmalz, Methodenlehre, Rn. 397; Wank, § 11 III 1 b).

149 Canaris, Die Feststellung von Lücken im Gesetz, S. 97 f.; Engisch, Einführung in das juristische Denken, S. 151; Enneccerus/Nipperdey, Allgemeiner Teil, 1. Halbband, § 58 III 1 b), S. 340; Esser, Vorverständnis und Methodenwahl, S. 182; Krey, JZ 1978, S. 361 (365); Larenz, Methodenlehre, S. 272; Larenz/ Canaris, Methodenlehre, S.204 f; Schmalz, Methodenlehre, Rn. 397 f; Schneider, S. 150.

150 § 5 Abs. 1 S. 1 HausratsV, wonach das Gericht bei einer Ehescheidung bestimmen kann, daß ein Ehegatte anstelle des anderen in ein von diesem eingegangenes Mietverhältnis eintritt, bleibt außer Betracht, weil insoweit der Übergang nicht allein kraft Gesetzes erfolgt. Entsprechendes gilt für § 177 Abs. 1 und Abs. 2 VVG, bei dem eine Zustimmung des Versicherungsnehmers vorausgesetzt wird.

Ehegatten, bestimmter Familienangehöriger oder des Erben geschützt wird, indem es auf diese grundsätzlich übergeht. Entsprechendes sieht § 571 Abs. 1 BGB vor[151], auf den §§ 580, 581 Abs. 2, 1056 (auf den sich § 2135 bezieht), 1059 d BGB sowie § 37 Abs. 2 WEG für Mietverträge über Grundstücke, Pachtverträge und den Nießbrauch verweisen. § 1251 Abs. 2 S. 1 BGB enthält eine vergleichbare Konsequenz bei Besitzübergang des Pfandes: Der neue Gläubiger tritt in das gesetzliche Schuldverhältnis zwischen bisherigem Pfandgläubiger und Eigentümer ein[152]. Ähnlich schreibt schließlich die arbeitsrechtliche Norm § 613 a Abs. 1 S. 1 BGB zugunsten des Arbeitsnehmers vor[153], daß bei einem rechtsgeschäftlichen Übergang des Betriebes oder eines Betriebsteils das bisherige Arbeitsverhältnis mit dem Arbeitnehmer ohne Einräumung eines besonderen Kündigungsrechts des Erwerbers[154] fortgesetzt wird. Durch die in den vorgenannten Normen bestimmte Rechtsfolge wird stets derjenige geschützt, der an dem Ereignis, an das der gesetzliche Übergang, wie z.B. an die Grundstücksveräußerung, geknüpft wird, nicht beteiligt ist.

Diesen Vorschriften kann der allgemeine Grundsatz entnommen werden, daß eine Person, die an der Veränderung von Umständen nicht beteiligt ist, die Einfluß auf ihre Rechte aus einem Schuldverhältnis haben, vor Nachteilen wie insbesondere der Beendigung des Schuldverhältnisses geschützt werden soll.

Da der Erbbauberechtigte an der Veräußerung des Grundstücks nicht beteiligt ist, wäre denkbar, den zuvor entwickelten Grundsatz auf ihn zu übertragen. Diese Rechtsanalogie hätte jedoch zur Folge, daß anstelle des Ausgebers des Erbbaurechts nunmehr der Erwerber Gläubiger des schuldrechtlichen Erbbauzinsanspruchs wäre. Geschützt würde also nur der Erwerber. Außerdem droht nicht die Beendigung eines Schuldverhältnisses zu Lasten des Erbbauberechtigten[155]. Der herausgearbeitete Grundsatz kann also für den Übergang des schuldrechtlichen Erbbauzinses nicht nutzbar gemacht werden.

---

151 S. oben II. 1. c) bb) aaa) (3), S. 34.

152 BGHZ 36, S. 265 (268); MüKo-Damrau, § 1251 BGB Rn. 2; Schreiber, Sachenrecht, Rn. 266; Staudinger-Wiegand, § 1251 BGB Rn. 8 f.; eine Besonderheit besteht insoweit, als für den Zeitpunkt des Übergangs des Schuldverhältnisses auf den Besitzübergang abgestellt wird.

153 BAG NZA 1991, S. 63 (65 Anm. II 3 d) aa)); Palandt-Putzo, § 613 a BGB Rn. 1; Schaub, § 118 I 1 a; Staudinger-Richardi, 12. Aufl., § 613 a BGB Rn. 9.

154 Im einzelnen: Schaub, § 118 Rn. 79 ff.

155 S. oben II. 1. c) bb) aaa) (3.), S. 34.

(b) §§ 69 Abs. 1, 151 Abs. 2, 158 h S. 1 VVG

Nach § 69 Abs. 1 VVG tritt der Erwerber einer Sache, z.B. einer Immobilie[156], anstelle des bisherigen Eigentümers in das Versicherungsvertragsverhältnis mit dem Versicherer ein. Die Beziehung des Eigentümers zu der Sache stellt das sog. versicherte Interesse dar[157]. Bei einer Veräußerung der Sache fällt dieses Interesse des bisherigen Eigentümers mit der Folge weg, daß nach § 70 Abs. 2 VVG kein Versicherungsschutz bezüglich der Sache mehr bestünde, wenn nicht § 69 Abs. 1 VVG den Übergang vorsähe. Geschützt wird also der Erwerber als künftiger Versicherungsnehmer[158]. Dieses Motiv ist systemimmanent, da das Versicherungsvertragsgesetz besonders den Schutz des Versicherungsnehmers bezweckt[159]. Entsprechendes gilt bei den Haftpflichtverträgen zugunsten des Erwerbers eines Betriebes oder eines Pkw gem. §§ 151 Abs. 2 S. 1, 158 h S. 1 VVG[160]. Die letztgenannte Norm hielt der Gesetzgeber für erforderlich, als die Pflichthaftpflichtversicherung für Kraftfahrzeuge in Kraft trat[161]. Die Rechtsprechung lehnte die analoge Anwendung gem. § 69 VVG ab, so daß ohne § 158 h S. 1 VVG in der Praxis häufig eine Versicherungslücke hätte auftreten können[162].

Anders als die zuvor behandelten Fälle, bei denen eine Veräußerung auf der Gegenseite des Geschützten erfolgt[163], sehen die versicherungsvertraglichen Vorschriften mithin den Eintritt der beteiligten, aber nach dem Sinn und Zweck des speziellen Gesetzes besonders zu schützenden Person[164] – der (zukünftigen) Versicherungsnehmer – in das Vertragsverhältnis vor. Die Normen lassen den Schluß zu, daß in diesen und nur in diesen besonderen, vom Gesetzgeber geregelten Fällen der Erwerber in das Versicherungsvertragsverhältnis eintreten soll. Ein allgemeiner Grundsatz, der über den versicherungsrechtlichen Anwendungsbereich hinausginge, kann nicht entwickelt werden. Eine Rechtsanalogie zugunsten des Erwerbers des Erbbaugrundstücks scheidet aus.

---

156 Bruck/Möller-Sieg, §§ 69-73 VVG Anm. 7

157 Bruck/Möller-Sieg, §§ 69-73 VVG Anm. 6.

158 Im Ergebnis allg. Ansicht, z.B. Bruck/Möller-Sieg, §§ 69-73 VVG Anm. 6 und 9; Prölss/Martin, § 69 VVG Anm. 1.

159 Bruck/Möller-Sieg, §§ 69-73 VVG Anm. 9.

160 Allg. Ansicht, z.B. Bruck/Möller-Johannsen, zu §§ 149-158 a VVG Anm. D 30 f. (S. 158 f.); dies. zu §§ 158 b-k VVG Anm. D 45 (S. 372 f.).

161 Bruck/Möller-Johannsen, zu §§ 158 b-k VVG Anm. D 45 (S. 372 f.).

162 Bruck/Möller-Johannsen, zu §§ 158 b-k VVG Anm. D 45 (S. 372 f.).

163 S. oben S. 37 f. (a).

164 Bruck/Möller-Sieg, §§ 69-73 VVG Anm. 9.

(5) Zwischenergebnis

Versäumen der Grundstückseigentümer und der Erwerber bei der Veräußerung des Grundstücks, das Schicksal des schuldrechtlichen Erbbauzinsanspruchs zu regeln, geht der Anspruch aus den vorgenannten Gründen weder unmittelbar noch analog kraft Gesetzes auf den Erwerber über. Das Recht steht also weiterhin dem Veräußerer zu.

bbb) Der Übergang aufgrund eines Vertrages

Der schuldrechtliche Erbbauzinsanspruch kann nach heute allgemeiner Ansicht ausdrücklich[165] oder konkludent abgetreten werden[166]. Eine konkludente Abtretung liegt z.B. vor, wenn dem Kaufvertrag über das Erbbaugrundstück im Wege der Auslegung entnommen wird, daß dem neuen Eigentümer das Recht auf das Entgelt zusteht. Der Erwerber des Grundstücks könnte außerdem einen Anspruch auf Zahlung des schuldrechtlichen Erbbauzinses aus dem Erbbaurechtsvertrag haben, den der erste Grundstückseigentümer mit dem ersten Erbbauberechtigten geschlossen hat. Voraussetzung ist, daß der Erbbaurechtsvertrag einen Vertrag zugunsten Dritter, d.h. des Erwerbers des Grundstücks gem. § 328 BGB, enthält[167]. Nach einer erkennbar nur vereinzelt vertretenen Ansicht[168] sollen alle Erbbaurechtsverträge im Zweifel in diesem Sinn auszulegen sein. Dinglicher und schuldrechtlicher Erbbauzins unterscheiden sich jedoch in ihrer Wirkung wesentlich. Nach der zuvor genannten Ansicht würde die Wirkung des schuldrechtlichen Erbbauzinses derjenigen der Erbbauzinsreallast gleichgestellt, ohne daß ein zwingender Grund hierfür ersichtlich ist. Zudem rechnet diese Meinung dem einen Vertragspartner des Erbbaurechtsvertrages eine Willenserklärung zu, für die es keinen objektiven Anhaltspunkt gibt. Ihr kann deshalb nicht gefolgt werden.

cc) Die Anspruchsverpflichtung

Es fragt sich, ob stets der Erbbauberechtigte, dessen Erbbaurecht zwangsversteigert wird, verpflichtet ist, den schuldrechtlichen Erbbauzins an den Gläubiger zu zahlen. Überträgt[169] der erste Erbbauberechtigte das Erbbaurecht, wechselt die Anspruchsverpflichtung möglicherweise nicht, so daß im Zeitpunkt des Zuschlages ein von dem Zwangsvollstreckungsschuldner verschiedener Dritter den Erbbauzins schuldet.

---

165 von Oefele/Winkler, Rn. 6.88 ff.; RGRK-Räfle, § 9 ErbbauV Rn. 26.

166 Z.B. BGH NJW 1972, S. 198.

167 Ingenstau/Hustedt, § 9 ErbbauV Rn. 4.

168 MüKo-von Oefele, § 9 ErbbauV Rn. 7; zweifelnd: Ingenstau/Hustedt, § 9 ErbbauV Rn. 4.

169 Unproblematisch ist dagegen eine Gesamtrechtsnachfolge, weil bei dieser der Rechtsnachfolger unmittelbar in die Verpflichtung zur Zahlung des Erbbauzinses einrückt.

Es gelten die allgemeinen bürgerlich-rechtlichen Grundsätze. Erforderlich ist also entweder eine Schuldübernahme gem. § 414 BGB, d.h. ein Vertrag zwischen dem neuen Erbbaurechtsinhaber und dem Grundstückseigentümer, oder eine Schuldübernahme gem. § 415 BGB, d.h. ein Vertrag zwischen dem neuen und dem altem Erbbaurechtsinhaber mit Genehmigung des Grundstückseigentümers. Wenn die schuldrechtliche Verpflichtung zur Zahlung des Erbbauzinses aus anderen Gründen als der Veräußerung des Erbbaurechts auf einen Dritten übergehen soll, muß der Dritte die Schuld ebenfalls nach den zuvor geschilderten Grundsätzen übernehmen[170]. Die Verpflichtung geht nach alldem nur dann auf den neuen Inhaber über, wenn ein vertraglicher Übernahmetatbestand gegeben ist[171]. Der Erbbauberechtigte, dessen Erbbaurecht in die Zwangsversteigerung gerät, schuldet demnach nicht zwingend die Zahlung dieses Erbbauzinses.

dd) Die Existenzberechtigung

Die Existenz des schuldrechtlichen Erbbauzinses zeigt, daß zumindest vor dem Inkrafttreten des Sachenrechtsbereinigungsgesetzes bei den Beteiligten eines Erbbaurechtsvertrages ein praktisches Bedürfnis bestanden haben muß, neben oder anstelle des dinglichen Erbbauzinses diese weitere Erscheinungsform zu vereinbaren. Nach der bisherigen, neuerdings vereinzelt streitigen Rechtslage[172] war eine dingliche Wertsicherungsklausel unzulässig, da § 9 Abs. 2 S. 1 ErbbauV a.F. die Bestimmtheit des dinglichen Erbbauzinses voraussetzte. Es galten beispielsweise Vereinbarungen als unzulässig, wonach die Höhe des Erbbauzinses mittels einer variablen Größe, wie jeweils 4% des Verkehrswerts des Grundstücks, oder mit Hilfe einer Gleitklausel bestimmt werden sollte[173]. Üblich war die folgende dreiteilige Vereinbarung[174]: Die Beteiligten trafen eine schuldrechtliche Anpassungsvereinbarung, der Erbbauberechtigte mußte sich schuldrechtlich verpflichten, für den Mehrbetrag jeweils eine zusätzliche neue Erbbauzinsreallast zu bestellen und diese wurde durch eine Vormerkung gem. § 883 BGB gesichert. War der Erbbauzins aufgrund dieser Maßnahmen einmal angepaßt worden, sicherte die Vormerkung alle weiteren Erhöhungsfälle[175]. Ferner kann der Gläubi-

---

170 Geissel, S. 27 f.; Ingenstau/Hustedt, § 9 ErbbauV Rn. 4; RGRK-Räfle, § 9 ErbbauV Rn. 23.

171 BGHZ 22, S. 220 (225); 81, S. 135 (144).

172 Zur fast ausschließlich vertretenen Ansicht z.B.: BGH DNotZ 1975, S.154; Böttcher, Praktische Fragen des Erbbaurechts, Rn. 337; Ingenstau/Hustedt, ErbbauV Rn. 22 f.; Linde-Richter, Rn. 154 ff.; von Oefele/Winkler, Rn. 6.68 ff.; Palandt-Bassenge, § 9 ErbbauV Rn. 12. Die Gegenauffassung vertritt: Wilhelm, Rn. 1147.

173 Z.B. Böttcher, Praktische Fragen des Erbbaurechts, Rn. 337.

174 BGH DNotZ 1957, S. 300 (304 f.); 1987, S. 360; OLG Celle, Rpfleger 1981, S. 398; Linde-Richter, Rn. 156-162, 195-199; Staudinger-Ring, § 9 ErbbauV Rn. 20, 21.

175 BayObLG DNotZ 1978, S. 239; Staudinger-Ring, § 9 ErbbauV Rn. 21.

ger in diesem Fall Verzugszinsen von dem Schuldner verlangen. Diese sind anders als bei der Erbbauzinsreallast nicht ausgeschlossen; das ergibt sich aus einem Umkehrschluß aus § 9 Abs. 1 S. 1 ErbbauV. Die Vorschrift regelt lediglich für die Erbbauzinsreallast, daß §§ 1107 i.V.m. 289 S. 1 BGB analog Anwendung findet, wonach ein Anspruch auf Verzugszinsen nicht besteht. Die schuldrechtliche Vereinbarung der Erhöhung des Erbbauzinses war aus diesen Gründen fast ausnahmslos üblich geworden[176]. Die Existenzberechtigung des schuldrechtlichen Erbbauzinses bestand somit in erster Linie darin, die Erhöhungsansprüche des Gläubigers zu sichern.

d) *Der neugeschaffene dingliche Erbbauzins gem. § 9 Abs. 3 ErbbauV n.F.*

Nach der Vereinigung sah die Bundesregierung in dem Erbbaurecht das ideale Institut für die Lösung des Problems, daß im Osten vielfach selbständiges Gebäudeeigentum entstanden war, ohne daß das Rechtsverhältnis zwischen den Eigentümern des Gebäudes und des Grundstücks geklärt war[177]. Das Sachenrechtsänderungsgesetz regelt für diese Fälle umfassend Ausgabe und Inhalt eines Erbbaurechts. Weil der Gesetzgeber erwartete, daß deshalb in den neuen Bundesländern viele neue Erbbaurechte bestellt werden[178], nahm er auf Anregung der Bundesregierung[179] die Beseitigung der Gefahr der Entstehung von Erbbaurechten ohne Erbbauzins in Angriff. Dabei konzentrierte sich das Interesse im Gesetzgebungsverfahren von Anfang an darauf, den Ausfall der Erbbauzinsreallast bei einer Zwangsversteigerung aus einem vorrangigem Grundpfandrecht des Erbbaurechts zu verhindern[180]. Die Bundesregierung nannte als Zielsetzung ihrer Initiative, die Folgen aus einem Rangrücktritt des Grundstückseigentümers mit der Erbbauzinsreallast neu zu bestimmen[181]. Auf Vorschlag des Bundesrates wurde später auch

---

176 Geissel, S.28; Ingenstau/Hustedt, § 9 ErbbauV Rn. 57. Zur Bestimmung der Erbbauzinshöhe nach § 9 a ErbbauV durch einen Schiedsgutachter: BGH WM 1996, S.408 ff. Nachteil der Anpassungsklausel ist, daß sie nur schuldrechtlich wirkt. Folglich gilt sie nicht im Fall einer Einzelrechtsnachfolge auf Seiten des Erbbauberechtigten. Sie wirkt trotz der Vormerkung grundsätzlich nicht gegenüber dem Ersteher in der Zwangsversteigerung des Erbbaurechts. Die Anpassungsklausel verpflichtet den Ersteher nur ausnahmsweise, wenn dieser in die schuldrechtliche Verpflichtung eintritt (BGHZ 81, S. 135 (144); BGH NJW-RR 1987, S. 74 (75); H. Mohrbutter/Chr. Mohrbutter, ZIP 1995, S. 806; Wilke, DNotZ 1995, S. 654 (655)). Die Anpassungsvereinbarung ist also nicht versteigerungsfest.

177 BT-Drucks. 12/5992, S. 2.

178 BT-Drucks. 12/5992, S. 61, Ziffer 3.

179 Gesetzesentwurf der Bundesregierung, BT-Drucks. 12/5992, S. 92 ff. und S. 183 ff.

180 Begründung zum Gesetzesentwurf der Bundesregierung, in: BT-Drucks. 12/5992, S. 2 (Anm. A), S. 92 (Anm. 3.a)) und S. 183 f.; Stellungnahme des Bundesrates, in: BT-Drucks. 12/5992, S. 193 ff.; ders., in: BR-Drucks. 515/93, S. 183 ff.; Beschlußempfehlung und Bericht des Rechtsausschusses, in: BT-Drucks. 12/7425, S. 3 und S. 84 ff.

181 Gesetzesentwurf der Bundesregierung, in: BT-Drucks. 12/5992, S. 2 (Anm. A).

die Zwangsvollstreckung aus der Erbbauzinsreallast thematisiert[182], wobei die Problematik einer Zwangsversteigerung aus den ersten drei Rangklassen des § 10 Abs. 1 ZVG nicht berührt wurde. Die Rechtsnatur, die der Erbbauzins künftig haben sollte, wurde dagegen erneut[183] diskutiert[184], wobei zwei Vorschläge zur Gestaltung des Erbbauzinses gemacht wurden:

aa) Der Vorschlag der Bundesregierung: Der schuldrechtliche Erbbauzins als Inhalt des Erbbaurechts[185]

Nach diesem Konzept sollte der schuldrechtliche Erbbauzins[186] vertraglicher Inhalt des Erbbaurechts werden[187]. Damit griff die Bundesregierung einen Vorschlag auf, der bereits bei dem Entwurf der Erbbaurechtsverordnung vom 15. Januar 1919 erörtert worden war[188]. § 2 ErbbauV sollte wie folgt ergänzt werden[189]:

> „§ 2 (Vertraglicher Inhalt)
> Zum Inhalt des Erbbaurechts gehören auch Vereinbarungen des Grundstückseigentümers und des Erbbauberechtigten über:
> (...)
> 8. eine Verpflichtung des jeweiligen Erbbauberechtigten, ein in bestimmter Höhe und in wiederkehrenden Leistungen ausbedungenes Entgelt (Erbbauzins nach § 9 Abs. 1 und 2) zu den jeweiligen Fälligkeitszeitpunkten nach dem Erwerb des Erbbaurechts zu zahlen."

Diese Konstruktion weist einige Vorteile auf. Der Ersteher würde in der Zwangsversteigerung eines solchen neuen Erbbaurechts ein Recht erwerben, dem zwingend die Verpflichtung zur Zahlung von Erbbauzinsen innewohnt[190]. Die Inhaltsvereinbarungen sind versteigerungsfest, d.h., sie gelten nach dem Zuschlag ohne weiteres zwischen dem Grundstückseigentümer und dem Ersteher. Die Sicherung des Erbbauzinses durch eine Erbbauzinsreallast wäre überflüssig. Schließlich hätte es bei neu begründeten Erbbaurechten nicht mehr zwei unterschiedliche Arten von Erbbauzinsen gegeben.

---

182 Bundesrat, in: BT-Drucks. 12/5992, S. 194.

183 Zur Diskussion im Gesetzgebungsverfahren der Erbbaurechtsverordnung s. oben II. 1. b) aa), S. 24 ff.

184 BT-Drucks. 12/5992, S. 47, 183 ff., 188, 192-195; Herbig/Gaitzsch/Hügel/Weser, S. 81.

185 BT-Drucks. 12/5992, S. 1-187.

186 Zum schuldrechtlichen Erbbauzins s. oben II. 1. c), S. 31 f.

187 BT-Drucks. 12/5992, S. 47; ferner Vossius, § 52 Rn. 15 ff.

188 S. oben II. 1. b) aa) aaa), S. 25.

189 BT-Drucks. 12/5992, S. 47, Artikel 1 § 1.

190 BR-Drucks. 515/5992, S. 183

Der Entwurf weist aber gleichzeitig schwerwiegende Mängel auf, die insbesondere die Dogmatik eines solchen Erbbaurechts betreffen[191]: Die neu eingefügte Ziffer 8 in § 2 des Entwurfes hätte verbindungslos neben § 9 Abs. 1 ErbbauV gestanden. Es wäre daher unklar geblieben, ob die Vereinbarung, daß der Erbbauzins zum Inhalt des Erbbaurechts gehört, bei bereits bestehenden Erbbaurechten zum Erlöschen bereits bestellter Erbbauzinsreallasten geführt hätte. Ein weiterer Nachteil besteht darin, daß für den Fall der Zwangsversteigerung des Erbbaurechts offengeblieben wäre, ob die herkömmliche Reallast nach § 9 Abs. 1 ErbbauV, die unter bestimmten Voraussetzungen[192] in der Zwangsversteigerung erlischt, hätte kapitalisiert werden müssen. Schließlich regelt dieser Lösungsvorschlag bewußt nicht das Problem von Erhöhungsansprüchen[193], da er sich darauf beschränkt, einen Erbbauzins, der der Höhe nach im voraus bestimmt sein muß, als Inhalt des Erbbaurechts zuzulassen[194]. Aus diesen Gründen scheiterte[195] das Konzept „Erbbauzins als Inhalt des Erbbaurechts“ erneut[196].

bb) Der Vorschlag des Bundesrates: Das Bestehenbleiben als Inhalt des Erbbauzinses[197]

aaa) Die verschiedenen Neuerungen

(1) Die Versteigerungsfestigkeit

Der Bundesrat brachte den schließlich Gesetz gewordenen Vorschlag ein, daß der Grundstückseigentümer und der Erbbauberechtigte dem Erbbauzins selbst einen versteigerungsfesten Inhalt geben können[198]. Die neue Vorschrift, § 9 Abs. 3 S. 1 Nr. 1 ErbbauV n.F., lautet:

---

191 H. Mohrbutter/Chr. Mohrbutter, ZIP 1995, S. 806; von Oefele/Winkler, Rn. 6.28.

192 Zu den Voraussetzungen, unter denen die herkömmliche Erbbauzinsreallast in der Zwangsversteigerung des Erbbaurechts erlischt, s. unten II. 2. a).

193 BT-Drucks. 12/5992, S. 183; unzutreffend deshalb Czub, Rn. 673, der davon ausgeht, daß die Anpassungsabsprachen dann in den vertragsgemäßen Inhalt des Erbbaurechts nach § 2 ErbbauV hätten einbezogen werden können.

194 BT-Drucks. 12/5992, S. 183.

195 Stellungnahme des Bundesrates, BT-Drucks. 12/5992, S. 192.

196 Zur Diskussion im Gesetzgebungsverfahren zur Erbbaurechtsverordnung s. oben II. 1. b) aa), S. 24 f. Der jetzige Regierungsentwurf fand während des Gesetzgebungsverfahrens zum Sachenrechtsbereinigungsgesetz Eingang in die Formulierung des § 42 Abs. 2 Nr. 5 SachRBerG. Als später der Entwurf zur Novellierung der Erbbaurechtsverordnung nach den Vorschlägen des Bundesrates geändert wurde, versäumte der Gesetzgeber, § 42 Abs. 2 Nr. 5 SachRBerG entsprechend anzupassen. Deshalb finden sich im Sachenrechtsänderungsgesetz Regelungen über den Erbbauzins versehentlich bei den Bestimmungen über den Inhalt des Erbbaurechts.

197 BT Drucks. 12/5992, S. 188-203.

198 BT-Drucks. 12/5992, S. 195.

„Als Inhalt des Erbbauzinses kann vereinbart werden, daß

1. die Reallast abweichend von § 52 Abs. 1 des Gesetzes über die Zwangsversteigerung und die Zwangsverwaltung mit ihrem Hauptanspruch bestehenbleibt, wenn der Grundstückseigentümer aus der Reallast oder der Inhaber eines im Range vorgehenden oder gleichstehenden dinglichen Rechts die Zwangsversteigerung des Erbbaurechts betreibt ...“

Danach haben der Grundstückseigentümer und der Erbbauberechtigte die Möglichkeit, beispielsweise eine Vereinbarung mit folgendem Inhalt zu treffen:

„Als dinglicher Inhalt der Erbbauzinsreallast wird vereinbart, daß diese abweichend von § 52 Abs. 1 ZVG mit ihrem Hauptanspruch bestehenbleibt, falls aus ihr oder aus einem ihr vor- oder gleichrangigen Recht die Zwangsversteigerung des Erbbaurechts betrieben wird.“[199]

Auf den ersten Blick erscheint dieser Vorschlag in dem Streit über die Rechtsnatur des Erbbauzinses[200] neu: Er geht von der Konzeption ab, daß der Erbbauzins Inhalt des Erbbaurechts ist, indem er den Inhalt des Erbbauzinses modifiziert. Tatsächlich griff der Bundesrat aber bewußt[201] einen Vorschlag Winklers auf, der bereits in den siebziger Jahren veröffentlicht und diskutiert worden war[202]. Danach sollte der Erbbauzins der Überbaurente gleichgestellt werden. § 52 Abs. 2 ZVG a.F., der das Schicksal der Überbaurente in der Zwangsversteigerung des Grundstücks regelt, sollte auf den Erbbauzins in der Zwangsversteigerung des Erbbaurechts analog angewendet werden[203]. § 52 Abs. 2 ZVG a.F. lautet:

„Das Recht auf eine der in den §§ 912-917 des Bürgerlichen Gesetzbuches bezeichneten Renten bleibt auch dann bestehen, wenn es bei der Feststellung des geringsten Gebots nicht berücksichtigt ist.“

Folgerichtig ergänzt der Gesetz gewordene Entwurf des Bundesrates § 52 Abs. 2 ZVG um einen Satz 2, nach dem die gem. § 9 Abs. 3 ErbbauV n.F. vereinbarte Erbbauzinsreallast in der Zwangsversteigerung des Erbbaurechts bestehenbleibt, wie folgt:

„Satz 1 ist entsprechend auf den Erbbauzins anzuwenden, wenn nach § 9 Abs. 3 ErbbauV der Verordnung über das Erbbaurecht das Bestehenbleiben des Erbbauzinses als Inhalt der Reallast vereinbart worden ist.“

---

199 Von Oefele, DNotZ 1995, S. 643 (645); von Oefele/Winkler, S. 470, III 4 a).

200 S. oben II. 1. b) aa), S. 24 ff.

201 BT-Drucks. 12/5992, S. 195 (Anm. zu Buchstabe e).

202 Winkler, DNotZ 1970, S. 390 (397).

203 Der Lösungsvorschlag Winklers ist für die Erbbaurechte, deren Erbbauzins in der Zwangsversteigerung trotz der Novellierung der Erbbaurechtsverordnung durch das Sachenrechtsänderungsgesetz erlischt, aktuell und wird noch ausführlich unter III. 1. dargestellt.

Gesetzliches Vorbild für diese Regelung ist § 39 WEG[204]. Diese Norm schreibt, wenn Wohnungseigentum zwangsversteigert wird, ein Bestehenbleiben der bestellten Dauerwohn- und Dauernutzrechte vor, wenn als Inhalt des Rechtes vereinbart wurde, daß das Recht entgegen § 44 ZVG bestehenbleiben soll. Insoweit ist der Vorschlag des Bundesrates nicht innovativ.

Das Konzept ist jedoch in anderen wichtigen Punkten neu. Der Erbbauzins bleibt in der Zwangsversteigerung des Erbbaurechts nicht kraft Gesetzes bestehen. Der Grundstückseigentümer und der Erbbauberechtigte müssen, das wurde bereits erwähnt[205], eine Vereinbarung nach § 9 Abs. 3 ErbbauV n.F. treffen. Aus diesem Grund wird es künftig Erbbaurechte geben, bei denen die Gesetzesnovelle genutzt wird, und daneben Erbbaurechte, bei denen eine herkömmliche dingliche und/oder schuldrechtliche Erbbauzinsverpflichtung besteht. Ist das Erbbaurecht mit vorgehenden oder gleichstehenden dinglichen Rechten belastet, ist eine solche Vereinbarung nicht ohne weiteres wirksam. Die Inhaber dieser Rechte müssen zustimmen, daß der Erbbauzins in der Zwangsversteigerung des Erbbaurechts bestehenbleibt, § 9 Abs. 3 S. 2 ErbbauV n.F.[206]. Im Vergleich zu dem herkömmlichen Erbbauzins i.S.d. § 9 Abs. 1 ErbbauV verfügt der neue Erbbauzins also über die zusätzliche Eigenschaft, daß er zumindest in bestimmten Fällen[207] versteigerungsfest ist. Er ist folglich als Spezialfall des dinglichen Erbbauzinses i.S.d. § 9 Abs. 1 ErbbauV zu verstehen.

(2) Der Rangvorbehalt zugunsten des Erbbauberechtigten

Außerdem wurde auf Empfehlung des Rechtsausschusses[208] der Nummer 1 des neuen § 9 Abs. 3 ErbbauV eine Nummer 2 angefügt, nach der als Inhalt des Erbbauzinses vereinbart werden kann, daß

> „2. der jeweilige Erbbauberechtigte dem jeweiligen Inhaber der Reallast gegenüber berechtigt ist, das Erbbaurecht in einem bestimmten Umfang mit einer der Reallast im Rang vorgehenden Grundschuld, Hypothek oder Rentenschuld im Erbbaugrundbuch zu belasten."

---

204 Herbig/Gaitzsch/Hügel/Weser, S. 82.

205 S. oben I., S. 15.

206 Das Sachenrechtsänderungsgesetz hat diese Vorschrift in die Erbbaurechtsverordnung eingefügt, obwohl die Novellierung de lege lata nicht erforderlich war: §§ 877, 876 S. 2 BGB schreiben die Zustimmung der betroffenen Gläubiger vor. § 9 Abs. 3 S. 2 ErbbauV n.F. dient somit nur der Klarstellung (so auch Böttcher, Praktische Fragen des Erbbaurechts, Rn. 376).

207 Ausführlich zu diesen Fällen s. unten II. 2. c).

208 Beschlußempfehlung und Bericht des Rechtsausschusses (6. Ausschuß), BT-Drucks. 12/7425 vom 27.4.1994, S. 85 (Nr. 2).

Mit anderen Worten hat der Erbbauberechtigte bei einer entsprechenden Vereinbarung einen Anspruch gegen den Grundstückseigentümer, das Erbbaurecht mit einem der Erbbauzinsreallast vorgehenden Grundpfandrecht zu belasten. Dieses Recht ist insbesondere für den Ersteher in der Zwangsversteigerung des Erbbaurechts günstig: Ihm wird die erste Rangstelle für eine Beleihung des Erbbaurechts freigehalten. Ohne die Vereinbarung nach § 9 Abs. 3 Nr. 2 ErbbauV n.F. würde die nach § 9 Abs. 3 Nr. 1 ErbbauV bestehenbleibende Erbbauzinsreallast in dem Moment, in dem der Zuschlag erteilt wird und das vorrangige betreibende Grundpfandrecht erlischt, auf den ersten Rang aufrücken. Diese Rangverbesserung des Grundstückseigentümers ist rechtspolitisch nicht gewollt[209]. Wenn der Ersteher das Erbbaurecht nämlich beleihen wollte, könnte er dem potentiellen Kreditgeber als Sicherheit nur eine schlechtere Rangstelle anbieten, wodurch die Beleihbarkeit des Erbbaurechts gemindert werden könnte. Außerdem erhielte die Erbbauzinsreallast eine bessere Rangstelle, als sie vor der Zwangsversteigerung hatte, ohne daß diese Rangverbesserung dem Grundstückseigentümer einen Vorteil brächte. Die neue Erbbauzinsreallast würde bei einer erneuten Zwangsversteigerung auch dann bestehen bleiben, wenn sie nur den zweiten Rang hat.

Die beiden Nummern des § 9 Abs. 3 ErbbauV n.F. sind, so der Wortlaut der Verordnung, durch ein „und“ verknüpft. Naheliegend erscheint deshalb die Annahme, daß die beiden Alternativen nur kumulativ vereinbart werden können. Das trifft aber ausweislich der Gesetzesmotive nicht zu[210], so daß sich die Vertragspartner auf die erste Alternative, d.h. auf einen versteigerungsfesten Inhalt der Erbbauzinsreallast ohne den Rangfreihalt gemäß der zweiten Alternative, einigen können[211], wobei das umgekehrt nicht gilt[212].

(3) Die Wertsicherung

Schließlich brachte der Bundesrat in § 9 Abs. 2 S. 1-3 ErbbauV n.F. weitere Novellierungen ein[213]. Hierauf wird bei der Frage, ob bei künftigen Erbbaurechtsverträgen noch ein schuldrechtlicher Erbbauzins neben einem dinglichen Erbbauzins vereinbart werden sollte, unter II. 4. eingegangen.

bbb) Der Anspruch auf die Vereinbarung eines versteigerungsfesten Erbbauzinses

Der Grundstückseigentümer hat normalerweise ein erhebliches Interesse an der Vereinbarung eines Erbbauzinses nach § 9 Abs. 3 S. 1 Nr. 1 ErbbauV. Ein gesetzlicher Anspruch auf Abschluß einer solchen Abrede würde ihm daher nützen. Ist ein

---

209 BT-Drucks. 12/7425, S. 85.
210 BT-Drucks. 12/7425, S. 85.
211 BT-Drucks. 12/7425, S. 85.
212 BT-Drucks. 12/7425, S. 85.
213 BT Drucks. 12/5992, S. 192.

Erbbaurecht nach §§ 15 ff. SachRBerG bestellt worden, hat der Grundstückseigentümer gem. § 52 Abs. 1 SachRBerG ein gesetzliches Recht gegen den Erbbauberechtigten auf die Vereinbarung eines nach der gesetzgeberischen Vorstellung versteigerungsfesten[214] Erbbauzinses; in allen anderen Fällen besteht kein derartiger Anspruch. Beispielsweise hat der Grundstückseigentümer eines Erbbaurechts, das auf einem Grundstück im alten Bundesgebiet lastet – also weder bei solchen Erbbaurechten, die bei Inkrafttreten des Sachenrechtsbereinigungsgesetzes bereits bestanden[215] noch bei erst später ausgegebenen Erbbaurechten – ein Recht auf eine entsprechende Reallastvereinbarung. Bei diesen Erbbaurechten droht demnach wie bisher der Ausfall des Erbbauzinsanspruchs in der Zwangsversteigerung des Erbbaurechts.

e) Zusammenfassung

Ein Erbbauzinsanspruch existiert somit nur aufgrund einer entsprechenden Vereinbarung der Parteien. Diese können einen herkömmlichen dinglichen Erbbauzins, einen schuldrechtlichen Erbbauzins oder einen neuen dinglichen Erbbauzins nach § 9 Abs. 3 ErbbauV n.F. ausbedingen, wobei alle diese Rechte denselben wirtschaftlichen Ursprung in der Ausgabe des Erbbaurechts haben. Wurde das Grundstück oder das Erbbaurecht nach der Ausgabe veräußert, steht bei einer Zwangsversteigerung des Erbbaurechts der Anspruch aus der Erbbauzinsreallast grundsätzlich demjenigen zu, der zu diesem Zeitpunkt Eigentümer des Grundstücks ist, gegen denjenigen, der zu diesem Zeitpunkt Erbbauberechtigter ist.

Anders kann die Rechtslage nach den Umständen des Einzelfalls bei dem schuldrechtlichen Erbbauzinses sein, wenn die Beteiligten den Übergang der Anspruchsberechtigung oder -verpflichtung vertraglich nicht geregelt haben. Weil die Abrede, Erbbauzinsen zu zahlen, üblich ist, droht bei Vorliegen der sonstigen Voraussetzungen[216] bei nahezu jedem Erbbaurecht der Wegfall von Erbbauzinsen in der Zwangsversteigerung.

---

214 Ausführlich zum Bestehenbleiben der Erbbauzinsreallast nach neuem Recht s. unten II. 2. c) aa)-cc), ee).

215 Die Erbbaurechte, die vor dem 1.10.1994 im früheren Bundesgebiet ausgegebenen wurden, werden in der Literatur teilweise als „Alterbbaurechte" bezeichnet (H. Mohrbutter/Chr. Mohrbutter, ZIP 1995, S. 806 (810)). Diese sind nicht zu verwechseln mit den vor dem 1.1.1919 ausgegebenen Erbbaurechten, für die die Vorschriften des Bürgerlichen Gesetzbuches gelten (s. oben II. 1. b) aa), S. 24).

216 Ausführlich s. oben II. 2., S. 49 ff.

2. Der Untergang des Anspruchs, der Übergang der Verpflichtung oder das sonstige Schicksal des Erbbauzinsanspruchs in der Zwangsversteigerung

Die Wirkung der Zwangsversteigerung des Erbbaurechts auf das Erbbauzinsschuldverhältnis ist von mehreren Faktoren abhängig. Es kommt zum einen auf eine speziell erbbaurechtliche Voraussetzung an, d.h. welche Erscheinungsform des Erbbauzinsanspruchs betroffen ist. Zum anderen sind allgemeine vollstreckungsrechtliche Bedingungen maßgeblich, nämlich aus welchem Recht der Gläubiger vollstreckt und welche Rangstelle das betroffene Recht gegebenenfalls gegenüber der Rangstelle des betreibenden Rechts hat.

a) Der Untergang und der Übergang der herkömmlichen Erbbauzinsreallast

aa) Die vorrangige[217] Erbbauzinsreallast

aaa) Die Zwangsvollstreckung durch Gläubiger der Rangklassen gem. § 10 Abs. 1 Nr. 1-3 ZVG

Die Erbbauzinsreallast ist ein Recht am Grundstück i.S.d. § 10 Abs. 1 Nr. 4 ZVG, d.h., sie bleibt in der Zwangsversteigerung des Erbbaurechts nur bestehen, wenn sie in das geringste Gebot fällt, §§ 44 Abs. 1, 52 Abs. 1 ZVG[218]. Das setzt voraus, daß der betreibende Gläubiger aus einem der Erbbauzinsreallast nachrangigen Recht in das Erbbaurecht vollstreckt. Ein Recht aus § 10 Abs. 1 Nr. 1-3 ZVG ist nicht nachrangig. Bei einer Zwangsversteigerung aus einem solchen Recht, wozu gem. § 10 Abs. 1 Nr. 3 ZVG insbesondere die Ansprüche auf Entrichtung der öffentlichen Lasten wie beispielsweise Erschließungskosten zählen, fällt die Erbbauzinsreallast deshalb durch den Zuschlag aus. Der Erbbauzins wird nach § 92 ZVG für die restliche Laufzeit kapitalisiert, und der Grundstückseigentümer wird in Höhe eines etwaig verbleibenden Betrages befriedigt[219]. Der Ersteher erwirbt also ein Erbbaurecht ohne die Verpflichtung, Erbbauzinsen zu zahlen.

217 Die Vorrangigkeit ist in dem vorliegenden Zusammenhang relativ zu verstehen, d.h. daß die Erbbauzinsreallast als erstrangig eingetragenes Recht anderen Belastungen des Erbbaurechts vorgeht (s. oben II. 1. b) aa) bbb), S.26). Sie hat dagegen keine absolute Wirkung in dem Sinn, daß alle Rechte, aus denen vollstreckt werden könnte, nachrangig sind. In der Praxis ist die Erbbauzinsreallast üblicherweise nur im Zeitpunkt der Ausgabe des Erbbaurechts (relativ) vorrangig (s. oben II. 1. b) aa) bbb), S. 26).

218 Zu dem Sonderfall der Vereinbarung abweichender Versteigerungsbedingungen s. unten III. 3.

219 Ausführlich zu den Konsequenzen für den Grundstückseigentümer und etwaige nachrangig gesicherte Gläubiger: Handschumacher, S. 93 f.

bbb) Die Zwangsvollstreckung durch den Grundstückseigentümer wegen fälliger Erbbauzinsen

Die Erbbauzinsreallast könnte ebenfalls untergehen, wenn der Grundstückseigentümer wegen fälliger Erbbauzinsraten in das Erbbaurecht vollstreckt. Der Grundstückseigentümer hat zu dem Zeitpunkt, in dem der Erbbauberechtigte in Zahlungsverzug gerät, möglicherweise bereits einen Titel in Form einer notariellen Urkunde[220] in Händen, wenn sich der erste Erbbauberechtigte in dem Erbbaurechtsvertrag wirksam persönlich[221] der Zwangsvollstreckung in das Erbbaurecht unterworfen hat[222]. Ist das Erbbaurecht auf einen Dritten übergegangen[223], kann der Grundstückseigentümer die Klausel nach §§ 727, 795, 797 ZPO gegen den neuen Erbbauberechtigen umschreiben lassen[224], falls sich nicht der neue Erbbauberechtigte ohnehin auch der sofortigen Zwangsvollstreckung unterworfen hat.

Betreibt der Grundstückseigentümer gem. § 9 Abs. 1 S. 1 ErbbauV i.V.m. §§ 1107, 1147 BGB die Zwangsversteigerung aus dem laufenden oder aus den letzten beiden Jahren rückständigen Erbbauzins, ist dieser Anspruch nach § 10 Abs. 1 Nr. 4 2. Halbs. ZVG[225] in der Rangklasse Nr. 4 zu befriedigen; weiter als zwei Jahre zurückliegende Erbbauzinsraten kommen in die Rangklasse § 10 Abs. 1 Nr. 5 ZVG. Die Erbbauzinsreallast, die nicht mit dem vorgenannten rückständigen Erbbauzins identisch ist, fällt nach einer Ansicht in die Rangklasse § 10 Abs. 1 Nr. 4 ZVG[226], nach anderer Auffassung in die Rangklasse § 10 Abs. 1 Nr. 5 ZVG[227]. Da die fälligen Erbbauzinsraten nach beiden Ansichten im Rang dem Stammrecht – der Erbbauzinsreallast – vorgehen, wird die Erbbauzinsreallast nicht in das gering-

---

220 Zum Urkundenbegriff im Zivilprozeß: Schreiber, Die Urkunde im Zivilprozeß, S. 19 f.

221 Dagegen kann keine dingliche Zwangsvollstreckungsunterwerfung vereinbart werden. Nach § 800 Abs. 1 S. 1 ZPO ist diese nur bei der Zwangsvollstreckung aus Grundpfandrechten zulässig. Die Reallast ist unstreitig kein Grundpfandrecht. So im Ergebnis ebenfalls: KG DNotZ 1958, S. 203 (207); BayObLG NJW 1959, S. 1876 (1877); OLG Köln, Rpfleger 1974, S. 150; Baumbach/Lauterbach/Albers/Hartmann, § 800 ZPO Rn. 2; Ingenstau/Hustedt, § 9 ErbbauV Rn. 82; von Oefele/Winkler, Rn. 6.243; Thomas/Putzo, § 800 ZPO Rn. 1.

222 Linde-Richter, Rn. 223, empfiehlt dem Grundstückseigentümer eine solche Klausel; ferner: Schöner/Stöber, Rn. 1807 und Muster S. 733 (§17); von Oefele/Winkler, Rn. 6.243 und Muster z.B. S. 471 (IV.).

223 S. oben II. 1. b) cc) aaa), S. 28.

224 So ebenfalls: BayObLG NJW 1959, S. 1876; Böttcher, Praktische Fragen des Erbbaurechts, Rn. 366; von Oefele/Winkler, Rn. 6.245; Staudinger-Ring, § 9 ErbbauV Rn. 6.

225 Geissel, S. 56 V 1 a).

226 Z.B.: Chr. Mohrbutter, S. 56 V 1 a).

227 Z.B. Winkler, NJW 1985, S. 940 (944); MüKo-von Oefele, § 9 ErbbauV Rn. 19; von Oefele/Winkler, Rn. 6.253.

ste Gebot aufgenommen und erlischt gem. §§ 91 Abs. 1, 52 Abs. 1 S. 2 ZVG durch den Zuschlag[228]. Es erfolgt lediglich eine Kapitalisierung, § 92 ZVG.

Diese Rechtslage kann bezüglich des vollstreckten Anspruchs und der Erbbauzinsreallast etwa zu folgenden Ergebnissen führen: Ein Grundstückseigentümer könnte am 1. Januar 1990 für 99 Jahre ein Erbbaurecht ausgegeben und mit dem Erbbauberechtigten vereinbart haben, daß der durch eine Erbbauzinsreallast gesicherte Erbbauzins jährlich 10.000 DM beträgt und jeweils am 31. Dezember eines jeden Kalenderjahres im nachhinein fällig ist. Am 31. Dezember 1990 zahlt der Erbbauberechtigte nicht. Der Grundstückseigentümer stellt fest, daß der einzige Vermögensgegenstand des Erbbauberechtigten das Erbbaurecht ist und leitet die Zwangsversteigerung desselben ein. Die Erbbauzinsreallast fällt nicht in das geringste Gebot und erlischt, wobei eine Kapitalisierung eintritt, §§ 91 Abs. 1, 52 Abs. 1 S. 2 ZVG. Der Grundstückseigentümer erhält in diesem Fall den titulierten Betrag in Höhe von 10.000 DM. Gleichzeitig hat er aber den Ausfall seines künftigen dinglichen Erbbauzinses in Höhe von 980.000 DM verursacht, es sei denn, er wird aus dem Versteigerungserlös befriedigt. Aus wirtschaftlichen Gründen ist es deshalb für den Grundstückseigentümer nach den Umständen des Einzelfalls regelmäßig vorteilhafter, von der Zwangsvollstreckung aus der Erbbauzinsreallast in das Erbbaurecht abzusehen.

ccc) Die Zwangsvollstreckung durch andere Gläubiger

Betreibt ein (beliebiger) anderer Gläubiger die Zwangsversteigerung des Erbbaurechts, d.h., vollstreckt er aus einem nachrangigen Grundpfandrecht oder aus einer Forderung, geht die bei der Feststellung des geringsten Gebots gem. §§ 44 Abs. 1, 52 Abs. 1 S. 1 ZVG zu berücksichtigende Verpflichtung zur Zahlung des dinglichen Erbbauzinses aus der Erbbauzinsreallast mit dem Erbbaurecht auf den Ersteher über[229]. Es entsteht kein Erbbaurecht ohne Erbbauzins.

ddd) Zwischenergebnis

Ist die Erbbauzinsreallast vorrangig, entsteht demnach dann ein Erbbaurecht ohne Erbbauzins, wenn ein Gläubiger der Rangklassen nach § 10 Abs. 1 Nr. 1-3 ZVG oder der Grundstückseigentümer wegen fälliger Erbbauzinsen die Zwangsversteigerung betreibt.

---

228 Solche Fälle behandeln: Geissel, S.56 f.; von Oefele/Winkler, Rn. 6.253; MüKo-von Oefele, § 9 ErbbauV Rn. 19; Soergel-Stürner, § 24 ErbbauV Rn. 2; Staudinger-Ring, § 9 ErbbauV Rn. 8; Zeller/Stöber, § 52 ZVG Rn. 5 Anm. 5.1.

229 Ausführlich: Geissel, S. 57.

bb) Die nachrangige[230] Erbbauzinsreallast

aaa) Die Zwangsvollstreckung durch einen Gläubiger der Rangklassen gem. § 10 Abs. 1 Nr. 1-3 ZVG oder durch einen Gläubiger eines der Erbbauzinsreallast vorgehenden Pfandrechts

Vollstreckt ein Gläubiger aus einem Recht der Rangklassen gem. § 10 Abs. 1 Nr. 1-3 ZVG oder aus einem vorgehenden Grundpfandrecht, erlischt die Erbbauzinsreallast, §§ 92 Abs. 1, 111 ZVG. Sie wird kapitalisiert, §§ 92 Abs. 1, 111 ZVG, und es entsteht ein Erbbaurecht ohne Erbbauzins[231].

bbb) Die Zwangsvollstreckung durch den Grundstückseigentümer wegen fälliger Erbbauzinsen

Betreibt der Grundstückseigentümer wegen fälliger Erbbauzinsraten die Zwangsversteigerung des Erbbaurechts, sind die Konsequenzen hinsichtlich des Untergangs der nachrangigen Erbbauzinsreallast die gleichen wie in dem Fall, in dem die Erbbauzinsreallast vorrangig ist[232]. Sie geht mit dem Zuschlag gem. §§ 91 Abs. 1, 52 Abs. 1 S. 2 ZVG unter, und der Grundstückseigentümer hat nur einen Anspruch auf Wertersatz aus dem Versteigerungserlös[233]. Dieser Anspruch geht bei einer nachrangigen Erbbauzinsreallast häufig ins Leere, da vor dem Grundstückseigentümer die vorrangigen Grundpfandrechte bedient werden.

ccc) Zwischenergebnis

Bei dieser Konstellation, d.h. wenn aus einem der Erbbauzinsreallast vorgehenden Recht oder aufgrund fälliger Erbbauzinsen in das Erbbaurecht vollstreckt wird, erlischt somit regelmäßig die Erbbauzinsreallast.

cc) Zusammenfassung

Erbbaurechte ohne Erbbauzins entstehen in der Zwangsversteigerung eines Erbbaurechts mit einer herkömmlichen Erbbauzinsreallast also immer, wenn ein Gläubiger wegen eines Rechts der Rangklasse des § 10 Abs. 1 Nr. 1-3 ZVG oder der Grundstückseigentümer wegen rückständiger Erbbauzinsen vollstreckt. Darüber hinaus

---

230 Für die Nachrangigkeit gilt die bereits erläuterte Relativität der Vorrangigkeit entsprechend (s. oben II. 2. a) aa), S. 49).

231 Mit dieser Fallkonstellation befassen sich beispielsweise: OLG Nürnberg, MDR 1980, S. 401; HansOLG Hamburg, MDR 1975, S. 853; RGRK-Räfle, § 9 ErbbauV Rn. 16; Ruland, NJW 1983, S. 96 (97); Sperling, NJW 1983, S. 2487 (2488).

232 S. oben II. 2. a) aa) bbb), S. 50.

233 Mit diesen Fällen befassen sich: Geissel, S. 62; Ingenstau/Hustedt, § 9 ErbbauV Rn. 86; Staudinger-Ring, § 9 ErbbauV Rn. 8; Winkler, DNotZ 1970, S. 390 (392).

fällt die Reallast dann weg, wenn die Erbbauzinsreallast nachrangig gesichert ist und ein vorrangiger Gläubiger die Zwangsversteigerung des Erbbaurechts betreibt.

b) Der Streit über das Fortbestehen des schuldrechtlichen Erbbauzinsanspruchs

Die Vorschriften §§ 91 Abs. 1, 52 Abs. 1 S. 2 ZVG berücksichtigen, daß schuldrechtliche Rechte und Pflichten grundsätzlich nur zwischen den Vertragsparteien gelten, die sie vereinbart haben[234]. Mithin geht die Verpflichtung zur Zahlung des schuldrechtlichen Erbbauzinses – anders als in bestimmten Fällen bei dem dinglichen Erbbauzins[235] – nicht auf den Ersteher über. Insoweit herrscht Einigkeit in Rechtsprechung und Literatur[236]. Jedoch sind die Folgen des fehlenden Übergangs und der Verpflichtung für den Anspruch streitig.

aa) Die Auffassung vom Untergang

Das Hanseatische Oberlandesgericht Hamburg hat in seiner Entscheidung vom 5. Dezember 1990[237] die Ansicht vertreten, daß der schuldrechtliche Erbbauzinsanspruch des Grundstückseigentümers gegen den bisherigen Erbbauberechtigten in der Zwangsversteigerung untergehe. Wäre dieser Auffassung zu folgen, würde zum einen der frühere Erbbauberechtigte, der aufgrund der Zwangsversteigerung nicht mehr Inhaber des Erbbaurechts ist, frei von der Verpflichtung, den schuldrechtlichen Erbbauzins an den Grundstückseigentümer zu zahlen. Zum anderen müßte auch der erste Erbbauberechtigte, der sein Erbbaurecht veräußert hat, aber mangels Übergangs der Verpflichtung weiterhin Schuldner des Ausgebers des Erbbaurechts ist[238], keinen schuldrechtlichen Erbbauzins mehr zahlen. Zur Begründung führt das Hanseatische Oberlandesgericht Hamburg an, die schuldrechtlichen Ansprüche seien nach einhelliger Meinung wertlos[239]. Zudem sei

234 Geissel, S. 67.

235 S. oben II. 2. a) aa) ccc), S. 51.

236 BGH NJW-RR 1991, S. 658; KG DNotZ 1984, S. 384 (385/386); OLG Nürnberg, MDR 1980, S. 401; HansOLG Hamburg, MDR 1975, S. 853; MüKo-von Oefele, § 9 ErbbauV Rn. 19; Winkler, DNotZ 1970, S. 390 (392).

237 HansOLG Hamburg, NJW-RR 1991, S. 658. Das LG Münster scheint sich nach dem Leitsatz zu dem Urteil vom 18.1.1991 (Rpfleger 1991, S. 330) ebenfalls mit diesen Fall zu befassen. Der Leitsatz ist aber mißverständlich. Es stellte sich in dieser Entscheidung nur die Frage, ob in dem Fall, daß lediglich ein dinglicher Erbbauzins vereinbart wird und dieser in der Zwangsversteigerung des Erbbaurechts ausfällt, dem Grundstückseigentümer daraus ersatzweise ein schuldrechtlicher Zahlungsanspruch gegen den früheren Erbbauberechtigten erwächst.

238 Zum Gläubiger und Schuldner des schuldrechtlichen Erbbauzinsanspruchs bei einer Veräußerung des Grundstücks oder des Erbbaurechts s. oben II. 1. c) bb), S.32.

239 HansOLG Hamburg, NJW-RR 1991, S. 658.

nicht vertretbar, daß der ehemalige Erbbauberechtigte, der sein Erbbaurecht in der Zwangsversteigerung verloren habe, dem Grundstückseigentümer weiterhin den Erbbauzins schulde[240]. Eine auch nur ansatzweise dogmatische Begründung für diese Auffassung bietet diese Entscheidung somit nicht.

bb) Die Ansicht vom Fortbestehen

Nach einer anderen Auffassung in Rechtsprechung und Literatur existiert der Anspruch dagegen fort[241]. Er sei für den Grundstückseigentümer in der Praxis allerdings meist wirtschaftlich wertlos. Wenn eine Zwangsversteigerung des Erbbaurechts erfolge, sei der Erbbauberechtigte regelmäßig überschuldet[242], so daß er den unter Umständen noch Jahrzehnte geschuldeten Erbbauzins nicht zahlen könne.

Nach dieser Ansicht ist der frühere Erbbauberechtigte und Vertragspartner des Grundstückseigentümers weiterhin zur Zahlung verpflichtet, obwohl nunmehr der Ersteher Inhaber des Erbbaurechts ist. Hätten beispielsweise in der den Ausgangsfall bildenden Entscheidung des Bundesgerichtshofs[243] die Ausgeber des Erbbaurechts und der erste Erbbauberechtigte die Zahlung eines schuldrechtlichen Erbbauzinses vereinbart, müßte der frühere Erbbauberechtigte trotz des Verlustes des Erbbaurechts weitere 95 Jahre lang Erbbauzinsen zahlen.

cc) Eigene Stellungnahme

Die Ansichten führen zu unterschiedlichen Ergebnissen. Da der Zahlungsanspruch ursprünglich wirksam begründet wurde, kommt es darauf an, ob er in der Zwangsversteigerung des Erbbaurechts aufgrund einer vertraglichen Regelung oder kraft Gesetzes untergehen oder dem Erbbauberechtigten zumindest ein Leistungsverweigerungsrecht zusteht. In den Erbbaurechtsverträgen ist diese Frage normalerweise nicht geregelt[244]; entsprechendes gilt für die Erbbaurechtsverordnung und das Zwangsversteigerungsgesetz. In Betracht kommen allenfalls die auf dieses Schuldverhältnis anwendbaren allgemeinen bürgerlich-rechtlichen Vorschriften.

Der Anspruch könnte gem. §§ 323 Abs. 1, 1. Halbs. i.V.m. 275 Abs. 2 BGB oder gem. §§ 325 Abs. 1 S. 3 i.V.m. 323 Abs. 1, 1. Halbs. BGB untergehen. Die Vorschriften setzen voraus, daß trotz der erfolgten Zwangsversteigerung noch ein gegenseitiger Vertrag zwischen dem Grundstückseigentümer und dem bisherigen

---

240 HansOLG Hamburg, NJW-RR 1991, S. 658.

241 AG Arnsberg, Rpfleger 1991, S. 330; Geissel, S. 67; Linde-Richter, Rn. 260; Chr. Mohrbutter, S. 129 f.

242 BGHZ 100, S. 107 (116); OLG Hamm, OLGZ 1986, S. 385 (395); Stakemann, NJW 1984, S. 962.

243 BGHZ 81, S. 358 ff.; S. 1 ff.

244 von Oefele/Winkler, S. 470 f. (III); Ripfel/Schütze, § 3 (S. 28 f.).

Erbbauberechtigten besteht. Dieser könnte in der Vereinbarung der Zahlung eines schuldrechtlichen Erbbauzinses liegen. Der schuldrechtliche Erbbauzins stellt die Gegenleistung für die Bestellung des Erbbaurechts dar[245]. Die Zwangsversteigerung des Erbbaurechts hat anders als beispielsweise die Vereinbarungen i.S.d. § 2 ErbbauV nicht zur Folge, daß der Ersteher anstelle des bisherigen Erbbauberechtigten in dessen Rechte und Pflichten aus dem schuldrechtlichen Erbbauzinsverhältnis eintritt. Ein gegenseitiger Vertrag besteht noch. Weiter müßte eine Leistung aus diesem Vertrag unmöglich geworden sein. Da das Erbbaurecht aufgrund des Zuschlages auf den Ersteigerer übergegangen ist, mit anderen Worten der bisherige Erbbauberechtigte das Grundstück nicht mehr gem. § 1 Abs. 1 ErbbauV nutzen kann, fragt sich, ob die von dem Grundstückseigentümer geschuldete Bestellung des Erbbaurechts nachträglich subjektiv unmöglich geworden ist. Das hängt davon ab, wie weit der Begriff der Bestellung zu fassen ist. Unter der Bestellung des Erbbaurechts ist nach § 1 Abs. 1 ErbbauV die einmalige Ausgabe des Erbbaurechts zu verstehen, die dem jeweils Berechtigten[246] das Recht gibt, das Erbbaurecht zu nutzen. Ein späterer Übergang des Erbbaurechts auf eine dritte Person, wie z.B. auf den Ersteher, hat also keine Auswirkungen auf die Bestellung. Da die Bestellung in dem vorliegenden Fall, daß das Erbbaurecht versteigert wird, denknotwendig bereits erfolgt ist, ist die Leistung nicht nachträglich unmöglich geworden. Der Grundstückseigentümer hat den Anspruch gegen den bisherigen Erbbauberechtigten auf Zahlung der schuldrechtlichen Erbbauzinsen somit nicht nach §§ 323 Abs. 1, 1. Halbs. i.V.m. 275 Abs. 2 BGB oder gem. §§ 325 Abs. 1 S. 3 i.V.m. 323 Abs. 1, 1. Halbs. BGB verloren.

Dem Erbbauberechtigten steht mangels Unmöglichkeit ferner kein Leistungsverweigerungsrecht nach § 320 Abs. 1 S. 1 BGB zu.

Der Begründung des Urteils des Hamburger Oberlandesgerichts ist zu entnehmen, daß der Anspruch aufgrund der Verletzung der Grundsätze über Treu und Glauben erlöschen soll[247]. Es ist jedoch nicht zu erkennen, aus welchen Gründen die Rechtsausübung des Grundstückseigentümers unzulässig sein könnte. Insbesondere widerspricht die Ausübung des Anspruchs auf Zahlung des schuldrechtlichen Erbbauzinses nicht dem Sinn und Zweck des Vertrages zwischen dem Grundstückseigentümer und dem bisherigen Erbbauberechtigten, da das Entgelt nur für die (einmalige) Bestellung, nicht für die ausschließliche Nutzung durch den ersten Erbbauberechtigten während der gesamten Dauer des Erbbaurechts,

245 S. oben II. 1. a) aa), S. 19, und II. 1. c) aa), S. 31.

246 Die Übertragbarkeit ist nach § 1 Abs. 1 S. 1 ErbbauV ein zwingendes Wesensmerkmal des Erbbaurechts (allg. Ansicht, z.B.: Erman-Hagen, § 1 ErbbauV Rn. 1; MüKo-von Oefele, § 1 ErbbauV Rn. 66; Palandt-Bassenge, § 1 ErbbauV Rn. 1; Soergel-Stürner, § 1 ErbbauV Rn. 1).

247 HansOLG Hamburg, NJW-RR 1991, S. 658.

geschuldet wird. Auch hieraus ergibt sich keine Begründung für den Untergang des Anspruchs.

Es ist demnach nicht ersichtlich, daß der gegen den bisherigen Erbbauberechtigten gerichtete Anspruch erlischt oder dem früheren Erbbauberechtigten ein Leistungsverweigerungsrecht zusteht. Das Recht existiert somit fort. Daher ist der Auffassung vom Fortbestehen zu folgen. Der schuldrechtliche Erbbauzinsanspruch wird mithin in der Zwangsversteigerung des Erbbaurechts vom Erbbaurecht abgespalten, er besteht aber weiterhin zwischen den bisherigen Parteien.

Zu beachten ist allerdings, daß das Bestehenbleiben des Anspruchs für den Grundstückseigentümer praktisch meist wertlos ist, da der schuldrechtliche Erbbauzins aufgrund des Vermögensverfalls des bisherigen Erbbauberechtigten regelmäßig nicht beigetrieben werden kann. Der Ersteher wird sich nicht gem. §§ 414 ff. BGB verpflichten, die Erbbauzinsschuld des früheren Erbbauberechtigten gegenüber dem Grundstückseigentümer zu übernehmen. Die Ersteigerung eines Erbbaurechts ohne Erbbauzins ist für den Ersteher wirtschaftlich wesentlich vorteilhafter als der Kauf eines Erbbaurechts, für das er neben dem Kaufpreis Erbbauzinsen an den Grundstückseigentümer zahlen müßte.

c) *Das gesetzgeberische Ziel und seine Umsetzung: Der Untergang und das Bestehenbleiben des neugeschaffenen dinglichen Erbbauzinsanspruchs*

aa) Die Zwangsvollstreckung durch einen Gläubiger der Rangklassen gem. § 10 Abs. 1 Nr. 1-3 ZVG

Fraglich ist, ob die neue Erbbauzinsreallast bei der Zwangsvollstreckung aus einem Recht dieser Rangklassen bestehenbleibt. In der Rechtsprechung ist ein solcher Fall, soweit ersichtlich, bislang nicht behandelt worden[248]. In der Literatur wird teilweise pauschal vertreten, daß der Ersteher bei der Bestellung einer neuen Erbbauzinsreallast kein erbbauzinsfreies Erbbaurecht mehr erwerben könne[249]. Nach anderer Ansicht erlischt dagegen der dingliche Erbbauzinsanspruch[250].

Nach dem eindeutigen Wortlaut des § 9 Abs. 3 S. 1 Nr. 1 ErbbauV[251] kann eine Vereinbarung über das Bestehenbleiben nur für die Fälle getroffen werden, in denen der Grundstückseigentümer aus der Erbbauzinsreallast oder ein anderer

248 Es können, wie schon erörtert, erst seit dem 1.10.1994 Erbbauzinsvereinbarungen nach § 9 Abs. 3 ErbbauV n.F. getroffen werden (S. 3).

249 Klawikowski, Rpfleger 1995, S. 145 (146 Anm. IV.1); Palandt-Bassenge, § 9 ErbbauV Rn. 18; Stöber, Rpfleger 1996, S. 136.

250 H. Mohrbutter/Chr. Mohrbutter, ZIP 1995, S. 806 (811); MüKo-von Oefele, § 9 ErbbauV Rn. 26; von Oefele, DNotZ 1995, S. 643 (647 Anm. 3. d); Wenzel, Zeitschrift für Bankrecht und Bankwirtschaft 1995, S. 357 (363 (Anm. 2.2.2)).

251 S. oben II. 1. d) bb) aaa) (1), S. 44.

Gläubiger aus einem dinglichen Recht die Zwangsversteigerung betreiben. Die Rechte aus § 10 Abs. 1 Nr. 1-3 ZVG sind keine solchen Rechte, folglich gehen sie weiterhin vor. Die neue Erbbauzinsreallast erlischt und ist zu kapitalisieren. Es entsteht also ein Erbbaurecht ohne Erbbauzins[252].

bb) Die Zwangsvollstreckung durch den Grundstückseigentümer aus der neuen Erbbauzinsreallast

Haben die Vertragsparteien das Bestehenbleiben der Erbbauzinsreallast nach § 9 Abs. 3 S. 1 Nr. 1 ErbbauV n.F. vereinbart und vollstreckt der Grundstückseigentümer aus der Erbbauzinsreallast in das Erbbaurecht, könnte sie anders als die herkömmliche Erbbauzinsreallast[253] in der Zwangsversteigerung des Erbbaurechts bestehenbleiben. Die neue Erbbauzinsreallast ist Teil des geringsten Gebots, §§ 44, 52 Abs. 2 S. 2 ZVG. Mithin bleibt sie abweichend von § 52 Abs. 1 ZVG bestehen. Die Verpflichtung zur Zahlung von dinglichen Erbbauzinsen geht daher mit dem Erbbaurecht auf den Ersteher über. Die nach dem Rechtsübergang fällig werdenden Raten sind von dem Ersteher zu zahlen. Die rückständigen Erbbauzinsen der letzten zwei Jahre und die laufenden Erbbauzinsen, wegen der der Grundstückseigentümer vollstreckt, schuldet der Ersteher als baren Teil ebenfalls, §§ 10 Abs. 1 Nr. 4, 12 Nr. 2, 13 Abs. 1, 47, 49 Abs. 1 ZVG. Erbbauzinsrückstände, die älter als zwei Jahre sind, fallen im Rang zurück, § 10 Abs. 1 Nr. 8 ZVG.

Im Ergebnis muß der Grundstückseigentümer, der eine neue Erbbauzinsreallast vereinbart hat, demnach nicht befürchten, daß er als Beitreibender rückständiger Erbbauzinsen den Anspruch auf die künftigen Erbbauzinsen verliert, etwa weil die Erbbauzinsreallast nach § 92 Abs. 1 ZVG zu kapitalisieren und insgesamt bar zu zahlen wäre. Es entsteht kein Erbbaurecht ohne Erbbauzins.

cc) Die Zwangsvollstreckung durch einen Gläubiger aus einem der neuen Erbbauzinsreallast vorgehenden oder gleichstehenden Recht

Vollstreckt ein Gläubiger aus einem Recht, das der neuen Erbbauzinsreallast vorgeht oder ihr gleichsteht, ist die Erbbauzinsreallast versteigerungsfest. Der Grundstückseigentümer hat gegen den Ersteher einen Anspruch auf Zahlung der künftigen Erbbauzinsen. Etwas anderes gilt für etwaig rückständige Erbbauzinsen[254]: Diese fallen nicht in das geringste Gebot, so daß der Grundstückseigentümer nur einen Anspruch auf Wertersatz aus dem Versteigerungserlös hat, § 92 Abs. 1 ZVG.

---

252 Von Oefele mißt dieser Fallgruppe keine große Praxisreleveanz zu (DNotZ 1995, S. 643 (647 d)). Steigende Grundstückslasten könnten aber zukünftig häufiger Zwangsvollstrekkungen aus der Rangklasse des § 10 Abs. 1 Nr. 3 ZVG bedingen.

253 S. oben II. 2. a), S. 49.

254 So im Ergebnis gleichfalls: von Oefele/Winkler, Rn. 6.275.

dd) Die Zwangsvollstreckung durch einen nachrangigen Gläubiger

Bei Erbbaurechten mit neu vereinbarter Erbbauzinsreallast könnte häufiger als bisher der Fall eintreten, daß ein Gläubiger aus einem nachrangigen Recht die Zwangsversteigerung betreibt. § 9 Abs. 3 Nr. 2 ErbbauV n.F. schreibt vor, daß eine Vereinbarung im Sinne dieser Vorschrift nur wirksam ist, wenn der Umfang bestimmt ist, in dem das Grundpfandrecht der Reallast vorgehen darf. Bloße Bestimmbarkeit reicht also nicht aus. Der Grundstückseigentümer und der Erbbauberechtigte müssen sich deshalb im Zeitpunkt der Vereinbarung nach § 9 Abs. 3 Nr. 2 ErbbauV n.F. ziffernmäßig festlegen, wie hoch die vorrangige Belastung des Erbbaurechts maximal sein darf. Dabei wird der Erbbauberechtigte üblicherweise eine Höhe aushandeln, die den Kosten der Errichtung des Bauwerks auf dem Erbbaugrundstück entspricht; in dieser Höhe kann er anschließend einen Rangrücktritt des Grundstückseigentümers verlangen. Da aufgrund der regelmäßig langen Laufzeit des Erbbaurechts normalerweise eine Rechtsnachfolge im Erbbaurecht eintritt, fragt sich, ob auch der nächste Erbbauberechtigte diese Möglichkeit hat. Es könnte nämlich der Fall eintreten, daß der neue Inhaber das Erbbaurechtsgebäude erst errichten muß, aus diesem Grund in größerem Umfang als sein Rechtsvorgänger ein Bankdarlehen in Anspruch nehmen muß und in entsprechender Höhe Sicherheit durch Einräumung einer Grundschuld bieten soll. Für diesen Erbbauberechtigten gilt aufgrund der dinglichen Wirkung der Erbbauzinsreallast die Vereinbarung des ersten Erbbauberechtigten mit dem Grundstückseigentümer nach § 9 Abs. 3 Nr. 2 ErbbauV n.F. ebenfalls. Der neue Erbbauberechtigte hat somit nur einen Anspruch auf eine Sicherung im Rang vor der Erbbauzinsreallast in der ursprünglich vereinbarten Höhe. Er und sein Gläubiger müssen, wenn der Grundstückseigentümer nicht freiwillig in der gesamten Höhe zurücktritt, teilweise eine nachrangige Belastung hinnehmen.

Betreibt der Gläubiger aus diesem nachrangigen Recht die Zwangsversteigerung des Erbbaurechts, bleibt die Erbbauzinsreallast bestehen. Sie fällt in das geringste Gebot, § 44 ZVG, das nach neuem Recht eine Besonderheit aufweist. Weil § 19 Abs. 2 S. 2 ErbbauV durch das Sachenrechtsänderungsgesetz geändert wurde, fallen nur noch laufende Erbbauzinsen und solche aus den letzten zwei Jahren in das geringste Gebot (§ 10 Abs. 1 Nr. 4 ZVG), ältere Rückstände, d.h. wie nach altem Recht die aus den letzten vier Jahren, werden nicht mehr berücksichtigt.

Danach übernimmt der Ersteher im Ergebnis also – wie bei der herkömmlichen Erbbauzinsreallast[255] – die Verpflichtung zur Zahlung dinglicher Erbbauzinsen. Es entsteht kein Erbbaurecht ohne Erbbauzins.

---

255 S. oben II. 2. a) aa) aaa), S. 49.

ee) Ergebnis

Folglich geht die Erbbauzinsreallast nach neuem Recht unter, wenn ein Gläubiger aus einem Recht gem. § 10 Nr. 1 bis Nr. 3 ZVG vollstreckt. In allen anderen Fällen entsteht kein Erbbaurecht ohne Erbbauzins.

3. Die Kombination verschiedener Erscheinungsformen

Da nach Inkrafttreten der Erbbaurechtsverordnung die Wirksamkeit der Vereinbarung eines schuldrechtlichen Erbbauzinses umstritten war[256], haben die Grundstückseigentümer in den dreißiger, vierziger und fünfziger Jahren möglicherweise überwiegend Erbbaurechte ausgegeben, bei denen nur eine Erbbauzinsreallast bestellt wurde[257]. Seit der erwähnten höchstrichterlichen Entscheidung im Jahr 1956[258] kombinierten die Beteiligten die beiden damals existierenden Erscheinungsformen jedoch fast ausnahmslos[259].

Die seit dem 1. Oktober 1994 geänderte Rechtslage hat auch Auswirkungen auf diese Konstellation. Der herkömmliche dingliche Erbbauzinsanspruch hat neben dem modifizierten, der in weiteren Fallkonstellationen versteigerungsfest ist[260], keinen selbständigen Anwendungsbereich. Es ist deshalb denkbar, daß bei der künftigen Ausgabe von Erbbaurechten die bislang bekannte Erscheinungsform der Erbbauzinsreallast verdrängt wird und nach Ablauf der vor dem 1. Oktober 1994 ausgegebenen Erbbaurechte praktisch nicht mehr vorkommt. Zweifelhaft ist, ob der schuldrechtliche Erbbauzins nach der neuen Rechtslage künftig noch eine Existenzberechtigung[261] hat. Die „Muß"-Bestimmung in § 9 Abs. 2 S. 1 ErbbauV[262] a.F. wurde durch das Sachenrechtsänderungsgesetz wie folgt neugefaßt:

> „Der Erbbauzins kann nach Zeit und Höhe für die gesamte Erbbauzeit im voraus bestimmt werden."

Streitig[263] ist, ob hierdurch das Bestimmtheitserfordernis entfallen ist. Nach einer vereinzelt in der Literatur vertretenen Ansicht existiert das Bestimmtheits-

256 S. oben II. 1. c) aa), S. 31.

257 Statistische Daten liegen nicht vor (Fn. 17 S. 18).

258 BGH NJW 1957, S. 98.

259 S. oben II. 1. c) dd), S. 41 f.

260 S. oben II. 2. c), S. 56 ff.

261 Zur bisherigen Existenzberechtigung s. oben II. 1. c) dd), S. 41 f.

262 S. oben II. 1. c) dd), S. 41.

263 BayObLG Rpfleger 1996, S. 506 (Anm. 2); Klawikowski, Rpfleger 1995, S. 145; MüKo-von Oefele, § 9 ErbbauV Rn. 30; von Oefele/Winkler, Rn. 6.78; Wilke, DNotZ 1995, S. 654 (665).

erfordernis fort[264]. Es sei in § 9 Abs. 2 S. 1 ErbbauV n.F. nur scheinbar aufgegeben worden[265]. Das ergebe sich aus Satz 2 derselben Norm, der lautet:

> „Inhalt des Erbbauzinses kann auch eine Verpflichtung zu seiner Anpassung an veränderte Verhältnisse sein, wenn die Anpassung nach Zeit und Wertmaßstab bestimmbar ist."

Wenn danach neuerdings eine Wertsicherung bei der Erbbauzinsreallast vereinbart werden könne, bedeute dies, daß die Wertsicherung nicht schon nach § 9 Abs. 2 S. 1 ErbbauV n.F. kraft Gesetzes zulässig sei. Andernfalls wäre der Regelungsgehalt des Satzes 2 von § 9 Abs. 2 S. 1 ErbbauV n.F. abgedeckt und Satz 2 überflüssig[266]. Wäre dieser Auffassung zu folgen, würde die Vereinbarung eines schuldrechtlichen Erbbauzinsanspruchs trotz der Novellierung der Erbbaurechtsverordnung nicht entbehrlich, weil nur durch ihn eine Wertsicherung des Erbbauzinses erfolgen könnte.

Überwiegend wird dagegen vertreten, daß das Bestimmtheitsgebot nicht mehr gilt und eine bloße Bestimmbarkeit i.S.d. §§ 1105 ff. BGB genügt[267]. Das Bestimmtheitsgebot entfalte nur noch Wirkung für die bis zum 30. September 1994 bestellten Erbbauzinsreallasten[268]. Die Vertreter dieser Ansicht stützen sich auf den Wortlaut und die Gesetzesmotive[269]. Folgt man dieser Ansicht, können vor dem 1. Oktober 1994 bestellte Erbbauzinsreallasten durch eine entsprechende Vereinbarung nach § 9 Abs. 2 S. 2 ErbbauV n.F. oder beide Erscheinungsformen der Erbbauzinsreallast wertgesichert werden[270]. Die Beteiligten können also wie bisher die Bestellung einer bestimmten dinglichen Erbbauzinsreallast mit schuldrechtlicher Anpassungsklausel vereinbaren.

---

264 Palandt-Bassenge, 54. Aufl., § 9 ErbbauV Rn. 4 und 5. Seit der 55. Aufl. ist diese Ansicht aufgegeben worden (§ 9 ErbbauV Rn. 4).

265 Palandt-Bassenge, 54. Aufl., § 9 ErbbauV Rn. 4 und 5.

266 So im Ergebnis: Palandt-Bassenge noch in der 58. Aufl., § 9 ErbbauV Rn. 4 und 5.

267 BayObLG Rpfleger 1996, S. 505 f.; BayObLG NJW 1997, S. 468 (469); MüKo-von Oefele, § 9 ErbbauV Rn. 30 ff.; von Oefele, DNotZ 1995, S. 643 (649); von Oefele/Winkler, Rn. 6.78 ff.; Streuer, Rpfleger 1997, S. 18; Wilke, DNotZ 1995, S. 654 (661 f.).

268 Z.B.: BayObLG Rpfleger 1996, S.506 (Anm. 2); Klawikowski, Rpfleger 1995, S.145; H. Mohrbutter/Chr. Mohrbutter, ZIP 1995, S. 806 (807); MüKo-von Oefele, § 9 ErbbauV Rn. 30 ff.; von Oefele, DNotZ 1995, S.643 (649); von Oefele/Winkler, Rn. 6.78 ff.; Palandt-Bassenge noch in der 58. Aufl., § 9 ErbbauV Rn. 4.

269 BT-Drucks. 12/5992, S. 194.

270 Die Folgen sind umstritten. Nach einer Ansicht (z.B.: BayObLGE 1996, S. 159 ff.; MüKo-von Oefele, § 9 ErbbauV Rn. 41 f.; von Oefele/Winkler, Rn. 6.80; von Oefele, DNotZ 1995, S. 643 (650 (Anm. c)) tritt bei Vereinbarung einer dinglichen Wertsicherungsklausel nach neuem Recht die Erhöhung automatisch ein, nach anderer Auffassung (z.B.: Palandt-Bassenge, § 9 ErbbauV Rn. 9-11) muß die Verpflichtung der Beteiligten durch eine gesonderte Abrede vollzogen werden, die erst ab Eintragung in das Erbbaugrundbuch wirkt. Aufgrund dieses Streites wird in der Literatur empfohlen, vorsorglich wie bisher eine Vormerkung zu bestellen (von Oefele/Winkler, Rn. 6.85).

Die Ansichten führen zu folgenden Ergebnissen: Nach der erstgenannten Meinung muß auch bei der künftigen Ausgabe von Erbbaurechten ein schuldrechtlicher Erbbauzinsanspruch vereinbart werden, wenn eine Wertsicherung des Erbbauzinses erfolgen soll. Der schuldrechtliche Anspruch hat nach wie vor eine zwingende Existenzberechtigung. Nach der wohl überwiegenden Gegenauffassung ist eine solche Vereinbarung nicht mehr unbedingt erforderlich, aber nach wie vor zulässig. Es besteht aufgrund des Wahlrechts noch eine Existenzberechtigung. Nach den Vertretern beider Auffassungen erfüllt die Vereinbarung eines schuldrechtlichen Erbbauzinsanspruchs neben der Erbbauzinsreallast weiterhin seinen Zweck. Auf eine Entscheidung des Streites kommt es daher im vorliegenden Zusammenhang nicht an[271]. Es ist möglich, daß weiterhin Kombinationen vereinbart werden[272].

4. Zusammenfassung

Welche Art von Erbbauzins vereinbart wird, hat somit weiterhin maßgeblichen Einfluß auf das Schicksal des Erbbauzinsanspruchs bei der Zwangsversteigerung des Erbbaurechts. Wird von der Gestaltungsmöglichkeit gem. § 9 Abs. 3 S. 1 Nr. 1 ErbbauV n.F. kein Gebrauch gemacht, droht in den meisten Fällen ein Erbbaurecht ohne Erbbauzins: Ist die Erbbauzinsreallast vorrangig, fällt der dingliche Erbbauzinsanspruch aus, wenn der Grundstückseigentümer wegen fälliger Erbbauzinsen oder ein Gläubiger der Rangklassen i.S.d. § 10 Abs. 1 Nr. 1-3 ZVG in das Erbbaurecht vollstreckt. Ist die Erbbauzinsreallast aber nachrangig, entsteht bei der Zwangsvollstreckung aus einem vorrangigen Recht stets ein Erbbaurecht ohne Erbbauzins.

Anders ist aus den oben ausgeführten Gründen das Schicksal des schuldrechtlichen Erbbauzinsanspruchs: Das Recht wird auch von dem Erbbaurecht abgespalten und der Ersteher erwirbt das Erbbaurecht erbbauzinsfrei, der Anspruch des Grundstückseigentümers gegen den früheren Erbbauberechtigten existiert

271 Neuerdings liegt ein Referentenentwurf eines Gesetzes zur Bereinigung immobilienrechtlicher und anderer Vorschriften (Immobilienrechtsbereinigungsgesetz – ImBerG) vor. Danach sollen die durch das Sachenrechtsänderungsgesetz eingefügten Sätze Nr. 1-3 des § 9 Abs. 2 ErbbauV n.F. gestrichen werden. Folge wäre, daß im Hinblick auf die Wertsicherung über § 9 Abs. 1 ErbbauV die BGB-Vorschriften über Reallasten Anwendung fänden. Darüber hinaus soll die Zulässigkeit von unmittelbar wirkenden Anpassungsklauseln in § 1105 BGB ausdrücklich geregelt werden. Nach Auskunft des Bundesministeriums der Justiz vom 31.3.1998 ist aber derzeit nicht absehbar, ob, wann und mit welchem Inhalt das Immobilienrechts-Bereinigungs-Gesetz verabschiedet werden kann.

272 Weirich (Grundstücksrecht, 2. Aufl., Rn. 1323) sieht die Bedeutung einer schuldrechtlichen Vereinbarung unter Geltung der neuen Gesetzeslage darin, daß sie den Rechtsgrund für die dingliche Sicherung darstelle und ein Titel daraus die Vollstreckung in das gesamte Vermögen des Erbbauberechtigten ermögliche.

jedoch fort. Wird dagegen ein Erbbaurecht versteigert, bei dem ein Erbbauzinsanspruch i.S.d. § 9 Abs. 3 S. 1 Nr. 1 ErbbauV vereinbart wurde, ist das Risiko geringer: Die Erbbauzinsreallast erlischt nur, wenn ein Gläubiger aus den Rangklassen gem. § 10 Nr. 1-3 ZVG vollstreckt. Der Grundstückseigentümer kann also das Schicksal des Rechts im Zeitpunkt der Ausgabe des Erbbaurechts beeinflussen, indem er durch die Bestellung einer Erbbauzinsreallast nach § 9 Abs. 3 S. 1 Nr. 1 ErbbauV die Gefahr des Ausfalls reduziert.

III. Die herkömmlichen Schutzmöglichkeiten und ihre Schwächen

Die Lösung des Problems „Erbbaurecht ohne Erbbauzins" wird in Rechtsprechung und Literatur seit langem kontrovers diskutiert[273]. Dabei wurden verschiedene Schutzmöglichkeiten entwickelt, die zumeist aus der Zeit vor dem Inkrafttreten des Sachenrechtsänderungsgesetzes stammen[274]. Dieser Umstand hat für das in der vorliegenden Arbeit diskutierte Thema verschiedene Konsequenzen: Zum einen ist zu erörtern, ob diese Lösungsansätze nach heutiger Rechtslage den Ausfall der herkömmlichen Arten des Erbbauzinsanspruchs verhindern können. Zum anderen ist zu prüfen, ob sie die durch § 9 Abs. 3 S. 1 Nr. 1 ErbbauV n.F. eingefügte neue Erscheinungsform der Erbbauzinsreallast zu schützen vermögen. Entsprechendes gilt für die während oder nach der Gesetzesnovelle entwickelten Ansichten[275]. Es wird deshalb bei jedem Lösungsansatz diskutiert, ob er alle Arten von Erbbauzinsansprüchen retten kann. Auf diese Weise wird die Bedeutung jeder Auffassung als Schutzmöglichkeit geschlossen dargestellt. Die Ergebnisse werden am Schluß dieses Kapitels zusammengefaßt.

1. Die analoge Anwendung des § 52 Abs. 2 S. 1 ZVG

a) Der Inhalt dieser Auffassung

Nach einer in der Literatur im Jahr 1912 entwickelten[276] und heute noch – vor allem von Winkler[277] – vertretenen Ansicht soll auf den herkömmlichen dinglichen[278] Erbbauzinsanspruch die zwangsversteigerungsrechtliche Norm § 52 Abs. 2 S. 1 ZVG analog angewendet werden. Danach[279] bleiben die Überbau- und die Not-

---

273 BGH NJW 1982, S. 234 (235); MüKo-von Oefele, § 9 ErbbauV Rn. 18. Zur Fortsetzung des Streits im Gesetzgebungsverfahren zum Sachenrechtsänderungsgesetz: II. 1. d), S. 34 ff. (ferner: BT-Drucks. 12/5992, S. 47, 183 f., 192 ff.; Czub, S. 226-230; Herbig/Gaitzsch/Hügel/Weser, S. 81; von Oefele/Winkler, Rn. 6.28).

274 Nachfolgend 1 bis 5.

275 Nachfolgend 6 und 7.

276 Stübben, S. 104.

277 Winkler, DNotZ 1970, S. 390 ff.; von Oefele/Winkler, Rn. 6.255.

278 Bei der Entwicklung dieser Theorie war die Existenz eines schuldrechtlichen Erbbauzinsanspruchs noch umstritten (s. oben II. 1. c) aa), S. 31 ff.); die neue Erscheinungsform war de lege lata noch unbekannt.

279 Zum Wortlaut der Vorschrift s. oben II. 1. d) bb) aaa) (1), S. 44. Durch das Sachenrechtsänderungsgesetz vom 21.9.1994 (BGBl. I S. 2457) wurde Satz 2 in Abs. 2 des § 52 ZVG eingefügt.

wegrente in der Zwangsversteigerung selbst dann bestehen, wenn sie bei der Feststellung des geringsten Gebots nicht berücksichtigt wurden. Der Erbbauzins sei, so Winkler, mit diesen Renten vergleichbar. In beiden Fällen sei ein Entgelt für eine langfristige Grundstücksnutzung zu zahlen. Außerdem würden für beide Institute die Reallastvorschriften entsprechend gelten. Schließlich spreche die Rechtsfolge für eine analoge Anwendung: Durch eine Überbau- oder eine Notwegrente werde ein Grundstück teilweise genutzt, bei einem Erbbaurecht beziehe sich die Nutzung auf ein ganzes Grundstück. Daher müsse § 52 Abs. 2 S. 1 ZVG erst recht für den Erbbauzins gelten, der die Gegenleistung für diese Nutzung darstelle[280].

b) Die Anwendbarkeit auf den herkömmlichen dinglichen Erbbauzinsanspruch

aa) Die hypothetische Rechtsfolge

Wäre diesem Vorschlag Winklers zu folgen, ginge die Verpflichtung zur Zahlung des dinglichen Erbbauzinsanspruchs stets auf den Ersteher über. Die Erbbauzinsreallast würde in der Zwangsversteigerung des Erbbaurechts bestehenbleiben und es entstünde kein Erbbaurecht ohne Erbbauzins. Vom Ergebnis her betrachtet wäre diese Schutzmöglichkeit also geeignet, den Ausfall des Rechtes zu verhindern.

bb) Die Kritik

aaa) Die Gegenargumente zur Rechtslage bis zum 30. September 1994

In Rechtsprechung und Literatur wurde früher eingewandt, daß § 52 Abs. 2 S. 1 ZVG nicht analogiefähig sei[281], da es sich um eine Ausnahmevorschrift handele[282]. Die Situation von Erbbauzinsen und Renten sei zudem nicht vergleichbar. Der Grundstückseigentümer, der ein Erbbaurecht ausgebe, könne sich anders als bei den Renten nach §§ 912-917 BGB absichern, indem er sich die Zustimmung zur Belastung nach § 5 Abs. 2 ErbbauV vorbehalte. Außerdem sei das Recht auf Zahlung von Erbbauzinsen ein rechtsgeschäftlicher Anspruch, während die Vorschriften §§ 912 ff. BGB gesetzliche Ansprüche enthielten[283]. Ferner überzeuge der Erst-recht-Schluß im Hinblick auf das Ergebnis nicht. Weil Erbbaurechte gem. § 30 WEG auch nur für Wohnungseigentum bestellt werden könnten, müsse sich der Erbbauzinsanspruch nicht zwingend auf ein ganzes Grundstück beziehen.

---

280 Winkler, DNotZ 1970, S. 390.

281 BGHZ 81, S. 358 (363); OLG Nürnberg, MDR 1980, S. 401; Eickmann, S. 29; MüKo-von Oefele, § 9 ErbbauV Rn. 18.

282 OLG Nürnberg, MDR 1980, S. 401.

283 BGH NJW 1982, S. 234 (235); von Oefele/Winkler, Rn. 6.255.

Aus diesen Gründen wurde § 52 Abs. 2 S. 1 ZVG in der Praxis nicht analog angewandt, und die Erbbauzinsreallast fiel in den erläuterten Fällen[284] bei der Zwangsversteigerung des Erbbaurechts aus[285].

bbb) Die eigene Stellungnahme zur Rechtslage seit dem 1. Januar 1994: Das Fehlen einer planwidrigen Regelungslücke

Auf die Überzeugungskraft der für[286] oder gegen[287] diese Ansicht sprechenden Argumente kommt es nur an, wenn die Regelungslücke planwidrig ist[288]. Mit anderen Worten scheidet eine Analogie in dem Fall aus, daß der Gesetzgeber das Problem bewußt nicht, beispielsweise aus rechtspolitischen Erwägungen[289], geregelt hat.

Bei der Prüfung sind verschiedene Kodifizierungen zu unterscheiden:

Da im Jahr 1912 die vorgenannte Auffassung zum Schutz der Erbbauzinsreallast veröffentlicht wurde[290], war das Problem des Erbbaurechts ohne Erbbauzins schon vor der Einführung der Erbbaurechtsverordnung bekannt[291]. Möglicherweise hat es der historische Gesetzgeber dennoch übersehen. In der amtlichen Begründung zur Erbbaurechtsverordnung führt er aus, daß, um Zweifelsfragen zu beseitigen und einen einheitlichen Rechtszustand zu schaffen, gesetzlich geregelt werde, zukünftig bei der Bestellung des Erbbauzinses die Vorschriften über die Reallasten anzuwenden, da der Erbbauszins Belastung und nicht Inhalt des Erbbaurechts sei[292]. Ob der Gesetzgeber den Schluß gezogen hat, daß aufgrund dieses Konzeptes in bestimmten Fallkonstellationen ein Erbbaurecht ohne Erbbauzins entsteht[293], ist den Motiven nicht zu entnehmen. Die fehlende Erwähnung könnte so interpretiert werden, daß der Gesetzgeber diese Rechtsfolge nicht be-

---

284 S. oben II. 2. a), S. 49 ff.

285 Z.B.: BGHZ 81, S. 358 ff.

286 S. oben III. 1. a), S. 63.

287 S. oben III. 1. b) bb) aaa), S. 64.

288 Zum Begriff der Planwidrigkeit als Voraussetzung der Gesetzesanalogie: BGHZ 5, S. 62 (67); 60, S. 14 (18 ff.); 69, S. 354 (359); 107, S. 325 (328); OLG Köln, NJW 1989, S. 1737; Bartholomeyczik, S. 81 ff.; Bydlinski, S. 473; Enneccerus/Nipperdey, Allgemeiner Teil, 1. Halbband, § 58 II S. 339 ff.; Engisch, Einführung in das juristische Denken, S. 151; Esser, Vorverständnis und Methodenwahl, S. 182 f.; Kaufmann, S. 29; Larenz/Canaris, Methodenlehre, S. 202 f.; Schmalz, Methodenlehre, Rn. 385; Schneider, S. 150. Auf den Begriff wurde im Zusammenhang mit der analogen Anwendung von § 11 Abs. 1 S. 1 ErbbauV eingegangen, s. oben II. 1. c) bb) aaa) (2), S. 33.

289 Winkler, DNotZ 1970, S. 390 (396).

290 Stübben, S. 104 f. und S. 124; ausführlicher s. oben III. 1. a), S. 63.

291 So gleichfalls: Samoje, § 9 ErbbauV Anm. 16 unter Bezugnahme auf Stübben, S. 104 f. und S. 124.

292 Amtliche Begründung zur Erbbaurechtsverordnung, abgedruckt bei Samoje, zu § 9 ErbbauV; zum damaligen Gesetzgebungsverfahren s. oben II. 1. d) aa)-cc), S. 43 ff.

293 S. oben II. 2. a), S. 49 ff.

dacht hat. Argumente, die diese Auslegung bestätigen oder widerlegen, sind jedoch nicht ersichtlich. Es kann daher letztlich nicht festgestellt werden, ob der Ausfall des Erbbauzinses bei der Kodifizierung der Erbbaurechtsverordnung versehentlich nicht geregelt wurde.

Es kommt nicht darauf an, ob der Gesetzgeber seinerzeit die Lösung der Frage eines Erbbaurechts ohne Erbbauzins nicht erkannt hat, wenn aufgrund der Novellierung der Erbbaurechtsverordnung mit Wirkung zum 1. Oktober 1994 nunmehr ein Fall des sog. beredten oder qualifizierten Schweigens des Gesetzes[294] vorliegt[295]. Dann müßte der Gesetzgeber das Bestehenbleiben des herkömmlichen dinglichen Erbbauzinsanspruchs für bestimmte Fälle geregelt haben, und es müßte durch eine Wertung, verbunden mit einem Umkehrschluß[296], anzunehmen sein, daß in allen anderen Fällen nach dem Willen des Gesetzgebers die bisherige Rechtslage, d.h. der Wegfall der Reallast[297], gelten soll.

(1) Die Regelung bestimmter Fälle

Eine Regelung des Bestehenbleibens der herkömmlichen Erbbauzinsreallast könnte sich aus § 52 Abs. 2 S. 2 ZVG n.F.[298] ergeben, der auf § 9 Abs. 3 ErbbauV n.F. verweist. Satz 2 dieser Vorschrift lautet:

> „Ist das Erbbaurecht mit dinglichen Rechten belastet, ist für die Wirksamkeit der Vereinbarung die Zustimmung der Inhaber der der Erbbauzinsreallast im Rang vorgehenden oder gleichstehenden Rechte erforderlich."

Unter dem Begriff „Erbbauzinsreallast" müßte der herkömmliche dingliche Erbbauzinsanspruch zu verstehen sein. Der Begriff wird in der Norm nicht konkretisiert. Nach dem Wortlaut könnte deshalb sowohl die herkömmliche als auch die neue Erscheinungsform der Erbbauzinsreallast gemeint sein.

Näheren Aufschluß geben möglicherweise der Sinn und Zweck und die systematische Stellung der Vorschrift. § 9 Abs. 3 S. 2 ErbbauV n.F. regelt einen Fall, der

---

294 Zu solchen Fällen z.B.: OLG Köln, NJW 1989, S. 1737; Canaris, Die Feststellung von Lücken im Gesetz, S. 40 ff., insb. S. 43 und 44 f. 2. Abschnitt I; Engisch, Einführung in das juristische Denken, S. 138 ff.; Larenz/Canaris, Methodenlehre, S. 194 ff.

295 Ein Wandel in der Lebens- oder Rechtsauffassung, der zu einer sog. sekundären Lücke führt (BGHSt 30, S. 105 (121); Engisch, Einführung in das juristische Denken, S. 141; Larenz, Methodenlehre, S. 258 ff.) ist nicht ersichtlich. Handschumacher bejaht das Vorliegen einer nachträglichen Gesetzeslücke nur für die alte Rechtslage (S. 198 zu 3, ferner S. 1).

296 Zu den Voraussetzungen ausführlich: Canaris, Die Feststellung von Lücken im Gesetz, S. 40 ff., insb. S. 43 und 44 f. 2. Abschnitt I; Engisch, Einführung in das juristische Denken, S. 138 ff.; Larenz/Canaris, Methodenlehre, S. 194 ff.; ferner Wank, § 11 III 2.

297 S. oben II. 2. a), S. 49 ff.

298 Auf diese Norm wurde im Zusammenhang mit der Erörterung der Rechtsnatur der neuen Erscheinungsform eingegangen (s. oben II. 1. d) bb) aaa), S. 44).

folgende tatsächlichen Voraussetzungen aufweist: Im Grundbuch eines Erbbaurechts sind sowohl eine Erbbauzinsreallast als auch ihr vorgehende oder gleichstehende dingliche Rechte eingetragen, und es soll eine „Vereinbarung" getroffen werden. Fraglich ist, welche Abrede der Gesetzgeber damit anspricht. Der Satz 2 könnte sich auf die Vereinbarungen nach § 9 Abs. 3 S. 1 ErbbauV n.F. oder nach § 9 Abs. 2 S. 2 ff. ErbbauV n.F. beziehen. Der fragliche Satz 2 ist aber nicht § 9 Abs. 2 ErbbauV n.F. angefügt, sondern folgt unmittelbar auf die beiden Nummern gem. § 9 Abs. 3 S. 1 ErbbauV n.F. Innerhalb dieses Absatzes ist die neue Erscheinungsform des dinglichen Erbbauzinses geregelt. Die „Vereinbarung" im Sinne des Satzes 2 bezieht sich daher auf die „Versteigerungsfestigkeit" nach § 9 Abs. 3 S. 1 Nr. 1 ErbbauV n.F., d.h. die Abrede der Bestellung einer neuen Erbbauzinsreallast, und den Rangvorbehalt nach § 9 Abs. 3 S. 1 Nr. 2 ErbbauV n.F.[299] Eine Abrede, daß eine Erbbauzinsreallast nach neuem Recht bestellt werden soll, kann nur getroffen werden, wenn die in Satz 2 bereits als existent vorausgesetzte Erbbauzinsreallast eine gem. § 9 Abs. 1 S. 1 ErbbauV a.F. bestellte, herkömmliche Reallast ist. Anderenfalls wäre der Abschluß der schützenden Vereinbarung nach § 9 Abs. 3 S. 2 ErbbauV n.F. nicht erforderlich und dieser Satz überflüssig. Die Norm regelt demnach, unter welchen Voraussetzungen der Grundstückseigentümer, der von der Vereinbarung im Fall der Zwangsversteigerung des Erbbaurechts gegebenenfalls profitiert, die bislang zu seinen Gunsten bestehende herkömmliche Erbbauzinsreallast versteigerungsfester[300] machen kann. Sinn und Zweck sowie die systematische Stellung des Satzes 2 zeigen somit, daß unter der Erbbauzinsreallast i.S.d. § 9 Abs. 3 S. 2 ErbbauV n.F. eine herkömmliche Erbbauzinsreallast zu verstehen ist[301].

Während die Bundesregierung bei ihrer Gesetzesinitiative ein anderes Konzept[302] verfolgte, hat der Rechtsausschuß in seiner Beschlußempfehlung – nach vorliegender Meinung in mißverständlicher Weise – zu § 9 Abs. 3 ErbbauV n.F. folgendes ausgeführt[303]:

> „Nach der Fassung in der Stellungnahme des Bundesrates soll die ‚Änderung' einer Vereinbarung über die Anpassung des Erbbauzinses der Zustimmung der Inhaber dinglicher Rechte bedürfen. Dies gilt selbstverständlich auch für den Fall, daß die alten Erbbauzinsreallasten nunmehr in wertgesicherte Reallasten geändert werden und dabei die Ver-

299 Es wurde schon erläutert, daß die Abrede nach Nr. 1 ohne die Nr. 2, Nr. 2 aber nur in Verbindung mit Nr. 1 vereinbart werden (s. oben II. 1. d) bb) aaa) (2), S. 46).

300 Zum Unfang der Versteigerungsfestigkeit der neuen dinglichen Erscheinungsform s. oben II. 2. c), S. 56 ff.

301 Im Ergebnis ebenso: MüKo-von Oefele, § 9 ErbbauV Rn. 24; von Oefele, DNotZ 1995, S. 643 (645 Anm. 2).

302 S. oben II. 1. d) aa), S. 43.

303 BT-Drucks. 12/7425, S. 85.

pflichtung zur Anpassung des Erbbauzinses als Inhalt der Reallast begründet wird. Die vorgeschlagene Fassung bringt deutlicher zum Ausdruck, daß diese Vereinbarungen der Zustimmung der Inhaber dinglicher Rechte bedürfen."

Hier dürfte dem Rechtsausschuß ein redaktionelles Versehen unterlaufen sein. Die von dem Ausschuß angesprochene Regelung der Anpassungsverpflichtung hatte zuvor schon der Bundesrat vorgeschlagen[304]. Danach sollte die Anpassungsverpflichtung als Satz 3 des zweiten Absatzes von § 9 ErbbauV n.F. eingefügt werden[305], was auch Gesetz wurde[306]. Der Rechtsausschuß änderte dagegen nicht den zweiten, sondern den dritten Absatz redaktionell ab, indem er den heutigen Satz 2 hinter den von ihm eingefügten § 9 Abs. 3 S. 1 Nr. 2 ErbbauV n.F. setzte[307]. Welchen Zweck er, abgesehen von der vorstehenden Ausführung, mit dieser Umstellung verfolgte, ist den Motiven nicht zu entnehmen. Die Entstehungsgeschichte trägt daher zum Verständnis des Begriffs „Erbbauzinsreallast" im zweiten Satz nicht bei.

Als Zwischenergebnis ist festzuhalten, daß der Gesetzgeber in § 9 Abs. 3 S. 2 ErbbauV n.F. geregelt hat, daß die Beteiligten seit der Gesetzesnovelle, d.h. seit dem 1. Oktober 1994, einen herkömmlichen dinglichen Erbbauzinsanspruch unter bestimmten Bedingungen „versteigerungsfest" machen können.

(2) Die Wertung

Fraglich ist, ob der Gesetzgeber damit ebenfalls das Schicksal aller anderen herkömmlichen Erbbauzinsreallasten, bei denen keine Vereinbarung nach § 9 Abs. 3 S. 2 ErbbauV n.F. getroffen wird, regeln wollte. Er könnte von der bisherigen Rechtslage, d.h. dem Ausfall[308], ausgegangen sein. Die Beantwortung dieser Frage richtet sich danach, welchen Gehalt die maßgeblichen Normen haben. Möglicherweise hätten § 9 Abs. 3 S. 1 Nr. 1 und S. 2 ErbbauV n.F. auch wie folgt gefaßt werden können:

> „Die Reallast bleibt abweichend von § 52 Abs. 1 des Gesetzes über die Zwangsversteigerung und die Zwangsverwaltung bei einer Zwangsversteigerung des Erbbaurechts durch den Grundstückseigentümer aus der Reallast oder durch Inhaber eines im Range vorgehenden oder gleich-

304 Stellungnahme des Bundesrates in BT-Drucks. 12/5992, S. 192 unter Anm. c).

305 Stellungnahme des Bundesrates in BT-Drucks. 12/5992, S. 192 unter Anm. c).

306 Art. 2 SachRÄndG i.d.F. der Bekanntmachung vom 21.9.1994, in: BGBl. 1994 Teil I, S. 2489.

307 Zur Fassung der Novelle nach den Vorstellungen des Bundesrates: BT-Drucks. 12/5992, S. 192 Anm. c). Zur Fassung der Novelle nach dem Vorschlag des Rechtsausschusses: BT-Drucks. 12/7425, S. 46 Ziffer § 1 Ziffer 1.

308 S. oben II. 2. a), S. 49 ff.

stehenden dinglichen Rechts nur bestehen, wenn das als Inhalt des Erbbauzinses vereinbart wird.

...

Ist das Erbbaurecht mit dinglichen Rechten belastet, ist für die Wirksamkeit der Vereinbarung die Zustimmung der Inhaber der der herkömmlichen Erbbauzinsreallast nach § 9 Abs. 1 S. 1 ErbbauV a.F. im Rang vorgehenden oder gleichstehenden dinglichen Rechte erforderlich."

Bejahendenfalls hätte das für nach altem Recht ausgegebene Erbbauzinsreallasten folgende Konsequenzen: Kommt eine Vereinbarung im Sinne des Satzes 1 nicht zustande, fällt der herkömmliche dingliche Erbbauzinsanspruch unter den eingangs erläuterten Voraussetzungen[309] nach wie vor aus. Liegt die Abrede vor, stimmen aber die Inhaber der genannten Rechte nicht zu, fällt sie ebenfalls aus, weil die Vereinbarung unwirksam ist.

Die Frage, ob die vorgeschlagene Fassung[310] denselben Regelungsgehalt wie die Gesetz gewordene Norm hat, ist durch Wertung[311] zu entscheiden.

Bei dem Vergleich der beiden Fassungen fällt auf, daß durch die Umformulierung der erste Halbsatz gestrichen würde. Der Wegfall dieses Halbsatzes würde aber bei einer entsprechenden Ergänzung der Nummer 2 nicht zu einer Änderung der Rechtslage führen. Die vorgeschlagene Fassung weist auch keine „Kann"-Bestimmung auf. Diese macht in der Gesetzesfassung deutlich, daß die Beteiligten wählen können, ob sie dem Erbbauzinsanspruch diesen Inhalt geben wollen. Das ergibt sich aber aus der vorgeschlagenen Formulierung ebenfalls: Lediglich wenn die Beteiligten die Vereinbarung treffen, ist der Erbbauzinsanspruch „versteigerungsfest". Entscheiden sie sich dagegen, bleibt die Erbbauzinsreallast in den erörterten Fällen wie bisher nicht bestehen. Das setzt allerdings voraus, daß die Einschränkung durch das Wort „nur" in dem Gesetz gewordenen Wortlaut implizit enthalten ist. Ob dieses Verständnis geboten ist, könnte der Entstehungsgeschichte zu entnehmen sein. Der Vorschlag der Bundesregierung[312] hätte dazu geführt, daß jedenfalls bei der Neubestellung von Erbbaurechten allein die Ausbedingung eines schuldrechtlichen Erbbauzinsanspruchs, der Inhalt des Erbbaurechts geworden wäre, genügt hätte, um kraft Gesetzes die Versteigerungsfestigkeit herbeizuführen. Dieses Konzept wurde zugunsten einer qualifizierten Vereinbarung,

309 S. oben II. 2. a), S. 49 ff.

310 S. oben III. 1. b) bb) aaa) (2), S. 68.

311 Canaris, Die Feststellung von Lücken im Gesetz, S. 40 ff., insb. S. 43 und 44 f. 2. Abschnitt I; Engisch, Einführung in das juristische Denken, S. 138 ff.; Larenz/Canaris, Methodenlehre, S. 194 ff.

312 S. oben II. 1. d) aa), S. 43.

d.h. im Sinne des späteren § 9 Abs. 3 Nr. 1 ErbbauV n.F., aufgegeben, wobei der Bundesrat betonte[313],

> „... Absatz 3 ermöglicht es, als Inhalt der Erbbauzinsreallast zu bestimmen, daß diese in der Zwangsversteigerung des Erbbaurechts bestehenbleiben soll, wenn ...".

Maßgeblich ist der Begriff „bestimmen". Der Gesetzgeber hat sich dadurch bewußt gegen eine Versteigerungsfestigkeit kraft Gesetzes und für eine Versteigerungsfestigkeit des neuen und des alten dinglichen Erbbauzinsanspruchs aufgrund Vertrages entschieden, d.h. diese dem Willen der Parteien zu überlassen. Dann aber hat er in Kauf genommen, daß in allen anderen Fällen die Erbbauzinsreallast nicht „versteigerungfest" ist. Aus diesen Gründen ist § 9 Abs. 3 ErbbauV n.F., wie von der Verfasserin vorgeschlagen, im Sinne des einer „Nur"-Regelung zu verstehen.

(3) Der Umkehrschluß

Unter dieser Voraussetzung kann im Wege des Umkehrschlusses aus § 9 Abs. 3 S. 2 i.V.m. S. 1 Nr. 1 ErbbauV n.F. gefolgert werden, daß der Gesetzgeber in allen anderen Fällen wie bisher den Wegfall des dinglichen Erbbauzinsanspruchs in Kauf nimmt.

cc) Zwischenergebnis

Seit der Novellierung der Erbbaurechtsverordnung liegt ein Fall des beredten Schweigen des Gesetzes vor. Die seit jeher bestehende Regelungslücke ist nach heutiger Gesetzeslage nicht planwidrig. Da eine Analogie somit ausscheidet, ist § 52 Abs. 2 S. 1 ZVG a.F. nicht entsprechend auf den herkömmlichen dinglichen Erbbauzinsanspruch anzuwenden.

c) Der fehlende Schutz des schuldrechtlichen Erbbauzinsanspruchs

Weil der schuldrechtliche Erbbauzinsanspruch durch die Zwangsversteigerung nicht ausfällt, sondern lediglich die Verpflichtung zur Zahlung nicht ohne weiteres auf den Ersteher übergeht[314], der Übergang der Schuld aber aufgrund des Wechsels der Erbbauberechtigung wirtschaftlich wünschenswert ist[315], ist zu überlegen, ob diese Rechtsfolge nach der zuvor genannten Ansicht eintreten würde. Durch eine analoge Anwendung gem. § 52 Abs. 2 S. 1 ZVG würde die Verpflichtung zur Zahlung des schuldrechtlichen Erbbauzinses nicht auf den Ersteher

---

313 BT-Drucks. 12/5992, S. 194 (6. Abs.).

314 S. oben II. 2. b), S. 53 ff.

315 Z.B. erhielt der Ersteher nach Ansicht der Bundesregierung nach bislang geltendem Recht „unverdientermaßen ein erbbauzinslosen Erbbaurecht" (BT-Drucks. 12/5992, S. 183).

übergehen. Es müßte vielmehr zwischen dem Grundstückseigentümer und dem Ersteher vereinbart werden, daß der Ersteher anstelle des bisherigen Schuldners zur Zahlung des Erbbauzinses verpflichtet ist[316]. In der Praxis wird der Ersteher zu einer solchen Schuldübernahme nicht bereit sein. Der vorgenannte Ansatz ist nicht geeignet, die Abspaltung der Verpflichtung von dem Erbbaurecht zu vermeiden.

d) Die bewußte Einschränkung des Gesetzgebers bei der neuen Erbbauzinsreallast

Schließlich ist zu prüfen, ob im Hinblick auf den neuen dinglichen Erbbauzinsanspruch eine planwidrige Regelungslücke besteht, die durch eine Analogie zu § 52 Abs. 2 S. 1 ZVG geschlossen werden kann. In Rede stehen nur die Fälle, in denen aus den Rangklassen des § 10 Abs. 1 Nr. 1-3 ZVG in das Erbbaurecht vollstreckt wird[317]. Der Wortlaut des § 9 Abs. 3 Nr. 1 ErbbauV n.F. ist insoweit eindeutig: Der neue dingliche Erbbauzinsanspruch ist lediglich dann versteigerungsfest, wenn der Grundstückseigentümer aus der Reallast oder ein anderer Gläubiger aus vorgehenden oder aus gleichrangigen Rechten in das Erbbaurecht vollstreckt. In den anderen Fällen soll der dingliche Erbbauzins mithin nicht versteigerungsfest sein. Andernfalls hätte der Gesetzgeber diese Rechte in der Vorschrift ebenfalls erwähnt.

Dieses Ergebnis könnte durch die Motive bestätigt werden. Der Gesetzgeber führte aus[318]:

> „Ohne die neue Regelung in § 9 Abs. 3 ErbbauV könnte aufgrund des Rangrücktritts der Erbbauzinsreallast die in der Entwurfsbegründung zu Recht kritisierte Rechtsfolge eintreten, daß bei einer Zwangsversteigerung aus einem vorrangigen Grundpfandrecht der Erbbauzins mit dem Zuschlag erlischt und ein erbbauzinsloses Erbbaurecht entsteht. ...
>
> Das Erlöschen der Erbbauzinsreallast könnte jedoch auch dadurch eintreten, daß der Grundstückseigentümer aus der Reallast die Versteigerung in das Erbbaurecht betreibt. Dies berührt zwar keine schutzwürdigen Belange des Grundstückseigentümers, schränkt aber die Möglichkeit zu einer Beleihung des Erbbaurechts durch ein der Erbbauzinsreallast nachrangiges Grundpfandrecht erheblich ein. ..."

Der Gesetzgeber hat also nur deshalb einen weiteren Fall, in dem die Erbbauzinsreallast normalerweise ausfällt, d.h. bei einer Zwangsvollstreckung aus der

---

316 S. oben II. 2. b), S. 53 ff.

317 S. oben II. 2. c), S. 56 ff.

318 Stellungnahme des Bundesrates, in: BT-Drucks. 12/5992, S. 194; so auch die Bundesregierung, in: BT-Drucks. 12/5992, S. 183.

Erbbauzinsreallast[319], in den Schutzbereich der Norm einbezogen, weil er die Beleihbarkeit des Erbbaurechts fördern wollte. Dagegen hat er ausdrücklich klargestellt, daß er die Regelung nicht wegen des Grundstückseigentümers erweitert hat. Aus diesen Gründen ist nachvollziehbar, daß er dem Grundstückseigentümer bei der Novellierung keine Möglichkeit einräumte, den dinglichen Erbbauzinsanspruch bei einer Zwangsvollstreckung aus den Rangklassen des § 10 Abs. 1 Nr. 1-Nr. 3 ErbbauV versteigerungsfest zu machen. Die Motive bestätigen daher, daß die neue Erbbauzinsreallast lediglich in bestimmten Fällen bestehenbleibt.

Die Regelungslücke ist somit nicht planwidrig, und eine Analogie zum Schutz der neuen Erbbauzinsreallast scheidet aus.

e) Ergebnis

Die entsprechende Anwendung des § 52 Abs. 2 S. 1 ZVG stellt nach heutiger Rechtslage keine Lösung des Problems Erbbaurecht ohne Erbbauzins dar.

2. Die Stillhalteerklärung

In der Praxis ist das Instrument der sog. Stillhalteerklärung, die auch „Stillhalteversprechen", „Nichtkapitalisierungsabrede" oder „Liegenbelassungsvereinbarung" genannt wird[320], entwickelt worden[321]. Dabei sind zwei Arten von Erklärungen zu unterscheiden[322]. Der Grundpfandgläubiger kann dem Grundstückseigentümer versprechen, im ersten Termin[323] des Zwangsversteigerungsverfahrens das Bestehenbleiben der Erbbauzinsreallast nach § 59 ZVG zu beantragen[324] und erhält als Gegenleistung den Rangvortritt vor dem Grundstückseigentümer. Es kann aber auch umgekehrt der Grundstückseigentümer dem Grundpfandgläubiger versprechen, den vorgenannten Antrag nach § 59 ZVG zu stellen, wodurch der Grundpfandgläubiger abgesichert wird, daß der seinem Grundpfandrecht vorgehende dingliche Erbbauzinsanspruch nicht kapitalisiert wird und der zur Verteilung anstehende Erlös der Zwangsversteigerung nicht aufgebraucht wird[325].

---

319 S. oben II. 2. a) aa) bbb), S. 44 ff., und II. 2. a) bb) bbb), S. 52 ff.

320 von Oefele/Winkler, Rn. 6.258.

321 Linde-Richter, Rn. 267; Tradt, DNotZ 1983, S. 370 (371); Winkler, NJW 1985, S. 940 (943); ferner Beck'sches Formularbuch, S. 617 f.

322 Tradt, DNotZ 1983, S. 370 (371); von Oefele/Winkler, Rn. 6.258, 6.260.

323 Der Antrag kann auch erst im Versteigerungstermin gestellt werden (allg. Ansicht, z.B.: Muth, Zwangsversteigerungspraxis, S. 680 Rn. 8 und S. 685 Rn. 18).

324 Tradt, DNotZ 1983, S. 370 (371); von Oefele/Winkler, Rn. 6.258, 6.260.

325 Winkler, NJW 1985, S. 940 (943); zu Formulierungsvorschläge für die Stillhaltevereinbarung: Sichtermann/Hennings, Rn. 2.64.

Die Novellen des Sachenrechtsänderungsgesetzes haben diesen Weg nicht ausgeschlossen.

Zweifelhaft ist aber, ob er für den Grundstückseigentümer, der seine Erbbauzinsansprüche retten will, gangbar ist. Das Versteigerungsgericht darf dem Verlangen i.S.d. § 59 Abs. 1 S. 1 ZVG auf eine von den gesetzlichen Vorschriften abweichende Feststellung des geringsten Gebots und der Versteigerungsbedingungen grundsätzlich nur entsprechen, wenn durch die Abweichung entweder kein anderer Beteiligter beeinträchtigt ist oder die Beeinträchtigung durch eine Zustimmung von den Beteiligten ausdrücklich in Kauf genommen wird, § 59 Abs. 1 S. 2 ZVG. Ist ausnahmsweise ein Recht wie die Erbbauzinsreallast betroffen, das durch die Abweichung entgegen § 52 Abs. 2 S. 1 ZVG fortbestehen soll, gilt die Sonderregelung in § 59 Abs. 3 ZVG. Nach dieser Norm ist die Zustimmung derjenigen Beteiligten zu der abweichenden Bedingung entbehrlich, deren Rechte dem erlöschenden Recht nachgehen. Mithin müssen alle nicht von dieser Regelung erfaßten Beteiligten zustimmen. Andernfalls ist der Antrag zurückzuweisen[326].

Es müßte indes die Zustimmung des Erbbauberechtigten zu der abweichenden Versteigerungsbedingung vorliegen. Der Erbbauberechtigte ist der Schuldner des Zwangsvollstreckungsverfahrens. Ob dessen Zustimmung nach § 59 Abs. 3 ZVG entbehrlich ist, wird kontrovers diskutiert[327]:

a) Die Unbeachtlichkeit der Schuldnerzustimmung

Nach zumindest früher überwiegender Meinung in der Literatur kommt es nicht darauf an, ob der Schuldner der Stillhaltevereinbarung zustimmt[328]. Der Schuldner sei kraft Gesetzes ein nachstehender Beteiligter i.S.d. § 59 Abs. 3 ZVG, so daß seine Zustimmung unerheblich sei. Es spiele deshalb ebenfalls keine Rolle, ob er durch die abweichenden Versteigerungsbedingungen i.S.d. § 59 Abs. 1 ZVG tatsächlich beeinträchtigt sei. Die Vertreter dieser Auffassung stützen sich auf den Wortlaut des § 59 Abs. 3 ZVG[329]. Dieser sehe von dem Erfordernis der Zustimmung der nachstehenden Beteiligten, also auch des Schuldners, generell ab[330].

---

326 Zeller/Stöber, § 59 ZVG Rn. 7 Anm. 7.1.

327 Muth, JurBüro 1985, S. 17; Zeller/Stöber, § 59 ZVG Rn. 7 Anm. 7.1.

328 Jaeckel/Güthe/Volkmar/Armstroff, § 59 ZVG Rn. 7; Korintenberg/Wenz, § 59 ZVG Anm. 4 b); Nußbaum, S. 108; Zeller/Stöber, § 59 ZVG Rn. 7 Anm. 7.1 (anders ders. in § 59 ZVG Rn. 4 Anm. 4.3.). Wohl auch: Tradt, DNotZ 1983, S. 370 (371).

329 Jaeckel/Güthe/Volkmar/Armstroff, § 59 ZVG Rn. 7; Nußbaum, Fn. 10, S. 107 f; Steiner-Storz, § 59 ZVG Rn. 33; Zeller/Stöber, § 59 ZVG Rn. 7 Anm. 7.1 (anders ders. in § 59 ZVG Rn. 4 Anm. 4.3). Wohl ebenfalls: J. Mohrbutter/H. Mohrbutter, Handbuch, § 39 VI a, S. 486 und Reinhard/Müller, § 59 ZVG Anm. 4.

330 Reinhard/Müller, § 59 ZVG Anm. 4.

Wäre dieser Auffassung zu folgen, käme es nicht darauf an, ob die Stillhaltevereinbarung den Erbbauberechtigten tatsächlich beeinträchtigen und dieser deshalb nicht zustimmen würde. Das Versteigerungsgericht müßte unabhängig davon dem Verlangen des Grundstückseigentümers oder des Grundpfandgläubigers nach § 59 Abs. 1 S. 1 ZVG entsprechen[331]. Es würde ein Doppelausgebot erfolgen, § 59 Abs. 2 ZVG. Der Zuschlag erginge auf das Meistgebot mit der beantragten Abweichung[332]. Die Erbbauzinsreallast bliebe bestehen, und es entstünde kein Erbbaurecht ohne Erbbauzins. Dieser Weg wäre demnach geeignet, den Ausfall des dinglichen Erbbauzinsanspruchs zu verhindern. Das Schicksal des schuldrechtlichen Erbbauzinsanspruchs[333] bliebe allerdings unberührt.

b) Die Erforderlichkeit der Schuldnerzustimmung

Nach entgegenstehender Ansicht ist die Zustimmung des Schuldners unter der Bedingung erforderlich, daß er tatsächlich beeinträchtigt ist[334]. § 59 Abs. 3 ZVG stelle zur Vereinfachung der Gesetzesanwendung eine Vermutung auf. Der Gesetzgeber gehe davon aus, daß ein Beteiligter wie der Schuldner, dessen Recht nachrangig sei, regelmäßig nicht beeinträchtigt sei, so daß seine Zustimmung entbehrlich sei. Dagegen müsse es auf seine Zustimmung ankommen, wenn er tatsächlich durch die beantragte abweichende Versteigerungsbedingung beeinträchtigt sei[335].

Zu überlegen ist, welche Konsequenzen diese Ansicht für die vorliegend diskutierten Fälle des Erbbaurechts ohne Erbbauzins hat. Eine Beeinträchtigung liegt vor, wenn die Abweichung das Ergebnis der Versteigerung zum Nachteil des Rechts des Schuldners beeinflußt[336]. Beeinträchtigt ist daher derjenige, der mit der Abweichung nicht in gleicher Weise zum Zuge kommt wie ohne die Ab-

---

331 Reinhard/Müller, § 59 ZVG Anm. 4.

332 Zeller/Stöber, § 59 ZVG Rn. 7 Anm. 7.2.

333 Zum Schicksal des schuldrechtlichen Erbbauzinsanspruchs s. oben II. 2. b), S. 53 ff.

334 Dassler/Schiffhauer/Gerhardt/Muth, § 59 ZVG Rn. 48 und § 84 ZVG Rn. 3; Muth, JurBüro 1985, S. 14 (15); Schiffhauer, Rpfleger 1986, S. 326 (336); Storz, Zwangsversteigerungsverfahren, S. 415; Zeller/Stöber, § 59 ZVG Rn. 4 Anm. 4.3 (anders ders. in § 59 ZVG Rn. 7 Anm. 7.1). Zustimmend, allerdings ohne Begründung: Groth, DNotZ 1984, S. 372 (374). Im Ergebnis wohl ebenso: Böttcher, Zwangsversteigerungsgesetz, § 59 ZVG Rn. 9, der darüber hinaus die Vorschrift des § 59 Abs. 3 wegen Verstoßes gegen Art. 14 GG für verfassungswidrig hält.

335 Dassler/Schiffhauer/Gerhardt/Muth, § 59 ZVG Rn. 48 und § 84 ZVG Rn. 3; Muth, JurBüro 1985, S. 14 (15); Schiffhauer, Rpfleger 1986, S. 326 (336); Storz, Zwangsversteigerungsverfahren, S. 450; Zeller/Stöber, § 59 ZVG Rn. 4 Anm. 4.3 und ders. in § 59 ZVG Rn. 7 Anm. 7.1; Groth, DNotZ 1984, S. 372 (374); Böttcher, Zwangsversteigerungsgesetz, § 59 ZVG Rn. 9.

336 Böttcher, Zwangsversteigerungsgesetz, § 59 ZVG Rn. 9; Dassler/Schiffhauer/Gerhardt/Muth, § 59 ZVG Rn. 39; Muth, Zwangsversteigerungspraxis, S. 682 Rn. 12 und S. 682 Rn. 12; Zeller/Stöber, § 59 ZVG Rn. 4 Anm. 4.2.

weichung, also weniger erhält. Der Schuldner ist somit beispielsweise beeinträchtigt, wenn er einen geringeren Übererlös erhält oder weniger seiner Schulden getilgt werden, als gesetzlich vorgesehen ist[337]. Entscheidend ist demnach, ob der Erbbauberechtigte durch das Bestehenbleiben der Erbbauzinsreallast eine solche Beeinträchtigung erfahren würde. Der Ersteher würde in diesem Fall ein Erbbaurecht erwerben, für das er Erbbauzinsen zahlen müßte. Je länger das Erbbaurecht noch liefe[338], desto umfangreicher wären die Gegenleistungen, die der Ersteher künftig noch zu erbringen hätte. Die Ersteigerung eines solchen Erbbaurechts wäre für den Bieter mithin wirtschaftlich wesentlich weniger interessant ist als der Erwerb eines erbbauzinslosen Erbbaurechts. Infolgedessen würde weniger geboten. Dadurch könnte der Erbbauberechtigte nur weniger seiner Schulden tilgen und erhielte einen geringeren Erlös. Der bisherige Erbbauberechtigte wäre deshalb beeinträchtigt. Folgt man dieser Ansicht, ist die Zustimmung des Erbbauberechtigten zu der abweichenden Versteigerungsbedingung in den vorliegend diskutierten Fällen praktisch stets erforderlich. Möglicherweise ist der Erbbauberechtigte nicht freiwillig bereit zuzustimmen und ist auch nicht aufgrund einer vertraglichen Vereinbarung dazu verpflichtet.

aa) Die Freiwilligkeit

Der Erbbauberechtigte wird in der Praxis einer Stillhaltevereinbarung nicht zustimmen. Gewöhnlich rührt sich der Schuldner in der Zwangsversteigerung nicht[339]. Er hat durch die Erklärung keine Vorteile zu erwarten und damit keinen Anreiz zu ihrer Abgabe. Er wird unabhängig von seiner Zustimmung, die das Bestehenbleiben der Erbbauzinsreallast betrifft, nicht von seiner schuldrechtlichen Verpflichtung zur Zahlung von Erbbauzinsen frei.

bb) Die vertragliche Verpflichtung

Normalerweise sind in einem Erbbaurechtsvertrag keine Vertragsabsprachen zu finden, die den Erbbauberechtigten verpflichten, die Zustimmung zu der abweichenden Versteigerungsbedingung zu erteilen[340]. Eine zwangsweise Durchsetzung scheidet aus.

---

337 Zeller/Stöber, § 59 ZVG Rn. 4 Anm. 4.2.

338 Zur Laufzeit von Erbbaurechten s. oben II. 1. a) cc), S. 21.

339 Groth, DNotZ 1983, S. 652 (655).

340 Vgl. z.B. die Muster bei von Oefele/Winkler, S. 467-526.

cc) Zwischenergebnis

Wäre dieser Ansicht der Vorzug zu geben, müßte das Versteigerungsgericht den Antrag mangels Zustimmung des Erbbauberechtigten gem. § 59 Abs. 1 S. 1 ZVG ablehnen. Das Erbbaurecht würde nach den gesetzlichen Bestimmungen versteigert. Die herkömmliche dingliche und die neue Erbbauzinsreallast fielen nach § 52 Abs. 2 S. 1 ZVG aus. Der schuldrechtliche Erbbauzins würde ohnehin weiter von dem früheren Erbbauberechtigten geschuldet. Das Stillhalteversprechen wäre mangels Umsetzbarkeit in der Praxis nicht geeignet, die Entstehung eines erbbauzinslosen Erbbaurechts zu verhindern.

c) Eigene Stellungnahme

aa) Der Schuldner als nachstehender Beteiligter

Die Vertreter beider Ansichten gehen ohne Begründung davon aus, daß der Schuldner ein nachstehender Beteiligter im Sinne der Vorschrift ist. Würde diese Prämisse nicht zutreffen, käme es auf den Meinungsstreit, welchen Inhalt § 59 Abs. 3 ZVG hat, nicht an. Zu klären ist also zunächst, ob der Schuldner ein nachstehender Beteiligter ist.

Der Schuldner ist nach § 9 S. 1 1. Halbs. ZVG Beteiligter des Zwangsversteigerungsverfahrens[341]. Fraglich ist, was der Begriff „nachstehend" meint. Obwohl der Gesetzgeber den Begriff auch in anderen Vorschriften, wie z.B. § 110 ZVG, verwendet, existiert keine Legaldefinition. Im allgemeinen Sprachgebrauch bedeutet er, daß etwas oder jemand an späterer Stelle steht[342]. Danach muß der Beteiligte i.S.d. § 59 Abs. 3 ZVG hinter einem anderen Beteiligten zurückstehen. Folglich wird ein irgendwie geartetes Rangverhältnis angesprochen, so daß zu überlegen ist, ob ein bestimmtes gemeint ist. Es kommt das Rangverhältnis gem. §§ 10 Abs. 1 Nr. 1-8, 11 ZVG in Betracht. Dann müßte der Schuldner einen Rang im Sinne dieser Normen haben. Da das zu verneinen ist, würde, wenn sich der Begriff „nachstehend" auf dieses Rangverhältnis bezieht, der Schuldner nicht zu dem in § 59 Abs. 3 ZVG angesprochenen Personenkreis zählen.

Diese Vorschrift nimmt nicht ausdrücklich Bezug auf §§ 10, 11 ZVG. Letztere sind aber Bestandteil der allgemeinen Vorschriften des Zwangsversteigerungsgesetzbuchs. Als solche gelten sie grundsätzlich auch für die nachfolgenden Regelungen wie § 59 Abs. 3 ZVG. Die Systematik spricht also für diese Auslegung.

341 A.A. ist Schiffhauer. Er sieht im Wortlaut der Norm keinen Anhalt dafür, daß der Schuldner ein nachstehender Beteiligter sein könnte (Rpfleger 1986, S. 326 (336 Anm. 4.a)). Wegen § 9 S. 1, 1. Halbs. ZVG ist ihm nicht zu folgen.

342 Duden, Bd. 10; ferner Duden, Das Bedeutungswörterbuch, Bd. 2.

Weiteren Aufschluß könnten die Motive geben. Diese lauten auszugsweise[343]:

> „Der § 59 Abs. 1 des Entwurfs giebt daher jedem der Betheiligten das Recht, eine von den gesetzlichen Vorschriften abweichende Feststellung des geringsten Gebots und der Versteigerungsbedingungen zu verlangen, fügt aber, um die Interessen der übrigen nicht zu verletzen, die Einschränkung hinzu, daß wenn durch die Abweichung das Recht eines anderen Betheiligten beeinträchtigt wird, dessen Zustimmung erforderlich ist. ...
>
> Verlangt ein Betheiligter, dessen Recht nach § 52 erlöschen würde, daß das Fortbestehen dieses Rechtes bestimmt werde, so ist für die ihm nachstehenden Betheiligten die Gefahr einer Beeinträchtigung gewöhnlich ausgeschlossen. Es erscheint daher unbedenklich, wenn der § 59 Abs. 2[344] der Vereinfachung halber vorschreibt, daß es der Zustimmung dieser Betheiligten nicht bedarf."

Der Schuldner wird hier nicht erwähnt. Ob der Gesetzgeber davon ausging, daß dieser normalerweise durch die abweichende Versteigerungsbedingung ebenfalls nicht beeinträchtigt wird, so daß er von dem Regelungsgehalt miterfaßt sein sollte, ist zweifelhaft[345]. Die Motive tragen nicht zur Klärung bei.

Sinn und Zweck der Norm ist, daß durch den Verzicht auf die Zustimmung bestimmter Beteiligter das Verfahren vereinfacht wird. Grundsätzlich soll jedoch auch das schutzwürdige Interesse jedes Beteiligten nicht verletzt werden, § 59 Abs. 1 S. 2, Abs. 2 ZVG. Wenn der Schuldner zu dem Kreis der in § 59 Abs. 3 ZVG angesprochenen Beteiligten zählen würde, könnte grundsätzlich[346] auf seine Zustimmung verzichtet werden, die anderenfalls möglicherweise vorliegen müßte. Eine Verfahrensvereinfachung würde demnach erreicht. Andererseits könnte aber das schützenswerte Interesse des Schuldners verletzt werden, wenn es wie vorliegend durch die abweichende Versteigerungsbedingung beeinträchtigt wird. Der Sinn und Zweck der Norm liefert kein Argument zur Auslegung des Begriffs „nachstehend".

Im Ergebnis ist festzuhalten, daß der Wortlaut offen läßt, ob das Rangverhältnis i.S.d. §§ 10, 11 ZVG gemeint ist, die Gesetzessystematik jedoch für dieses

---

343 Reichsgesetz über die Zwangsversteigerung und Zwangsverwaltung nebst dem Einführungsgesetze vom 24.3.1887, in: Denkschrift zu dem Entwurf eines Gesetzes über die Zwangsversteigerung und die Zwangsverwaltung nebst dem Einwurf eines Einführungsgesetzes, Reichstagsvorlage, Berlin 1897, S. 28.

344 Absatz 2 der alten Fassung des § 59 ZVG ist heute Absatz 3.

345 Schiffhauer hat anhand eines Beispiels verdeutlicht, daß der Schuldner durch eine abweichende Versteigerungsbedingung erheblich beeinträchtigt werden kann (Rpfleger 1986, S. 326 (S. 336 Anm. 4 a)).

346 Das ist letztendlich davon abhängig, welches gesetzestechnische Mittel der Gesetzgeber in § 59 Abs. 3 ZVG verwandt hat. Darauf wird nachfolgend eingegangen.

Auslegung spricht. Der Schuldner gehört daher nach der hier vertretenen Ansicht nicht zu den nachstehenden Beteiligten i.S.d. § 59 Abs. 3 ZVG[347].

bb) Die Gesetzestechnik[348] in § 59 Abs. 3 ZVG

Möglicherweise kommt man zu demselben Ergebnis, wenn der Schuldner entgegen der vorliegenden Auffassung als nachstehender Beteiligter verstanden werden muß.

Für die Entscheidung des eingangs dargestellten Meinungsstreits[349] könnte es darauf ankommen, ob § 59 Abs. 3 ZVG eine Gesetzesfiktion, eine unwiderlegbare oder eine widerlegbare Tatsachenvermutung enthält. Dann müßten diese gesetzestechnischen Mittel im Hinblick auf das Erfordernis der Zustimmung des Erbbauberechtigten zu unterschiedlichen Ergebnissen führen. Somit werden zunächst die Folgen erörtert[350], bevor diskutiert wird, welche juristische Figur der Gesetzgeber in der Vorschrift verwandt hat[351].

Unter einer Gesetzesfiktion ist die in einer Norm erfolgte, gewollte Gleichsetzung eines als ungleich Gewußten zu verstehen[352]. Mit anderen Worten gibt der Gesetzgeber bei einer Fiktion die Anweisung, daß für den in der fraglichen Vorschrift geregelten Tatbestand die gleichen Rechtsfolgen wie für einen anderen Tatbestand gelten sollen, obwohl er davon ausgeht, daß die Tatbestände nicht gleich sind[353].

Demnach könnte der Gesetzgeber in § 59 Abs. 3 ZVG angeordnet haben, daß auf den Schuldner die gleiche Rechtsfolge wie für einen nachstehenden, gewöhnlich[354] nicht beeinträchtigten Beteiligten des Zwangsversteigerungsverfahrens zutreffen soll, d.h. seine Zustimmung zu der abweichenden Versteigerungsbedingung entbehrlich ist. Gesetzesfiktionen sind nach einhelliger Ansicht nicht wider-

---

347 Im Ergebnis ebenso: Schiffhauer, Rpfleger 1986, S. 326 (336 Anm. 4 a)).

348 Canaris verwendet die Bezeichnung „gesetzestechnische Mittel" (Larenz/Canaris, Methodenlehre, S. 83). Wieczorek spricht von „juristischen Figuren" (Wieczorek, § 286 ZPO f. III b).

349 S. oben III. 2. a) und b), S. 73 ff.

350 Nachfolgend s. oben III. 2. c), S. 76 ff.

351 S. oben III. 2. c) aa)-cc), S. 76 ff.

352 Larenz/Canaris, Methodenlehre, S. 83; ähnlich: Stein/Jonas, § 292 ZPO Rn. 5; Bernhöft, S. 3 ff. § 1; Bierling, S. 101 ff. Anm. 10; Demelius, S. 75 ff. (76); Donau, ZZP 67 (1954), S. 451(452); Esser, Wert und Bedeutung der Rechtsfiktionen, S. 15; A. Fischer, AcP 117 (1919), S. 143 (144); MüKo-Prütting, § 292 ZPO Rn. 8; Schmalz, Methodenlehre, Rn. 110; von Tuhr, Bd. 1, S. 24 und Bd. 2 Teil 1, S. 13 und 422 ff.; Wieczorek, § 292 ZPO C und § 286 ZPO f. I f.; Zippelius, S. 35 f. (§ 6 c).

353 S. vorige Fn. 352.

354 So z.B.: Zeller/Stöber, § 59 ZVG Rn. 7 Anm. 7.1, der sich offenbar auf die bereits zitierten Motive (S. oben III. 2. c) aa), S. 76 f.) stützt.

legbar[355]. Das Erfordernis der Zustimmung lebt somit selbst dann i.S.d. § 59 Abs. 1 S. 2 ZVG nicht wieder auf, wenn wie vorliegend[356] die wirtschaftlichen Nachteile des Betroffenen positiv feststehen. Enthielte § 59 Abs. 3 ZVG eine Fiktion, wäre daher im Ergebnis der erstgenannten Auffassung[357] zu folgen, die eine Zustimmung des Schuldners für entbehrlich hält. Die Stillhalteerklärung wäre geeignet, den Ausfall des dinglichen Erbbauzinsanspruchs zu verhindern.

Eine ähnliche Rechtslage könnte bestehen, wenn die Norm eine unwiderlegbare Tatsachenvermutung i.S.d. § 292 S. 1, 2. Halbs. ZPO beinhalten würde. Diese unterscheidet sich von der Fiktion nur durch das Motiv des Gesetzgebers[358]: Die unwiderlegbare Vermutung will Fälle des Vorliegens wie des Nichtvorliegens der vermuteten Tatsache erfassen, während die Fiktion davon ausgeht, daß die fingierte Tatsache gewiß nicht vorliegt[359]. Da die Rechtsfolgen somit gleich sind[360], käme es auch bei dieser Alternative auf die tatsächlichen Nachteile des Erbbauberechtigten, die ihm durch das Bestehenbleiben der Erbbauzinsreallast entstünden, nicht an. Mangels Zustimmungsbedürftigkeit des Erbbauberechtigten könnte der Abschluß einer Stillhaltevereinbarung die Erbbauzinsreallast schützen.

Würde § 59 Abs. 3 ZVG dagegen eine i.S.d. § 292 S. 1, 1. Halbs. ZPO widerlegbare Tatsachenvermutung aufweisen, könnte etwas anderes gelten. Im Prozeßrecht wäre unter dieser Voraussetzung der Gegenbeweis zulässig. Da vorliegend ein Zwangsversteigerungsverfahren in Rede steht, bei dem der Verhandlungsgrundsatz[361] allenfalls stark eingeschränkt gilt[362], stellt sich die Frage, ob der Erbbauberechtigte seine Benachteiligung darlegen und beweisen müßte, womit angesichts der Passivität von Schuldnern in der Zwangsvollstreckung praktisch nicht gerechnet werden kann[363], oder diese von Amts wegen zu prüfen oder zu untersuchen[364] wäre. Eine Antwort könnte § 59 Abs. 2 ZVG enthalten. Danach muß das Versteigerungsgericht bei Unklarheit über die Benachteiligung zwingend doppelt ausbieten, d.h. die Beeinträchtigung prüfen. Also wird es untersuchend tätig. Der Erbbaube-

---

355 BGH NJW 1965, S. 584; OVG Münster, ZMR 1989, S. 394 (395); Baumbach/Lauterbach/Albers/Hartmann, § 292 ZPO Rn. 7; Schmalz, Methodenlehre, Rn. 111; Zöller-Greger, § 292 ZPO Rn. 1.

356 S. oben III. 2. b), S. 74.

357 S. oben III. 2. a), S. 73 f.

358 Beispielsweise: MüKo-Prütting, § 292 ZPO Rn. 8; Stein/Jonas, § 292 ZPO Rn. 5.

359 S. oben III. 2. c), S. 76.

360 Beispielsweise: MüKo-Prütting, § 292 ZPO Rn. 8; Stein/Jonas, § 292 ZPO Rn. 5.

361 Ausführlich: RGZ 151, S. 93 (98); Rosenberg/Schwab/Gottwald, S. 424 ff. § 78; Zeiss, Zivilprozeßrecht, Rn. 174 ff. und Rn. 787 ff.

362 Rosenberg/Gaul/Schilken, S. 49 § 5 II 1, S. 63 § 5 VI 2 und S. 485 § 28 IV 2.

363 Groth, DNotZ 1983, S. 652 (655); s. oben III. 2. b) aa), S. 75.

364 Zum Unterschied zwischen dem hier angesprochenen Untersuchungsgrundsatz und der Prüfung von Amts wegen ausführlicher: Zeiss, Zivilprozeßrecht, Rn. 180.

rechtigte müßte deshalb, wenn § 59 Abs. 3 ZVG eine widerlegbare Vermutung enthielte, seine Beeinträchtigung nicht darlegen und beweisen[365]. Stünde wie vorliegend die Benachteiligung fest, würde das in § 59 Abs. 3 ZVG unterstellte Ergebnis der Nichtbeeinträchtigung tatsächlich nicht zutreffen. Die Vermutung wäre widerlegt. Mangels Zustimmung des Erbbauberechtigten[366] würde nicht zu der abweichenden Bedingung versteigert. Die Erbbauzinsreallast fiele im Gegensatz zu den vorgenannten Alternativen der Fiktion und der unwiderlegbaren Vermutung aus. Die Stillhaltevereinbarung wäre wirkungslos.

Demnach ist unter der Voraussetzung, daß der Schuldner ein nachstehender Beteiligter i.S.d. § 59 Abs. 3 ZVG ist, maßgeblich, welche juristische Figur der Gesetzgeber verwandt hat.

aaa) Der Wortlaut

Der Gesetzgeber gebraucht bei einer Fiktion in der Regel das Wort „gelten“[367], bei einer Vermutung die Begriffe „vermuten“[368] oder „im Zweifel ist anzunehmen“[369]. Keine dieser Wendungen hat Eingang in die Formulierung des § 59 Abs. 3 ZVG gefunden. Möglicherweise erlauben die Entstehungsgeschichte, die Systematik und der Sinn und Zweck der Norm Rückschlüsse auf die juristische Figur.

bbb) Die Entstehungsgeschichte

Die entscheidende Aussage des Gesetzgebers in den Motiven sei nochmals[370] hervorgehoben:

> „... so ist für die ihm nachstehenden Betheiligten die Gefahr einer Beeinträchtigung gewöhnlich ausgeschlossen“.

Das könnte gegen eine Fiktion und für eine widerlegbare Vermutung sprechen. Der Gesetzgeber hätte wegen der bestehenden Gefahr der wirtschaftlichen Beeinträchtigung der nachstehenden Beteiligten, wenn er eine Fiktion gemeint hätte, formuliert, daß die nachstehenden Beteiligten rechtlich als nicht beeinträchtigt anzusehen seien. Das ist weder in den Motiven noch im Gesetz zum Ausdruck gekommen. Würde der vorhandene Gesetzeswortlaut dennoch als Fiktion verstanden werden, liefe er also dem in den Gesetzesmaterialien zum Ausdruck gekommenen Willen des Gesetzgebers zuwider. Für eine Vermutung spricht dagegen, daß der

---

365 Im Ergebnis so wohl auch: Muth, JurBüro 1985, S. 14 (18 Anm. III 1).

366 S. oben III. 2. b) aa)-bb), S. 75 ff.

367 Z.B. in § 118 Abs. 2 BGB oder in § 177 Abs. 2 S. 2 BGB; Larenz/Canaris, Methodenlehre, S. 83 ff.; MüKo-Prütting, § 292 ZPO Rn. 9.

368 Beispielsweise in § 938 BGB oder in § 1253 Abs. 2 BGB.

369 Z.B. in § 1213 Abs. 2 BGB.

370 Zum Wortlaut s. oben III. 2. c) aa), S. 76.

Gesetzgeber gesehen hat, daß ein nachstehender Beteiligter lediglich normalerweise nicht beeinträchtigt ist. In Ausnahmefällen besteht also die Möglichkeit der Beeinträchtigung. Dann aber muß diese Behauptung widerlegbar sein.

Die Entstehungsgeschichte spricht folglich dafür, den Wortlaut des § 59 Abs. 3 ZVG dahingehend einschränkend auszulegen, daß er eine Vermutung enthält[371].

ccc) Der Sinn und Zweck sowie die Systematik der Vorschrift

§ 59 ZVG verfolgt nach einhelliger Ansicht den Zweck, allen Beteiligten des Zwangsversteigerungsverfahrens ein möglichst gutes wirtschaftliches Ergebnis dadurch zu ermöglichen, daß die Versteigerungsbedingungen abgeändert werden können[372]. Die Vorschrift § 59 Abs. 3 ZVG enthält, wie bereits ausgeführt[373], die verfahrenstechnische Erleichterung, daß auf die Zustimmung bestimmter Beteiligter grundsätzlich verzichtet werden kann. Wenn festgestellt wird, daß für einen dieser Beteiligten – vorliegend den Erbbauberechtigten – kein besseres wirtschaftliches Ergebnis zu erwarten ist, würde der Verzicht auf das Erfordernis der Schuldnerzustimmung dem Sinn und Zweck der Vorschrift widersprechen. Der Sinn und Zweck sowie die Systematik der Vorschrift fordern ebenfalls, § 59 Abs. 3 ZVG als Vermutung zu verstehen, die mangels entgegenstehender gesetzlicher Anordnung widerlegbar ist[374].

d) Ergebnis

Zu folgen ist unter der Prämisse, daß der Schuldner ein nachstehender Beteiligter ist, im Ergebnis der Ansicht[375], die bei einer drohenden Beeinträchtigung eines Rechts des Schuldners seine Zustimmung zu der abweichenden Versteigerungsbedingung verlangt. Weil der Erbbauberechtigte in der Praxis normalerweise dem Bestehenbleiben der Erbbauzinsreallast nicht zustimmen wird, fehlt eine der Voraussetzungen für die abweichende Feststellung des geringsten Gebots. Das Versteigerungsgericht darf dem Antrag nicht entsprechen. Eine abweichende Feststellung des geringsten Gebots und der Versteigerungsbedingungen, wodurch die Erbbauzinsreallast bestehenbleiben würde, erfolgt dann jedoch nicht. Der herkömmliche und der neue dingliche Erbbauzins würden bei Durchführung der Zwangsversteigerung ausfallen. Der schuldrechtliche Erbbauzins ist von dem Schuldner ohnehin weiter zu zahlen.

---

371 So auch: Muth, JurBüro 1985, S. 14 (18).

372 Muth, JurBüro 1985, S. 18; Nußbaum, S. 106 Fn. 10.

373 S. oben III. 2. c) aa), S. 76.

374 Ebenso Muth, JurBüro 1985, S. 14 (18 Anm. III).

375 S. oben III. 2. b), S. 74.

Die Stillhalteerklärung ist daher unabhängig von der Frage, ob der Schuldner ein nachstehender Beteiligter i.S.d. § 59 Abs. 3 ZVG ist, keine wirksame Schutzmöglichkeit für den Erbbauzinsanspruch.

3. Die Verweigerung der Zustimmung des Grundstückseigentümers zur Zwangsversteigerung gem. §§ 8, 5, 7 ErbbauV

Die zuvor genannten Lösungsansätze[376] waren vom Versuch gekennzeichnet, aus dem Zwangsversteigerungsgesetz Schutzrechte herzuleiten. In der Rechtsprechung[377] und in der Literatur[378] wurden aber auch Rettungsmöglichkeiten diskutiert, die die Erbbaurechtsverordnung vorsieht. Eine davon könnte § 8 ErbbauV sein.

Die Norm erfordert zunächst, daß der Grundstückseigentümer mit dem Erbbauberechtigten eine Vereinbarung nach § 5 Abs. 1 ErbbauV getroffen hat, die in das Erbbaugrundbuch eingetragen ist. Fehlt eine solche Abrede, ist die Zustimmung des Grundstückseigentümers für die Zwangsversteigerung nicht erforderlich. Der Zuschlag kann erteilt werden. §§ 8, 5 ErbbauV vermögen den Ausfall des Erbbauzinsanspruchs nicht zu verhindern. In der Praxis dürften Vereinbarungen nach § 5 Abs. 1 ErbbauV häufiger vorkommen[379]. In diesen Fällen wird allerdings mitunter noch eine weitere Abrede getroffen. Wird das Erbbaurecht belastet, sichert sich der Grundpfandgläubiger oft ab, indem er sich vom Grundstückseigentümer im voraus die Zustimmung zu einer eventuellen Zwangsversteigerung erteilen läßt[380]. Es ist im einzelnen streitig, ob und gegebenenfalls unter welchen Voraussetzungen eine solche Zustimmung wirksam und unwiderruflich ist[381].

Zu prüfen ist die Relevanz dieses Streites für die vorliegenden Fälle. Wäre eine solche vorherige Zustimmung im konkreten Einzelfall unzulässig oder wirksam widerrufen, bestünde die gleiche Rechtslage, als ob der Grundstückseigentümer seine nach § 5 Abs. 1 ErbbauV erforderliche Einwilligung zur Zwangsversteigerung noch nicht erteilt hat. Dann wäre für das Eingreifen der Schutzvorschrift entscheidend, ob die sonstigen Voraussetzungen nach §§ 8, 5, 7 ErbbauV vorliegen. Wäre

---

376 S. oben III. 1., S. 63 ff., und III. 2., S. 72 ff.

377 BGHZ 33, S. 76; BayOLG NJW 1959, S. 2165; OLG Braunschweig, MDR 1972, S. 420.

378 Beck'sches Formularbuch, S. 616 Anm. 3; Hagemann, Rpfleger 1985, S. 203 (205); Lutter, DNotZ 1960, S. 235 (240); MüKo-von Oefele, § 8 ErbbauV Rn. 8 ff.; Soergel-Stürner, § 8 ErbbauV Rn. 3 ff.; Staudinger-Ring, § 8 ErbbauV Rn. 10.

379 So auch Handschumacher, S. 129.

380 Handschumacher, S. 129 ff.; von Oefele/Winkler, Rn. 4.282.

381 Z.B.: BGHZ 81, S. 358 (362 f.); BayObLG NJW 1959, S. 2165; OLG Celle, Rpfleger 1985, S. 22 (23); Geissel, S. 116 ff.; Kappelhoff, Rpfleger 1985, S. 281; Lutter, DNotZ 1960, S. 235; Chr. Mohrbutter, S. 51 f.; von Oefele/Winkler, Rn. 4.282; MüKo-von Oefele, § 5 ErbbauV Rn. 7 und § 8 ErbbauV Rn. 11.

die vorherige Zustimmung dagegen wirksam und unwiderruflich, würde das Recht auf den Erbbauzins nicht mehr durch eine Verweigerung gerettet werden können. Vorliegend wird daher auf die Diskussion dieses Streites verzichtet.

Das Zwangsversteigerungsverfahren ist ein Zwangsvollstreckungsverfahren i.S.d. § 8 ErbbauV[382]. Die Zustimmung muß spätestens[383] nach der Abgabe des Meistgebots, wenn die Person des künftigen Erbbauberechtigten feststeht, erteilt werden. Anderenfalls ist der Zuschlag nach §§ 83 Nr. 5, 33 ZVG zu versagen.

Der Grundstückseigentümer, der seinen Erbbauzinsanspruch retten will, wird die Zustimmung zum Zuschlag nicht erteilen. Es stellt sich die Frage, welche Folgen die Verweigerung hat. Sie könnte unbeachtlich sein, wenn die Einwilligung entweder in der Zustimmung zur Belastung des Erbbaurechts nach § 5 Abs. 2 ErbbauV bereits enthalten ist oder gem. § 7 Abs. 3 ErbbauV gerichtlich ersetzt werden kann.

a) Die Reichweite der Zustimmung zur Belastung gem. § 5 Abs. 2 ErbbauV

Ob die Zustimmung zur Belastung gem. § 5 Abs. 2 ErbbauV diejenige nach § 5 Abs. 1 ErbbauV stillschweigend mitumfaßt, war früher streitig[384]. Nach der in den fünfziger Jahren von einigen unterinstanzlichen Gerichten[385] und Stimmen in der Literatur[386] vertretenen Meinung, auf die der Bundesgerichtshof in anderem Zusammenhang im Ergebnis wieder zurückzukommen scheint[387], wurde das bejaht. Ein Grundstückseigentümer, der die Belastung des Erbbaurechts zulasse, müsse grundsätzlich die Zwangsversteigerung in Kauf nehmen. Die Möglichkeit der Zwangsversteigerung sei gem. §§ 1114, 1147 BGB regelmäßiger gesetzlicher Inhalt der Hypothek. Der Grundstückseigentümer wisse das oder müsse es wissen.

---

382 Allg. Ansicht, z.B. MüKo-von Oefele, § 8 ErbbauV Rn. 5 ff.

383 Das ist, soweit ersichtlich, heute einhellige Meinung (BGHZ 33, S. 76 (89); Erman-Hagen, § 8 ErbbauV Rn. 1 und 5; Ingenstau/Hustedt, § 8 ErbbauV Rn. 19; von Oefele/Winkler, Rn. 4.283 ff.; RGRK-Räfle, § 8 ErbbauV Rn. 7). Früher war streitig, ob nicht bereits zur Einleitung des Verfahrens die Zustimmung des Grundstückseigentümers vorliegen mußte.

384 Ingenstau/Hustedt, § 8 ErbbauV Rn. 15; MüKo-von Oefele, § 8 ErbbauV Rn. 10.

385 LG Hof, NJW 1954, S. 1247; LG Oldenburg, NJW 1955, S. 1546 (unveröffentlicht); LG Frankfurt, NJW 1959, S. 772.

386 Hoche, NJW 1955, S. 942; Busse, NJW 1955, S. 1546.

387 S. unten III. 3. b) aa) aaa) (4) mit Hinweis auf BGH NJW 1987, S. 1942 (1944). In dieser Entscheidung geht es um die Ersetzung der Zustimmung nach § 7 Abs. 3 ErbbauV in einem Fall, in dem aus einem vorrangigen Grundpfandrecht die Zwangsversteigerung in das Erbbaurecht betrieben wurde.

Das gelte erst recht, wenn er einer Belastung i.S.d. § 5 Abs. 2 ErbbauV ausdrücklich zugestimmt habe[388].

Seit dem Beschluß des Bundesgerichtshofs vom 8. Juli 1960[389] wird dagegen – wohl einhellig[390] – vertreten[391], daß eine weitere Zustimmung des Grundstückseigentümers zur Zwangsversteigerung erforderlich ist. Der Grundpfandgläubiger könne eine Befriedigung aus dem Erbbaurecht statt durch eine Zwangsversteigerung auch durch eine Zwangsverwaltung erlangen[392]. Das Argument der früher herrschenden Meinung aus §§ 1114, 1147 BGB überzeuge deshalb nicht. Außerdem unterschieden sich die durch § 5 Abs. 1 ErbbauV und § 5 Abs. 2 ErbbauV geschützten Rechte des Grundstückseigentümers. Während es bei der Zustimmung zur Belastung des Erbbaurechts nicht auf die Person des Grundpfandgläubigers ankomme, müsse der Meistbietende die Gewähr für die ordnungsgemäße Erfüllung der Pflichten aus dem Erbbaurechtsvertrag übernehmen, so daß insoweit die konkrete Person entscheidend sei[393]. Schließlich wisse der Grundpfandgläubiger bei einer Belastung des Erbbaurechts oder müsse wissen, daß die Zulässigkeit der Befriedigung aus dem Erbbaurecht im Wege der Zwangsversteigerung durch § 8 ErbbauV eingeschränkt sei. Diese Kenntnis habe er gegen sich gelten zu lassen[394].

Diesen Argumenten stehen indes Bedenken entgegen.

Zweifel bestehen insoweit an dem von den Vertretern beider Ansichten vorgebrachten Hinweis auf den gesetzlichen Inhalt des Grundpfandrechts. Dieses gibt dem Grundpfandgläubiger das Recht, in das Erbbaurecht zu vollstrecken und dabei zwischen den verschiedenen Arten der Immobiliarvollstreckung zu wählen. Der Grundpfandgläubiger könnte deshalb weder nur auf die Zwangsversteigerung noch auf die Zwangshypothek verwiesen werden. Folglich besteht die Möglich-

---

388 LG Hof, NJW 1954, S. 1247; LG Oldenburg, NJW 1955, S. 1546 (unveröffentlicht); LG Frankfurt, NJW 1959, S. 772; Hoche, NJW 1955, S. 942; Busse, NJW 1955, S. 1546.

389 BGHZ 33, S. 76 (88 ff.).

390 KG DNotZ 1984, S.384; BayObLG DNotZ 1961, S.266 (270); OLG Hamm, DNotZ 1987, S.40 (41); Ingenstau/Hustedt, § 8 ErbbauV Rn. 15 ff.; MüKo-von Oefele, § 8 ErbbauV Rn. 10; RGRK-Räfle, § 8 ErbbauV Rn. 6; Staudinger-Ring, § 8 ErbbauV Rn. 10; Pöschl, BB 1961, S.581 f. Soweit Staudinger-Ring in der 13. Bearbeitung (§ 8 ErbbauV Rn. 11) noch auf eine Gegenansicht hinweist, ist folgendes zu beachten: Hoche gehört zu den Vertretern der früher herrschenden Meinung (NJW 1955, S. 942). Lutter hat die Frage ausdrücklich offen gelassen (DNotZ 1960, S. 235 (235 und 238 f.)).

391 BGH NJW 1987, S. 1942 (1943 Anm. 2); BayObLG DNotZ 1961, S. 266 (270); KG DNotZ 1984, S. 384 (387); Ingenstau/Hustedt, § 8 ErbbauV Rn. 17; MüKo-von Oefele, § 8 ErbbauV Rn. 10; RGRK-Räfle, § 8 ErbbauV Rn. 6; Staudinger-Ring, § 8 ErbbauV Rn. 10; Pöschl, BB 1961, S. 581.

392 Staudinger-Ring, § 8 ErbbauV Rn. 10.

393 BGH NJW 1987, S. 1942 (1943 Anm. 2); MüKo-von Oefele, § 8 ErbbauV Rn. 10.

394 Ingenstau/Hustedt, § 8 ErbbauV Rn. 17.

keit, aber keine zwingende Notwendigkeit, daß das Erbbaurecht später versteigert wird und dadurch ein Erbbaurecht ohne Erbbauzins entsteht. Der Grundstückseigentümer muß sich also nur die Kenntnis dieser Rechtslage bei der Erteilung der Zustimmung zur Belastung zurechnen lassen. Ob sich diese Zustimmung auf eine von mehreren, in diesem Zeitpunkt noch abstrakten Vollstreckungsmöglichkeiten bezieht, ist eine Frage der Reichweite. §§ 1114, 1147 BGB kann hierzu nichts entnommen werden. Das Argument des gesetzlichen Inhalts des Grundpfandrechts spricht daher weder überzeugend für die früher herrschende noch für die heute vertretene Ansicht.

Etwas anderes gilt möglicherweise bezüglich der Begründung, daß § 5 Abs. 1 ErbbauV und § 5 Abs. 2 ErbbauV jeweils einen anderen Schutzzweck verfolgen. § 5 Abs. 1 ErbbauV wird ausdrücklich in § 7 Abs. 1 S. 1 ErbbauV erwähnt, § 5 Abs. 2 ErbbauV nicht. Der Gesetzgeber unterscheidet demnach zwischen diesen beiden Arten von Zustimmungen. Für den Grundstückseigentümer kommt es außerdem im Fall der Zwangsversteigerung darauf an, ob der Meistbietende die Pflichten aus dem Erbbaurechtsvertrag, die auf ihn übergehen, erfüllen kann. Dem Gesetzgeber war dieses Interesse des Grundstückseigentümers so wichtig, daß er den Schutz dieses Interesses in § 7 Abs. 1 S. 1, 2. Alt. ErbbauV ausdrücklich geregelt hat. Wenn aber bereits in der Zustimmung zur Belastung konkludent die allgemeine Zustimmung zur Zwangsversteigerung gem. § 5 Abs. 1 ErbbauV läge, würde der Grundstückseigentümer in dem Fall, daß der Meistbietende nicht die Gewähr für die ordnungsgemäße Erfüllung bietet, nicht durch § 7 Abs. 1 S. 1, 2. Alt. ErbbauV geschützt. Die Vorschrift liefe leer. Dieses Ergebnis spricht gegen die früher herrschende Meinung. Es trifft ferner zu, daß der Grundpfandgläubiger die Einschränkungen, die § 8 ErbbauV vorsieht, gegen sich gelten lassen muß. Somit ist der heute vertretenen Ansicht zu folgen.

In allen Fällen, in denen der Wegfall des Erbbauzinsanspruchs droht, wäre aufgrund der Verweigerung der Einwilligung i.S.d. § 5 Abs. 1 ErbbauV nach § 8 ErbbauV[395] der Zuschlag zu versagen, es sei denn, die Zustimmung wird gem. § 7 Abs. 3 ErbbauV gerichtlich ersetzt. Das ist im folgenden zu prüfen.

---

395 Betreibt der Grundstückseigentümer die Zwangsversteigerung aus der Erbbauzinsreallast, ist streitig, ob § 8 ErbbauV gilt. Nach einer Ansicht (BayObLG DNotZ 1961, S. 266 (271 ff.); MüKo-von Oefele, § 8 ErbbauV Rn. 9; Soergel-Stürner, § 8 ErbbauV Rn. 4) findet die Norm Anwendung, so daß der Grundstückseigentümer dem Zuschlag zustimmen muß, es sei denn, die Erklärung wird gerichtlich gem. § 7 Abs. 3 ErbbauV ersetzt. Nach entgegengesetzter Auffassung (Ingenstau/Hustedt, § 8 ErbbauV Rn. 2; Staudinger-Ring, § 8 ErbbauV Rn. 3) gilt § 8 ErbbauV in diesem Fall nicht. Der Grundstückseigentümer könne sich nur auf § 7 Abs. 1 ErbbauV berufen. Eine Begründung dafür, daß § 8 ErbbauV nicht gilt, wird nicht geliefert. Im Ergebnis führen beide Meinungen dazu, daß es darauf ankommt, ob die Zustimmung gerichtlich nach § 7 Abs. 3 ErbbauV ersetzt werden kann.

b) *Die gerichtliche Ersetzung gem. § 7 Abs. 3 ErbbauV*

Eine gerichtliche Ersetzung der Zustimmung des Grundstückseigentümers nach § 7 Abs. 3 ErbbauV kommt nur in Betracht, wenn die Vorschrift im Zwangsversteigerungsverfahren Anwendung findet. Daran könnten Bedenken bestehen, weil sie in § 8 ErbbauV, der die Zwangsvollstreckung in das Erbbaurecht regelt, nicht ausdrücklich erwähnt wird. § 7 ErbbauV ist aber systematisch als Ergänzung zu §§ 8, 5 ErbbauV zu verstehen[396]. Die Vorschrift gilt somit im Verfahren der Zwangsversteigerung des Erbbaurechts[397]; sie ist zwingend[398].

Nach § 7 Abs. 1 ErbbauV hat der Erbbauberechtigte gegen den Grundstückseigentümer unter bestimmten Voraussetzungen einen Anspruch auf Zustimmung zur Zwangsversteigerung. Verweigert der Grundstückseigentümer die Zustimmung ausdrücklich oder konkludent, kann sie auf Antrag nach § 7 Abs. 3 ErbbauV gerichtlich ersetzt werden, es sei denn, es besteht ein ausreichender Grund für die Verweigerung. Antragsberechtigt im Ersetzungsverfahren ist beispielsweise der betreibende Gläubiger[399]. Ein ausreichender Grund liegt vor, wenn der mit der Bestellung des Erbbaurechts verfolgte Zweck wesentlich beeinträchtigt oder gefährdet wird (§ 7 Abs. 1 S. 1, 1. Alt. ErbbauV) oder die Persönlichkeit des Erwerbers nicht die schon erwähnte[400] Gewähr für eine ordnungsgemäße Erfüllung der sich aus dem Erbbaurechtsinhalt ergebenden Verpflichtungen bietet (§ 7 Abs. 1 S. 1, 2. Alt. ErbbauV). Ob der drohende Ausfall der Erbbauzinsreallast oder der fehlende Eintritt des Meistbietenden in die schuldrechtliche Zahlungsverpflichtung einen ausreichenden Grund in diesem Sinn darstellt, wird in der Rechtsprechung und in der Literatur kontrovers diskutiert[401]. Hauptsächlich ist die Auslegung des Tatbestandsmerkmals „Zweck" i.S.d. § 7 Abs. 1 S. 1, 1. Alt. ErbbauV streitig.

---

396 BGHZ 33, S. 76; BGH NJW 1987, S. 1942 (1943); BayObLG DNotZ 1961, S. 266 (269); OLG Köln, Rpfleger 1969, S. 300; OLG Hamm, DNotZ 1987, S. 40 (41); KG DNotZ 1984, S. 384; Handschumacher, S. 126; Ingenstau/Hustedt, § 8 ErbbauV Rn. 27; MüKo-von Oefele, § 8 ErbbauV Rn. 15; Palandt-Bassenge, § 8 ErbbauV Rn. 1, 4; RGRK-Räfle, § 7 ErbbauV Rn. 11.

397 BGHZ 33, S. 76; BGH NJW 1987, S. 1942 (1943); BayObLG DNotZ 1961, S. 266 (269); OLG Köln, Rpfleger 1969, S. 300; OLG Hamm, DNotZ 1987, S. 40 (41); KG DNotZ 1984, S. 384; Handschumacher, S. 126; Ingenstau/Hustedt, § 8 ErbbauV Rn. 27; MüKo-von Oefele, § 8 ErbbauV Rn. 15; Palandt-Bassenge, § 8 ErbbauV Rn. 1, 4; RGRK-Räfle, § 8 ErbbauV Rn. 11.

398 Allg. Ansicht, z.B.: BGH WM 1969, S. 1023 (1024); Ingenstau/Hustedt, § 7 ErbbauV Rn. 2; Chr. Mohrbutter, S. 57; RGRK-Räfle, § 7 ErbbauV Rn. 2; Staudinger-Ring, §§ 5-7 ErbbauV Rn. 33.

399 BGHZ 33, S. 76 ff.; BGH NJW 1987, S. 1942 (1943); OLG Köln, OLGZ 1969, S. 228 (229); OLG Hamm, Rpfleger 1985, S. 233 (234); OLG Hamm, DNotZ 1987, S. 40 (41); Ingenstau/Hustedt, § 8 ErbbauV Rn. 27; MüKo-von Oefele, § 8 ErbbauV Rn. 15 und § 7 ErbbauV Rn. 7; Soergel-Stürner, § 8 ErbbauV Rn. 6.

400 S. oben III. 3. a), S. 83.

401 Z.B.: Geissel, S. 117; Handschumacher, S. 136; von Oefele/Winkler, Rn. 6.268, 6.269, 4.277 und 6.266.

aa) Der Meinungsstand

aaa) Die herkömmlichen Erscheinungsformen des Erbbauzinsanspruchs

(1) Die ablehnende Auffassung[402]

Nach einer vom Kammergericht[403] und Stimmen in der Literatur[404] vertretenen Ansicht berechtigt die drohende Entstehung eines Erbbaurechts ohne Erbbauzins den Grundstückseigentümer nicht, die Zustimmung zur Zwangsversteigerung zu verweigern. Sie könne gerichtlich ersetzt werden. Als Begründung werden verschiedene Argumente angeführt. Der Begriff „Zweck" im Sinne der Vorschrift sei eng auszulegen[405]. Er beziehe sich nur auf den vertraglichen Inhalt des Erbbaurechts. Der Erbbauzinsanspruch gehöre nicht zum Inhalt des Erbbaurechts und die Erbbauzinsreallast sei eine Belastung desselben[406]. Außerdem sei bei dem mit der Bestellung verfolgten Zweck lediglich an die Nutzung des Erbbaugrundstücks und des Erbbaubauwerks anzuknüpfen, nicht an die Gegenleistung hierfür[407]. Eine Ausweitung des Zustimmungsvorbehalts zugunsten des Grundstückseigentümers nach § 242 BGB scheide aus[408].

Nach dieser Meinung könnte die Zustimmung des Grundstückseigentümers in allen vorliegend relevanten Fällen[409] grundsätzlich[410] nach § 7 Abs. 3 ErbbauV gerichtlich ersetzt werden. Der Zuschlag dürfte nicht gem. §§ 83 Nr. 5 ZVG, 33 ZVG versagt[411] werden. Das Erbbaurecht ginge ohne die Verpflichtungen zur Zahlung des Erbbauzinses auf den Meistbietenden über. Eine Vereinbarung nach § 5 Abs. 1 ErbbauV würde die Entstehung eines Erbbaurechts ohne Erbbauzins nicht verhindern.

402 Unter „Ablehnung" ist zu verstehen, daß die zuvor aufgeworfene Frage, ob die Entstehung eines Erbbaurechts ohne Erbbauzins einen ausreichenden Grund i.S.d. § 7 Abs. 3 ErbbauV darstellt, von den Vertretern dieser Ansicht verneint wird.

403 KG DNotZ 1984, S. 384.

404 Erman-Hagen, § 8 ErbbauV Rn. 1; Hagemann, Rpfleger 1985, S. 203 f.; Ingenstau/Hustedt, § 7 ErbbauV Rn. 13; Muth, JurBüro 1985, S. 802 (811 f.); RGRK-Räfle, § 7 ErbbauV Rn. 7; Soergel-Stürner, § 8 ErbbauV Rn. 6 und § 7 ErbbauV Rn. 3.

405 KG DNotZ 1984, S. 384 (386); Muth, JurBüro 1985, S. 801 (812).

406 Zum Streit über die Konzeption des Erbbauzinsanspruchs bei der Kodifizierung der Erbbaurechtsverordnung s. oben II. 1. b) aa), S. 24 ff.

407 RGRK-Räfle, § 7 ErbbauV Rn. 5.

408 KG DNotZ 1984, S. 384 (386).

409 S. oben II. 2., S. 49 ff.

410 Eine Besonderheit besteht möglicherweise, wenn der Grundstückseigentümer selbst betreibender Gläubiger ist (s. oben III. 3. b) aa) aaa) (3), S. 90).

411 S. oben III. 3. unten vor a), S. 83.

(2) Die zustimmende Ansicht

(a) Die Zuschlagsversagung oder die Übernahme der schuldrechtlichen Erbbauzinsverpflichtung

Dagegen bejahen die Vertreter der zustimmenden Auffassung unter bestimmten Voraussetzungen das Vorliegen eines ausreichenden Grundes. Nach dieser von einigen Oberlandesgerichten[412] und der Literatur[413] vertretenen Meinung kann der Grundstückseigentümer seine Zustimmung zu Recht verweigern, wenn die Erbbauzinsreallast auszufallen droht und der Meistbietende nicht in die schuldrechtliche Erbbauzinsverpflichtung eintreten will[414] oder die schuldrechtliche Erbbauzinsverpflichtung, die der Meistbietende nicht übernehmen will, im Begriff ist, von dem Erbbaurecht getrennt zu werden. Ein ausreichender Grund in diesem Sinne liege sogar in dem Fall vor, daß der Grundstückseigentümer mit der Erbbauzinsreallast hinter das Grundpfandrecht, aus dem vollstreckt werde, zurückgetreten sei[415]. Darin sei kein widersprüchliches Verhalten i.S.d. § 242 BGB zu sehen. Der Grundstückseigentümer müsse aufgrund seines Rangrücktritts mit der vorrangigen Befriedigung des Grundpfandgläubigers, nicht aber damit rechnen, daß er für die Restlaufzeit des Erbbaurechts überhaupt keinen Erbbauzins mehr erhalte. Der Ersteher werde durch die schuldrechtliche Verpflichtung, den Erbbauzins fortzuzahlen, auch nicht unbillig benachteiligt, da er nicht verlange könne, besser als ein rechtsgeschäftlicher Erwerber gestellt zu werden[416]. Der Erbbauzins gehöre zwar nicht zum gesetzlichen Inhalt des Erbbaurechts[417], nach dem Normzweck müsse der Erwerber aber in der Lage sein, den Erbbauzins zu zahlen[418].

412 OLG Hamm, DNotZ 1976, S. 534; OLG Frankfurt, Rpfleger 1979, S. 24 (25); OLG Celle, Rpfleger 1983, S. 270; OLG Oldenburg, Rpfleger 1985, S. 203; OLG Hamm, DNotZ 1987, S. 40 (43) (aufgehoben vom BGH in NJW 1987, S. 1942 ff.); wohl auch: BayObLG in BayObLGZ 1997, S. 37 (40).

413 Bertolini, MittBayNot 1983, S. 112; Groth, DNotZ 1983, S. 652 (655); Ingenstau, § 7 ErbbauV (noch in der 7. Aufl. 1994) Rn. 9, 12 und 13 (Anm. B II 2 h); a.A. Ingenstau/Hustedt (in der 8. Aufl. 2001) Rn. 13; MüKo-von Oefele, § 7 ErbbauV Rn. 10; von Oefele/Winkler, Rn. 6.268; Ruland, NJW 1983, S. 96 (97); von Oefele/Winkler, Rn. 6.265 und Rn. 4.277 f.; Pöschl, BWNotZ 22/23 (1956/57), S. 41 (43); Winkler, NJW 1985, S. 940 (944); offengelassen von Erman-Hagen, § 7 ErbbauV Rn. 1.

414 Das OLG Hamm hat in der Entscheidung vom 13.3.1986 aber ausdrücklich offengelassen, ob das auch dann gilt, wenn nur das Erlöschen der Erbbauzinsreallast in Rede steht (OLG Hamm, DNotZ 1987, S. 40 (43)).

415 OLG Hamm, DNotZ 1987, S. 40 (43), vom BGH aufgehoben (NJW 1987, S. 1942 ff.); von Oefele/Winkler, Rn. 6.266, 6.268, 6.269 und 4.277.

416 OLG Hamm, DNotZ 1987, S. 40 (43), vom BGH aufgehoben (NJW 1987, S. 1942 ff.).

417 Die Vertreter der zustimmenden Ansicht gehen also insoweit wie die Vertreter der Gegenansicht von einem engen Zweckbegriff aus.

418 OLG Celle, DNotZ 1984, S. 387 (388 f.).

Wäre dieser Meinung zu folgen, könnte der Grundstückseigentümer gem. §§ 8, 5, 7 ErbbauV die Zwangsversteigerung verhindern[419], es sei denn, der Meistbietende übernähme die Verpflichtung zur Zahlung des schuldrechtlichen Erbbauzinses. Dann bestünde kein ausreichender Grund mehr zur Verweigerung der Zustimmung, so daß diese auf Antrag ersetzt würde. Die Erbbauzinsreallast fiele weg. Letztlich ginge das Erbbaurecht also nicht oder nur gegen Übernahme der schuldrechtlichen Zahlungspflicht auf den Meistbietenden über.

(b) Die Zuschlagsversagung oder die Übernahme der Erbbauzinsreallast bei der Zwangsversteigerung aus einem kraft Gesetzes vorrangigen Recht

Innerhalb der zustimmenden Ansicht läßt sich noch eine andere Meinung[420] unterscheiden. Danach gehört der dinglich gesicherte Erbbauzins zum Zweck im Sinne der Vorschrift. Wenn der Grundstückseigentümer die Nachrangigkeit des Erbbauzinsanspruchs nicht selbst herbeigeführt habe, könne er die Zustimmung wegen des drohenden Ausfalls zu Recht verweigern[421].

Welche Konsequenzen hätte nun diese Auffassung? Zunächst würde der Grundstückseigentümer nicht bei einer Zwangsversteigerung aus einem vorrangigen Grundpfandrecht geschützt. Da zudem die Erzielung schuldrechtlicher Erbbauzinsen nicht erwähnt wird, muß davon ausgegangen werden, daß sie nach dieser Meinung kein Zweck im Sinne der Norm ist. Wäre untypischerweise nur die Zahlung von schuldrechtlichen Erbbauzinsen vereinbart, könnte der Grundstückseigentümer die Verweigerung nicht mit Erfolg auf §§ 8, 5, 7 ErbbauV stützen. Anders läge der Fall, wenn eine Erbbauzinsreallast auszufallen droht, weil die Zwangsversteigerung gem. § 10 Abs. 1 Nr. 1-3 ZVG oder aus der Erbbauzinsreallast[422] betrieben würde. Der Grundstückseigentümer hätte unter der Voraussetzung, daß eine Vereinbarung nach § 5 Abs. 1 ErbbauV getroffen wurde, grundsätzlich die Möglichkeit, durch die Verweigerung der Zustimmung zum Zuschlag den Ausfall des dinglichen Erbbauzinsanspruchs zu verhindern. Übernähme der Meistbietende ausnahmsweise (nur) die Erbbauzinsreallast, bestünde keine ausreichender Grund mehr. Das Erbbaurecht würde übergehen, wobei der Ersteher lediglich verpflichtet ist, den dinglichen Erbbauzins zu zahlen.

---

419 S. oben III. 3. vor a), S. 83.

420 Soergel-Stürner, § 7 ErbbauV Rn. 3.

421 Soergel-Stürner, § 7 ErbbauV Rn. 3.

422 Zu dieser Fallkonstellation werden noch andere Ansichten vertreten (s. oben III. 3. b) aa) aaa) (4), S. 90 f.).

(3) Der Sonderfall der Zwangsvollstreckung durch den Grundstückseigentümer aus der Erbbauzinsreallast

Für den Sonderfall, daß der Grundstückseigentümer selbst in das Erbbaurecht vollstreckt[423], werden noch andere Standpunkte vertreten[424]:

Nach einer Anfang der dreißiger Jahre von Hagemann vertretenen Auffassung[425] liegt in dem Vollstreckungsantrag des Grundstückseigentümers dessen konkludente Zustimmung zur Zwangsversteigerung. Danach käme es, wenn der Grundstückseigentümer selbst die Versteigerung des Erbbaurechts betreibt, nicht auf die (erneute) Erteilung der Zustimmung an. Die Verweigerung könnte den Ausfall nicht verhindern. Diese Ansicht führt also in dem vorliegenden Sonderfall zum gleichen Ergebnis wie die ablehnende Meinung[426].

Das Bayrische Oberlandesgericht[427] und Vertreter der Literatur[428] teilen diese Meinung nicht. Der zufällige Umstand, wer betreibender Gläubiger sei, könne keinen rechtlichen Unterschied im Hinblick auf die Erforderlichkeit der Zustimmung machen. Nach dieser Ansicht ist es maßgeblich, ob der Grundstückseigentümer zu Recht nicht einwilligt.

(4) Die neueste Entscheidung des Bundesgerichtshofs

Der Bundesgerichtshof hatte in der soweit ersichtlich neuesten Entscheidung zu diesem Streit vom 26. Februar 1987[429] über einen Fall zu befinden, in dem der Grundstückseigentümer mit seiner Erbbauzinsreallast hinter das betreibende Recht zurückgetreten war. Der Senat führte aus, daß, wenn das Erbbaurecht nicht unentgeltlich bestellt worden sei, die Erzielung von Renditen ein vom Grundstückseigentümer mit der Bestellung des Erbbaurechts – jedenfalls auch – verfolgter Zweck sei[430], der einen Zweck i.S.d. § 7 Abs. 1 S. 1, 1. Alt. ErbbauV darstelle. Die gegenteilige Auffassung des Kammergerichts[431] sei zu restriktiv, da sie sich weder aus dem Gesetzeswortlaut noch aus den Motiven ergebe. Der Senat vertritt demzufolge

423 Vorliegend sind nur die Fälle relevant, in denen die Zwangsvollstreckung des Grundstückseigentümers zur Entstehung eines erbbauzinslosen Erbbaurechts führt, d.h., wenn der Grundstückseigentümer aus der Erbbauzinsreallast vollstreckt (s. oben II. 2. a) aa) bbb), S. 50, und II. 2. a) bb) bbb), S. 52).

424 BayObLG DNotZ 1961, S. 266 (272).

425 Hagemann, Gruchot 65, S. 31 (47).

426 S. oben III. 3. b) aa) aaa) (1), S. 87.

427 BayObLG DNotZ 1961, S. 266 (272).

428 Von Oefele/Winkler, Rn. 4.279; RGRK-Räfle, § 8 ErbbauV Rn. 7; Soergel-Stürner, § 8 ErbbauV Rn. 3; Staudinger-Ring, § 8 ErbbauV Rn. 3.

429 BGH NJW 1987, S. 1942 ff.

430 BGH NJW 1987, S. 1942 (1943 Anm. 2).

431 KG DNotZ 1984, S. 384 ff.; oben III. 3. b) aa) aaa) (1), S. 87.

einen weiten Zweckbegriff. Der Zweck der Erzielung einer Rendite war nach der Ansicht des Bundesgerichtshofs in dem Fall aber ausnahmsweise nicht zu berücksichtigen. Durch den Rangrücktritt habe der Grundstückseigentümer hier selbst den von ihm bei der Ausgabe des Erbbaurechts verfolgten Zweck eingeschränkt. Er müsse damit rechnen, daß bei einer Zwangsversteigerung aus einem vorrangigen Recht die Erbbauzinsreallast erlösche[432]. Somit sei die Verweigerung der Zustimmung zur Zwangsversteigerung im Hinblick auf den erfolgten Rangrücktritt treuwidrig und gem. § 242 BGB unzulässig. Die Zustimmung könne gerichtlich ersetzt werden[433]. Im Ergebnis sei daher aufgrund der besonderen Umstände dem Kammergericht[434] zu folgen.

Der Bundesgerichtshof lehnte in dem konkreten Fall ebenfalls ab, das Vorliegen eines ausreichenden Grundes zu bejahen, weil der Meistbietende die Pflicht zur Zahlung des schuldrechtlichen Erbbauzinses nicht übernehmen wollte[435]. Es sei mit dem Sinn der Zustimmung des Grundstückseigentümers zur Belastung des Erbbaurechts mit einer Grundschuld nicht vereinbar, die Befriedigung des Gläubigers in der Zwangsversteigerung davon abhängig zu machen, daß der Meistbietende diese Pflicht übernehme[436]. Das sehe das Gesetz nicht vor. Es führe auch zu keinem anderen Ergebnis, daß der schuldrechtliche Erbbauzinsanspruch gegen den bisherigen Erbbauberechtigten wertlos sei und eine fehlende Deckung für einen Wertersatz bestehe. Diese Risiken sei der Grundstückseigentümer mit dem Rangrücktritt eingegangen[437].

Das Hanseatische Oberlandesgericht Hamburg hat sich diesem grundsätzlichen Verständnis des Begriffs „Zweck“ angeschlossen[438].

(a) Die Folgen bei einer Zwangsvollstreckung durch einen vorrangigen Grundpfandgläubiger

Nach dieser Auffassung könnte bei einer Zwangsvollstreckung durch jeden vorrangigen Grundpfandgläubiger[439] die Zustimmung gerichtlich ersetzt werden. Die beiden herkömmlichen Erscheinungsformen würden durch die Verweigerung der Zustimmung zum Zuschlag nicht gerettet.

---

432 BGH NJW 1987, S. 1942 (1943).

433 BGH NJW 1987, S. 1942 (1943).

434 KG DNotZ 1984, S. 384 ff.; oben III. 3. b) aa) aaa) (1), S. 87.

435 BGH NJW 1987, S. 1942.

436 BGH NJW 1987, S. 1942 (1944 Anm. 3).

437 BGH NJW 1987, S. 1942 (1944 Anm. 3).

438 Es ging in diesem Fall nicht um die Ersetzung der Zustimmung des Grundstückseigentümers zur Zwangsversteigerung (HansOLG Hamburg OLGZ 1988, S. 385).

439 S. oben II. 2. a) bb) aaa), S. 52.

(b) Die Folgen für die sonstigen Fälle

Fraglich ist, ob die Ausführungen des Bundesgerichtshofs auf diejenigen Fälle übertragen werden können, in denen ein Gläubiger der Rangklassen gem. § 10 Abs. 1 Nr. 1-3 ZVG[440] oder der Grundstückseigentümer aus der Erbbauzinsreallast[441] die Zwangsversteigerung betreiben.

Zunächst kommen die Überlegungen des Senats zu dem Sonderfall des Rangrücktritts[442] in Betracht. Die Situationen sind insofern vergleichbar, als der Grundstückseigentümer bei der Zwangsvollstreckung durch jedes vorrangige Recht mit dem Ausfall der Erbbauzinsreallast rechnen muß[443]. Der Vorrang bei einer Zwangsvollstreckung aus einem Recht gem. § 10 Abs. 1 Nr. 1-3 ZVG und aus der Erbbauzinsreallast besteht aber kraft Gesetzes. Der Grundstückseigentümer hat den Vorrang also nicht durch einen Rangrücktritt selbst herbeigeführt. Mithin schränkt er die Erzielung von Renditen nicht selbst durch eine früher erteilte Zustimmung zur Rangänderung ein. Es besteht demnach ein maßgeblicher Unterschied zwischen der Zwangsvollstreckung aus einem vorrangigen Grundpfandrecht und der Zwangsversteigerung aus einem kraft Gesetzes vorrangigen Recht. Die Ausführungen des Senats zu dem Sonderfall können deshalb nicht ohne weiteres auf die Fälle übertragen werden, in denen aus einem kraft Gesetzes vorrangigen Recht vollstreckt wird.

Denkbar wäre, daß bei einer Berücksichtigung der grundsätzlichen Erwägungen des Bundesgerichtshofs[444] etwas anderes gilt. Wenn – wovon der Bundesgerichtshof ausgeht – die Erzielung von Erbbauzinsen grundsätzlich ein Zweck im Sinne der Vorschrift ist, und der Grundstückseigentümer nicht ausnahmsweise hinter das betreibende Recht zurückgetreten ist, müßte der Grundstückseigentümer folgerichtig in allen anderen Fällen, in der Erbbauzinsanspruch wegzufallen droht, die Zustimmung zur Zwangsversteigerung zu Recht verweigern können. Daher müßte der Bundesgerichtshof z.B. in dem Fall, daß ein Gläubiger aus § 10 Abs. 1 Nr. 3 ZVG in das Erbbaurecht vollstreckt, zu dem Ergebnis kommen, der Grundstückseigentümer könne seine Zustimmung von der Übernahme der Erbbauzinsreallast durch den Meistbietenden abhängig machen. Das hätte aber zur Folge, daß z.B. Ansprüche auf Entrichtung der öffentlichen Lasten des Grundstücks i.S.d. § 10 Abs. 1 Nr. 3 ZVG möglicherweise nicht realisiert werden können. Der Senat

---

440 S. oben II. 2. a) aa) aaa), S. 52, und II. 2. a) bb) aaa), S. 52.

441 S. oben II. 2. a) aa) bbb), S. 52, und II. 2. a) bb) bbb), S. 52.

442 S. oben III. 3. b) aa) aaa) (4), S. 90 f., mit Verweis auf BGH NJW 1987, S. 1942 (1943).

443 S. oben II. 2. a) cc), S. 52.

444 S. oben III 3 b) aa) aaa) (4) (a), S. 91, mit Verweis auf BGH NJW 1987, S. 1942 (1943 Anm. 2).

hat diese Schlüsse aus seinen Leitgedanken nicht gezogen. Die Konsequenzen wurden nicht thematisiert[445].

(5) Die differenzierende Ansicht in der Literatur

In der Literatur hat sich im Anschluß an das vorgenannte Urteil eine neue, differenzierende Auffassung herausgebildet[446], die in der Begründung den Leitgedanken des Bundesgerichtshofs und im Ergebnis der zustimmenden Ansicht folgt. Danach steht dem Grundstückseigentümer in den Fällen, in denen er dem betreibenden Recht den Vorrang eingeräumt hat, zwar nicht im Hinblick auf die Erbbauzinsreallast, wohl aber in bezug auf die Übernahme der schuldrechtlichen Erbbauzinsverpflichtung ein ausreichender Grund zur Seite, die Zustimmung zu verweigern. Außer den schon vom Bundesgerichtshof herangezogenen Kriterien spreche ein weiteres Argument für die extensive Auslegung des Begriffs „Zweck" i.S.d. § 7 Abs. 1 S. 1, 1. Alt. ErbbauV[447]. Nach dem ausdrücklichen und eindeutigen Wortlaut der Vorschrift bezögen sich nur die Verpflichtungen, für die die Persönlichkeit des Erwerbers Gewähr bieten müsse, auf den dinglichen Inhalt des Erbbaurechts[448]. Die Entstehungsgeschichte des § 9 Abs. 1 ErbbauV a.F. verleihe diesem Argument ein besonderes Gewicht. Der Erbbauzins sei seinerzeit lediglich aus Gründen der besseren Beleihbarkeit als Belastung und nicht als Inhalt des Erbbaurechts konzipiert worden, was vielfach verlangt worden sei[449]. Nach alldem sei dem Bundesgerichtshof insoweit zu folgen, als die Erzielung von Erbbauzinsen ein Zweck im Sinne der Vorschrift sei[450].

Wenn der Bundesgerichtshof daraus folgere, daß der zurückgetretene Grundstückseigentümer auch im Hinblick auf den Nichteintritt in die schuldrechtlichen Verpflichtungen die Zustimmung nicht mit ausreichendem Grund verweigern könne, da dann die Zustimmungsverweigerung an Bedingungen geknüpft werden, die das Gesetz nicht aufstelle, sei das widersprüchlich[451]. Das Gesetz enthalte durch den weit auszulegenden Begriff „Zweck" die Voraussetzung, unter der die Zustimmung verweigert werden könne. Die Verweigerung im Hinblick auf den schuldrechtlichen Erbbauzinsanspruch sei entgegen der Ansicht des Bundesgerichtshofs nicht treuwidrig[452]. Es komme allenfalls die Schaffung eines Vertrauenstatbestandes ge-

---

445 BGH NJW 1987, S. 1942 f.

446 Geissel, S. 119 f.; Handschumacher, S. 150; Chr. Mohrbutter, S. 169 ff.

447 Handschumacher, S. 150.

448 Handschumacher, S. 151.

449 Handschumacher, S. 151.

450 Geissel, S. 119 f.; Handschumacher, S. 150; Chr. Mohrbutter, S. 169 ff.

451 Handschumacher, S. 155.

452 Handschumacher, S. 155 ff.

genüber dem Vollstreckungsgläubiger, d.h. dem Gläubiger in Betracht, hinter den der Grundstückseigentümer seinerzeit zurückgetreten sei[453]. Diese Überlegung greife jedoch nicht durch, da sie systemwidrig sei. Sie würde dazu führen, daß ein Grundstückseigentümer, der mit einer Erhöhungsvormerkung zurückgetreten sei, gegenüber dem Grundstückseigentümer, der auf eine solche Sicherung durch die Vormerkung verzichtet habe, benachteiligt würde[454]. Denn der zweitgenannte könne sich in der Zwangsversteigerung des Erbbaurechts auf die Zweckvereitelung i.S.d. § 7 Abs. 1 S. 1 ErbbauV berufen, da mangels Rücktritts[455] der Vorwurf des venire contra factum proprium nicht in Betracht komme. Dagegen müsse sich der andere Grundstückseigentümer, obwohl sein Anspruch besser gesichert sei, aufgrund seines früheren Rangrücktritts treuwidriges Verhalten vorwerfen lassen[456]. Schließlich gebiete § 8 ErbbauV die Gleichbehandlung des Übergangs des Erbbaurechts in der Zwangsversteigerung und bei einer rechtsgeschäftlichen Veräußerung. Bei letzterer könne der Grundstückseigentümer aber, wenn der Erwerber die bislang bestehende schuldrechtliche Verpflichtung nicht übernehmen will, die Zustimmung zur Veräußerung nach überwiegender Ansicht mit Grund verweigern[457]. Folglich müsse das auch bei der Zwangsversteigerung gelten. Aus diesen Gründen müsse grundsätzlich zwischen dem schuldrechtlichen und dem dinglichen Erbbauzinsanspruch unterschieden werden. Die Abspaltung des ersten könne der Grundstückseigentümer durch die Verweigerung der Zustimmung verhindern, den Verlust des zweiten nicht[458].

Nach dieser Auffassung könnte der Grundstückseigentümer im Fall des Rangrücktritts durch eine Verweigerung der Zustimmung die Erbbauzinsreallast letztlich nicht schützen, wohl aber den schuldrechtlichen Erbbauzinsanspruch.

Schließlich fragt sich, zu welchem Ergebnis die Vertreter dieser Ansicht bei einer Zwangsvollstreckung aus einem Recht i.S.d. § 10 Abs. 1 Nr. 1-3 ZVG oder aus der Erbbauzinsreallast kommen. Darauf wird nur vereinzelt eingegangen[459]. Folgerichtig müßte ein Schutz beider Erscheinungsformen bejaht werden, da in diesen Fällen ein Rangrücktritt keine Rolle spielt und der mit der Erbbaurechtsbestellung verfolgte Zweck der Gewinnerzielung vereitelt würde. Eine Stimme innerhalb der differenzierenden Ansicht der Literatur vertritt jedoch eine andere

453 Handschumacher, S. 158 und 160.

454 Chr. Mohrbutter, S. 173.

455 Wenn ein schuldrechtlicher Erbbauzins ohne dingliche Sicherung ausbedungen ist, stellt sich die Frage eines Rangrücktritts bei einer Belastung des Erbbaurecht nicht.

456 Handschumacher, S. 160 f.

457 Chr. Mohrbutter, S. 173 f.

458 Handschumacher, S. 165; Chr. Mohrbutter, S. 175.

459 Chr. Mohrbutter, S. 172.

Ansicht[460]. Danach existieren der Anspruch auf Befriedigung aus den Rangklassen gem. § 10 Abs. 1 Nr. 1-3 ZVG und die Reihenfolge der in dieser Norm berücksichtigten Rechte unabhängig von dem Recht auf Zustimmungsverweigerung aus §§ 8, 5, 7 ErbbauV[461]. Daraus ergebe sich, daß der Grundstückseigentümer in diesen Fällen die Verweigerung nicht mit ausreichendem Grund auf den Ausfall des Erbbauzinsanspruchs stützen könne[462]. Mithin würde ein Erbbaurecht ohne Erbbauzins entstehen.

Die differenzierende Ansicht kann wie folgt zusammengefaßt werden: Der Begriff „Zweck" ist im Anschluß an den Bundesgerichtshof weit auszulegen, d.h., er erfaßt die Erzielung von Erbbauzinsen. Der Grundstückseigentümer kann daher grundsätzlich den Ausfall der Erbbauzinsen durch die Zustimmungsverweigerung verhindern. Eine Ausnahme besteht, wenn ein Gläubiger aus einem vorrangigen Grundpfandrecht vollstreckt. In diesem Fall gibt nur der fehlende Übergang der schuldrechtlichen Verpflichtung einen Grund zur Zustimmungsverweigerung, nicht der Wegfall der herkömmlichen Erbbauzinsreallast, weil sich der Grundstückseigentümer insoweit treuwidrig verhält. Ein Vertreter der differenzierenden Ansicht macht darüber hinaus eine weitere Ausnahme bei einer Zwangsversteigerung aus einem Recht der Rangklassen des § 10 Abs. 1 Nr. 1-3 ZVG; unter dieser Voraussetzung soll kein Verweigerungsrecht bestehen. Dagegen müßten die anderen Vertreter bei dieser Fallkonstellation eine Schutzmöglichkeit bejahen.

bbb) Die neue Erbbauzinsreallast

Soweit ersichtlich, ist bislang keine Entscheidung über einen Fall veröffentlicht worden, in dem aufgrund der Zwangsvollstreckung aus einem Recht der Rangklassen gem. § 10 Abs. 1 Nr. 1-3 ZVG der Ausfall einer neuen Erbbauzinsreallast drohte und der Grundstückseigentümer deshalb seine Zustimmung zum Zuschlag versagt hat. In der Literatur wurde dieses Problem bis heute kaum behandelt[463].

Das Kammergericht würde, von einem engen Zweckbegriff ausgehend, das Vorliegen eines ausreichenden Grundes ablehnen müssen. Die Zustimmung des Grundstückseigentümers könnte gerichtlich ersetzt werden, und die Erbbauzinsreallast fiele aus. Die Vertreter der zustimmenden Ansicht würden überwiegend das Vorliegen eines ausreichenden Grundes – jedenfalls bis zur Übernahme der schuldrechtlichen Erbbauzinsverpflichtung – bejahen. Vereinzelt wird dagegen

---

460 Chr. Mohrbutter, S. 172.

461 Chr. Mohrbutter, S. 172.

462 Chr. Mohrbutter, S. 172.

463 Chr. Mohrbutter, S. 172; die Ausführungen von Soergel-Stürner vor Inkrafttreten der Novelle, die die neue Erbbauzinsreallast in die Erbbaurechtsverordnung eingefügt hat, können für die Fragestellung nutzbar gemacht werden (§ 7 ErbbauV Rn. 3).

ein Verweigerungsrecht angenommen, bis der Ersteher die neue Erbbauzinsreallast übernimmt[464]. Der Bundesgerichtshof müßte bei Befolgung seiner grundsätzlichen Ausführungen von einem weiten Zweckbegriff ausgehen und eine gerichtliche Ersetzung der Zustimmung des Grundstückseigentümers ablehnen. Mehrere Vertreter der differenzierenden Ansicht in der Literatur würden sich dem anschließen, allerdings nur für den Fall, daß neben der neuen Erbbauzinsreallast auch ein schuldrechtlicher Erbbauzinsanspruch vereinbart ist, den der Meistbietende nicht übernehmen will. Nach einer anderen Stimme, die bei der hier maßgeblichen Fallgruppe der Zwangsversteigerung aus einem Recht der Rangklassen des § 10 Abs. 1 Nr. 1 3 ZVG eine weitere Ausnahme bejaht[465], liegt in diesen Fällen kein ausreichender Grund zur Zustimmungsverweigerung vor, so daß ein Erbbaurecht ohne Erbbauzins entstünde.

ccc) Zwischenergebnis

Es ist in vielen Einzelheiten umstritten, ob die Verweigerung einer nach § 5 Abs. 1 ErbbauV vereinbarten Zustimmung eine der verschiedenen Erscheinungsformen des Erbbauzinsanspruchs zu schützen vermögen.

bb) Eigene Stellungnahme

Zunächst muß der Begriff „Zweck" i.S.d. § 7 Abs. 1 S. 1, 1. Alt. ErbbauV geklärt werden, wobei das Verhältnis zwischen dem Zustimmungsverweigerungsrecht des Grundstückseigentümers und der kraft Gesetzes vorrangigen Befriedigungsrechte gem. § 10 Abs. 1 Nr. 1-3 ZVG zu berücksichtigen ist. Darüber hinaus fragt sich, unter welchen Voraussetzungen die Verweigerung der Zustimmung durch den Grundstückseigentümer treuwidrig ist[466].

aaa) Die Auslegung

(1) Der Wortlaut, die Entstehungsgeschichte und die Systematik innerhalb der Norm

Der Wortlaut der Vorschrift spricht weder für die enge[467] noch für die weite[468] Auslegung. Er ist mehrdeutig, da offen ist, anhand welcher Umstände der Zweck zu bestimmen ist. In Betracht kommen der dingliche Inhalt des Erbbaurechts oder, was zu unterscheiden ist, der Inhalt des Erbbaurechtsvertrages, die sonstigen Um-

---

464 S. oben III. 3. b) aa) aaa) (2) (b), S. 89.

465 S. oben III. 3. b) aa) aaa) (5), S. 93, mit Hinweis auf Chr. Mohrbutter, S. 172.

466 S. oben III. 3. b) bb) bbb), S. 102 ff.

467 S. oben III. 3. b) aa) aaa) (1), S. 87, mit Hinweis auf KG DNotZ 1984, S. 384 ff.

468 S. oben III. 3. b) aa) aaa) (4), S. 90, mit Hinweis auf BGH NJW 1987, S. 1942 ff.

stände des Vertragsschlusses oder seine bisherige Handhabung durch die Parteien[469]. Zudem unterscheiden sich regelmäßig die Interessen, die der Erbbauberechtigte und der Grundstückseigentümer verfolgen, und es ist nicht geregelt, auf wessen Sicht abzustellen ist.

Für eine weite Auslegung der Norm könnten sich Anhaltspunkte aus der Entstehungsgeschichte ergeben. Die amtliche Begründung zu § 7 ErbbauV lautet[470]:

> „Der § 7 sucht den Interessenausgleich zwischen den Beteiligten dadurch anzustreben, daß er die starke Bindung des Erbbaurechtsnehmers abschwächt und ihm unter gewissen Voraussetzungen eine gesetzlichen Anspruch auf die Zustimmung des Grundeigentümers gewährt. Maßgeblich für die Beurteilung der Sachlage im Einzelfall sind nicht nur die von dem Eigentümer bei der Bestellung des Erbbaurechts verfolgten privat- oder öffentlich-rechtlichen Interessen, sondern auch die des Erbbauberechtigten bei objektiver Betrachtung der wirtschaftlichen Verhältnisse."

Demzufolge sollte nach dem Willen des historischen Gesetzgebers durch die Vorschrift ausnahmslos jedes private Interesse geschützt werden, das der Grundstückseigentümer mit der Bestellung des Erbbaurechts verfolgen könnte. Wäre der engen Auslegung[471] zu folgen, würde sich der Zweck aber nur auf den dinglichen Inhalt des Erbbaurechts beziehen. Dazu gehört gem. §§ 1, 2 ErbbauV die Verwendung des Bauwerks, jedoch nicht der Erbbauzinsanspruch i.S.d. §§ 9, 9 a ErbbauV. Es würde nicht das Interesse des Grundstückseigentümers an der Erzielung einer Rendite erfaßt, und der Schutz der privaten Interessen des Grundstückseigentümers wäre eingeschränkt. Da der historische Gesetzgeber das nicht vorgesehen hat, spricht die Entstehungsgeschichte für eine weite Auslegung des Begriffs „Zweck".

Welche Relevanz hat der historische Wille des Gesetzgebers fast 80 Jahre nach Inkrafttreten der Erbbaurechtsverordnung? Hauptziele der Verordnung waren ursprünglich die Förderung des Wohnungsbaus, insbesondere durch sozial schwächere Bevölkerungsschichten, und die Bekämpfung der Bodenspekulation[472]. Indem das Rechtsinstitut über diesen sozialen Anwendungsbereich hinausgewachsen ist[473], hat sich seine Bedeutung gewandelt[474]: Das Ziel des Grundstückseigentümers, durch die Bestellung des Erbbaurechts Erbbauzinsen zu erzielen, ist vom Gesetzgeber des Sachenrechtsänderungsgesetzes allgemein als schüt-

469 Ähnlich: Geissel, S. 146.

470 Günther, S. 25.

471 S. oben III. 3. b) aa) aaa) (1), S. 87, mit Hinweis auf KG DNotZ 1984, S. 384 ff.

472 Verhandlungen der verfassungsgebenden Deutschen Nationalversammlung Nr. 215, S. 61.

473 Von Oefele/Winkler, Rn. 1.7.

474 BGH NJW 1987, S. 1942 (1943). Der Senat schneidet dieses Überlegung nur an.

zenswertes Interesse ausdrücklich anerkannt worden[475]. Daraus folgt, daß nach heutigem Verständnis das Interesse des Grundstückseigentümers an einer Gewinnerzielung durch die Vereinbarung eines Erbbauzinsanspruchs erst recht zu berücksichtigen ist.

Zudem ergibt sich bei einem Vergleich der beiden Alternativen des § 7 Abs. 1 S. 1 ErbbauV folgendes: Das Gesetz verweist bei dem Tatbestandsmerkmal „Persönlichkeit" im Sinne der zweiten Alternative ausdrücklich auf den Erbbaurechtsinhalt[476], d.h. beispielsweise auf § 2 S. 1 Nr. 1 ErbbauV, der sich mit der Verwendung des Bauwerks befaßt. Das Ziel, das der Erbbauberechtigte verfolgt, wird mithin durch die zweite Alternative des § 7 Abs. 1 S. 1 ErbbauV abgedeckt. Wenn in § 7 ErbbauV allein dieser Zweck zu berücksichtigen wäre, hätte das zur Folge, daß eine Alternative überflüssig gewesen wäre; sie hätte keinen selbständigen Anwendungsbereich[477]. Die Norm enthält aber Alternativen, deren Wortlaut sich unterscheidet[478]. Es muß deshalb davon ausgegangen werden, daß der mit der Bestellung verfolgte Zweck ein anderer ist als derjenige, der sich aus dem Erbbaurechtsinhalt ergibt, auf den die Alternative der Norm verweist. Die der Vorschrift immanente Systematik spricht ebenfalls für eine weite Auslegung des Begriffs „Zweck".

Als Zwischenergebnis ist festzuhalten, daß die Entstehungsgeschichte und die innere Systematik der Norm für eine weite Auslegung sprechen.

(2) Die Einschränkung bei der Zwangsversteigerung aus den Rechten gem. § 10 Abs. 1 Nr. 1-3 ZVG

Da bei einer Zwangsversteigerung durch einen Gläubiger der Rangklassen des § 10 Abs. 1 Nr. 1-3 ZVG beide Erscheinungsformen der Erbbauzinsreallast ausfallen[479] und die schuldrechtliche Verpflichtung wie in den sonstigen Fällen nicht ohne weiteres mit übergeht[480], würde dieses Verständnis der erbbaurechtlichen Norm zu dem Ergebnis führen, daß der Grundstückseigentümer in diesen Fällen die Zustimmung zum Zuschlag stets mit ausreichendem Grund verweigern könnte, wenn nicht der Meistbietende bereit ist, die Verpflichtungen zu übernehmen. Mit anderen Worten wäre die Realisierung der Forderungen der Gläubiger der ersten drei Rangklassen des § 10 Abs. 1 ZVG, wenn das Vermögen des Schuldners im wesentlichen aus dem Erbbaurecht besteht, von dem Verhalten des jewei-

---

475 Entwurfsbegründung des Bundesregierung, BT-Drucks. 12/5992, S. 103; Stellungnahme des Bundesrates zum Gesetzesentwurf, BT-Drucks. 12/5992, S. 194.

476 Chr. Mohrbutter, S. 170.

477 Chr. Mohrbutter, S. 170.

478 Handschumacher, S. 150 f.

479 S. oben II. 2. a) aa) aaa), S. 52, und II. 2. c) aa), S. 56.

480 S. oben II. 2. b), S. 53 ff.

ligen Meistbietenden abhängig. Diese Folge der weiten Auslegung könnte in Widerspruch zu § 10 Abs. 1 ZVG stehen. Der erste Satz dieser Norm sieht vor, daß die Rechte in der Reihenfolge ihrer Benennung befriedigt werden sollen. Da bei den Rechten, die bei der Verteilung des Erlöses zuerst bedient werden, die Wahrscheinlichkeit der Befriedigung am höchsten ist, sind diese gegenüber nachrangigen Rechten bevorzugt. Der Gesetzgeber hat diesen Vorteil jedoch nicht jeweils dem betreibenden Gläubiger gewährt, sondern ihm andere Rechte vorangestellt. Das sind diejenigen, die de lege lata zu den ersten drei Rangklassen gehören. Daraus ist zu schließen, daß bei jeder Zwangsversteigerung diese Rechte befriedigt werden sollen, ohne von anderen Ansprüchen beeinträchtigt zu werden. Dem widerspricht, wenn der Grundstückseigentümer den Zuschlag durch die Verweigerung seiner Zustimmung grundsätzlich verhindern kann.

Die Lehre unterscheidet zwischen teleologischen Wertungs- und Normwidersprüchen[481]. Der Erstgenannte liegt vor, wenn der Gesetzgeber bestimmte Zwekke verwirklichen will, die dazu unerläßlichen Mittel aber ablehnt oder ein bestimmtes Verhalten als Mittel anordnet, ohne den einzigen dadurch verfolgten Zweck zu wollen[482]. Ein solcher teleologischer Widerspruch, der im übrigen nicht wünschenswert ist[483], liegt mangels Verstoßes gegen die Zweck-Mittel-Relation im obigen Sinne nicht vor.

Ein Wertungswiderspruch ist gegeben, wenn zwei Tatbestände, obwohl sie wertmäßig gleich liegen, unterschiedlich beurteilt werden[484]. Dabei kann sich die abweichende Beurteilung schon bei dem Vergleich der Vorschriften selbst oder erst bei der Anwendung auf den konkreten Fall zeigen[485]. Beispielsweise wird ein solcher Widerspruch bei § 242 StGB und § 252 StGB bejaht, weil der von dem Gesetzgeber als leichter erachtete Diebstahl aufgrund des Strafrahmens nach den Umständen des Einzelfalls mit einer höheren Strafe als ein Raub sanktioniert werden kann[486]. Ein Wertungswiderspruch verstößt gegen das Prinzip der Gleichbehandlung von Gleichartigem und sollte nach Ansicht der Lehre nach Möglichkeit vermieden werden[487]. Demnach setzt ein solcher Widerspruch zwei miteinander

481 Engisch, Einheit der Rechtsordnung, S. 59 ff.; Hagen, FS f. Larenz, S. 868 f.; Larenz, Methodenlehre, S. 222; ihm folgend Canaris in der Neuauflage (Larenz/Canaris, Methodenlehre, S. 155).

482 Engisch, Einheit der Rechtsordnung, S. 63.

483 Engisch, Einheit der Rechtsordnung, S. 63, allerdings ohne Angabe eines Grundes.

484 Engisch, Einheit der Rechtsordnung, S. 63; Hagen, FS f. Larenz, S. 868 f.; Larenz, Methodenlehre, S. 222; ihm folgend Canaris in der Neuauflage (Larenz/ Canaris, Methodenlehre, S. 155).

485 Engisch, Einheit der Rechtsordnung, S. 59.

486 Engisch, Einheit der Rechtsordnung, S. 59.

487 Engisch, Einheit der Rechtsordnung, S. 63 f.; Larenz, Methodenlehre, S. 222; ihm folgend Canaris in der Neuauflage (Larenz/Canaris, Methodenlehre, S. 155).

konkurrierende Tatbestände voraus. § 7 ErbbauV und § 10 Abs. 1 ZVG konkurrieren nicht miteinander: Die erbbaurechtliche Vorschrift regelt die Voraussetzungen für den Anspruch auf die Zustimmung zum Zuschlag, wogegen sich die zwangsversteigerungsrechtliche Norm mit dem Befriedigungsrecht und seinem Rang befaßt. Ein Wertungswiderspruch liegt nicht vor.

Schließlich könnte hier ein Normwiderspruch zu bejahen sein. Darunter ist zu verstehen, daß die fraglichen Normen für denselben Sachverhalt Rechtsfolgen vorsehen, die einander ausschließen[488]. Da der Eintritt des letztgenannten Falles undenkbar ist, sind solche Widersprüche zwingend zu beseitigen[489]. Weil § 10 Abs. 1 ZVG die Befriedigung der Gläubiger der ersten drei Rangklassen des § 10 Abs. 1 ZVG unabhängig von dem Verhalten des jeweiligen Meistbietenden vorsieht, eine uneingeschränkt weite Auslegung des § 7 Abs. 1 S. 1, 1. Alt. ErbbauV aber gerade diese Kausalität herbeiführen würde, stünden einander ausschließende Rechtsfolgen nebeneinander. Es ist also von einem Normwiderspruch auszugehen.

Zur Beseitigung dieses Normwiderspruchs ist eine horizontale Normenharmonisierung[490] denkbar. Ist eine Vorschrift vorrangig, muß die andere eingeschränkt werden[491]. Welche Norm vorrangig ist, ist durch Auslegung zu ermitteln[492]. Möglicherweise geht das Befriedigungsrecht der nach § 10 Abs. 1 Nr. 1-3 ZVG berechtigten Gläubiger dem Zustimmungsverweigerungsrecht des Grundstückseigentümers vor. Die Motive zu § 10 ZVG lauten[493]:

> „Der § 10 theilt die betreffenden Ansprüche in acht Klassen und regelt ihr Verhältnis zu einander in der Weise, daß die Ansprüche einer Klasse immer erst dann berücksichtigt werden können, wenn alle Ansprüche der vorhergehenden Klasse zur Hebung gelangt sind. Die Rangordnung in der ersten Klasse wird aus dem Gesichtspunkte der nützlichen Verwendung, nach dem Vorgange des Preußischen und des Sächsischen Gesetzes, dem Anspruche eines die Zwangsverwaltung betreibenden Gläubigers auf Ersatz bestimmter Verwaltungsausgaben eingeräumt.
>
> ...

---

488 Larenz, Methodenlehre, S. 223; ihm folgend Canaris in der Neuauflage (Larenz/Canaris, Methodenlehre, S. 157).

489 Engisch, Einheit der Rechtsordnung, S. 53, 55 und S. 63; Larenz, Methodenlehre, S. 223; Larenz/Canaris, Methodenlehre, S. 155.

490 Den Begriff verwendet z.B. Schmalz (Methodenlehre, Rn. 256), der sie als Unterfall der systematischen Auslegung versteht. Larenz erörterte verschiedene Widersprüche zwischen gleichrangigen Normen innerhalb der objektiv-teleologischen Kriterien (Methodenlehre, S. 221 (223)); ihm folgend Canaris in der Neuauflage (Larenz/Canaris, Methodenlehre, S. 153 (157)).

491 Larenz, Methodenlehre, S. 223; Larenz/Canaris, Methodenlehre, S. 155.

492 Larenz, Methodenlehre, S. 223; Larenz/Canaris, Methodenlehre, S. 155.

493 Hahn/Mugdan, Bd. 5, S. 37.

In der zweiten Klasse finden, sofern ein Landgut den Gegenstand des Verfahrens bildet, die Lohn- und Unterhaltungsansprüche der zur Bewirthschaftung des Gutes dauernd angestellten Personen ihre Stelle. Diese Personen tragen durch ihre Dienste zur Erhaltung des wirthschaftlichen Standes des Landgutes bei und bieten insofern zum Nutzen Aller, welche Befriedigung aus dem Gut erwarten dürfen. Ihre Leistung können ebendeshalb ohne Verletzung berechtigter Interessen Dritter mit einem Vorzugsrecht ausgestattet werden.

...

In die dritte Klasse sind die öffentlichen Lasten, welche auf dem Grundstücke ruhen, eingereiht. ... Die geltenden Gesetze erkennen das Vorrecht für die laufenden Beträge öffentlicher Lasten unbeschränkt an, ..."

Demnach hat der Gesetzgeber die Rechte der ersten drei Rangklassen i.S.d. § 10 ZVG bevorzugt, weil die Erhaltung des in der Zwangsversteigerung befindlichen Wirtschaftsguts sowie die Befriedigung der öffentlichen Hand Vorrang vor den Interessen des Einzelnen haben soll. Bei der hier diskutierten uneingeschränkten Auslegung würde aber der Schutz sowohl der Rechte der juristischen Person als auch der Sache zugunsten eines Einzelnen, d.h. des Grundstückseigentümers, beeinträchtigt. Deshalb geht bei wertender Betrachtung das Befriedigungsrecht gem. § 10 Abs. 1 Nr. 1-3 ZVG dem Zustimmungsverweigerungsrecht des Grundstückseigentümers vor. Die horizontale Normenangleichung führt bei einer Zwangsversteigerung aus den vorgenannten Rechten somit zu einer Einschränkung der grundsätzlich gebotenen weiten Auslegung des § 7 Abs. 1 S. 1 Nr. 1 ZVG. In der Entstehung eines Erbbaurechts ohne Erbbauzins liegt in diesen Fällen demnach kein ausreichender Grund zur Zustimmungsverweigerung.

(3) Zusammenfassung

Im Ergebnis ist dem Bundesgerichtshof zu folgen und der Begriff „Zweck" weit auszulegen. Er umfaßt das Interesse des Grundstückseigentümers, als Gegenleistung für die Bestellung des Erbbaurechts schuldrechtlich oder dingliche Erbbauzinsen zu erzielen. Der Grundstückseigentümer kann grundsätzlich die Zustimmung zur Zwangsversteigerung gem. § 7 Abs. 1 S. 1, 1. Alt. ErbbauV mit ausreichendem Grund verweigern, wenn die Entstehung eines Erbbaurechts ohne Erbbauszins droht, es sei denn, ein Gläubiger betreibt aus einem Recht der ersten drei Rangklassen des § 10 Abs. 1 ZVG die Versteigerung.

bbb) Treu und Glauben

(1) Die Zwangsvollstreckung durch einen vorrangigen Grundpfandgläubiger

Betreibt ein Gläubiger aus einem vorrangigen Grundpfandrecht die Zwangsversteigerung des Erbbaurechts, kommt hinsichtlich der Weigerung des Grundstückseigentümers, dem Zuschlag zuzustimmen, ein „venire contra factum proprium"[494] in Betracht. Dies stellt nach allgemeiner Ansicht einen Fall i.S.d. § 242 BGB dar[495]. Mit einem „venire contra factum proprium" ist gemeint, daß sich derjenige widersprüchlich verhält, der durch sein Verhalten konkludent zu verstehen gegeben hat, daß er ein ihm zustehendes Recht nicht mehr ausüben will, und es später gleichwohl geltend macht[496]. Er ist in diesen Fällen unwiderruflich an seine erste Entscheidung gebunden und verliert das Recht[497]. Dieses Prinzip wird auf eine Vertrauenshaftung des Anspruchsinhabers zurückgeführt[498]. Geschützt wird das gerechtfertigte Vertrauen eines Dritten auf die Beständigkeit eines Verhaltens des Anspruchsinhabers, das bei objektiver Betrachtung und ohne Rücksicht auf ein Verschulden eindeutig war[499]. Es werden also die Interessen desjenigen, der zu Recht vertraut hat, höher bewertet als die Interessen dessen, der verantwortlich (unzutreffendes) Vertrauen geschaffen hat[500].

(a) Die herkömmliche Erbbauzinsreallast

Der Grundstückseigentümer könnte bei objektiver Betrachtung durch die Belastungszustimmung und den Rangrücktritt gegenüber dem Grundpfandgläubiger konkludent zu verstehen gegeben haben, daß er von seinem Recht, die Zustimmung wegen der Vereitelung des Zwecks der Erzielung des dinglichen Erbbauzinses zu verweigern[501], keinen Gebrauch machen will. Der Grundstückseigentümer ist nicht kraft Gesetzes verpflichtet, in die für ihn nachteilige Veränderung des Erbbaugrundbuchs[502] einzuwilligen. Er kann vielmehr wählen, ob er durch die Erteilung der Zustimmung den Ausfall der Erbbauzinsreallast riskiert. Willigt der Grundstückseigentümer ein, führt sein Verhalten zum Vorliegen derjenigen

494 Handschumacher, S. 156.

495 Gernhuber, JuS 1983, S. 764 (766 Anm. II 2 a)); Wieling, AcP 176, S. 334; Zeiss, Zivilprozeßrecht, Rn. 198.

496 Larenz, Schuldrecht I, § 10 II b) (S. 133); Zeiss, Die arglistige Prozeßpartei, S. 100 ff.; abgrenzend: ders., Zivilprozeßrecht, Rn. 198.

497 Handschumacher, S. 156; Wieling, AcP 176, S. 34 ff.

498 Canaris, Die Vertrauenshaftung im Deutschen Recht, S. 270; Dette, S. 46; Gernhuber, JuS 1983, S. 764 (766 Anm. III 2 a)); Wieacker, S. 28.

499 Gernhuber, JuS 1983, S. 764 (766 Anm. III 2 a).

500 Dette, S. 46.

501 Zur Auslegung des Begriffs „Zweck" s. oben III. 3. b) bb) aaa), S. 96 ff.

502 S. oben II. 2. a) bb), S. 52 ff.

Voraussetzung für die Entstehung eines Erbbaurechts ohne Erbbauzins, die ohne ihn nicht eintreten kann: den Vorrang des Grundpfandrechts. Deshalb muß aus Sicht des Grundpfandgläubigers die Belastungszustimmung und der Rangrücktritt objektiv als konkludente Erklärung des Grundstückseigentümers verstanden werden, daß dieser im Fall der Zwangsversteigerung des Erbbaurechts die Verweigerung der Zustimmung nicht auf den Wegfall des dinglichen Erbbauzinsanspruchs stützen wird. Der Grundpfandgläubiger darf also darauf vertrauen, daß der Grundstückseigentümer dem Zuschlag zustimmt, und der Grundstückseigentümer verliert das Verweigerungsrecht.

Verhält sich ein Grundstückseigentümer nach Belastungszustimmung und Rangrücktritt ebenfalls treuwidrig, wenn er die Zustimmung aus einem sonstigen i.S.d. § 7 Abs. 3 i.V.m. Abs. 1 S. 1 ErbbauV anerkannten Grund verweigert? Der Grundstückseigentümer darf die Zustimmung zum Nachteil des Meistbietenden aus subjektiven Gründen nicht verweigern, falls er etwa konkludent einen Vertrauenstatbestand gesetzt hat, daß er aus diesem Grund nicht von seinem Zustimmungsverweigerungsrecht Gebrauch machen wird. Im Zeitpunkt der Belastung des Erbbaurechts und des Rangrücktritts ist die Person, die im späteren Zwangsversteigerungsverfahren das Meistgebot abgeben wird, noch nicht bekannt. Der Grundstückseigentümer müßte demnach zu erkennen gegeben haben, daß er ohne Kenntnis vom konkreten künftigen Meistbietenden dem Zuschlag zustimmen würde. Es sind indes regelmäßig keine Umstände ersichtlich, die objektiv ein solches Vertrauen des Grundpfandgläubigers rechtfertigen. Der Grundstückseigentümer handelt demnach normalerweise nur treuwidrig, wenn er die Zustimmung wegen des Ausfalls der Erbbauzinsreallast verweigert. Folglich kann er sich auf alle anderen Gründe grundsätzlich zu Recht berufen.

Gegen die hier unterstützte Position des Bundesgerichtshofs[503] und der differenzierenden Ansicht[504] ist eingewandt worden[505], daß dadurch letztlich die zwischenzeitlich aufgegebene Auffassung[506], wonach in der Belastungszustimmung des Grundstückseigentümers die Versteigerungszustimmung liege, wieder aufgegriffen werde[507]. Es könnten jedoch dogmatische Unterschiede zwischen der überholten Meinung und der hier vertretenen Ansicht bestehen, die zu wesentlichen Unterschieden im Ergebnis führen. Würde man der Ansicht folgen, daß in der Belastungszustimmung konkludent die Veräußerungszustimmung liegt, müßte das Vorliegen der erforderlichen Zustimmung zur Zwangsversteigerung bejaht werden. Sie wäre demnach gegeben. Eine Weigerung des Grundstückseigentü-

503 BGH NJW 1987, S. 1942 ff.

504 S. oben III. 3. b) aa) aaa) (5), S. 93 ff.

505 Von Oefele/Winkler, Rn. 6.266-6.269.

506 S. oben III. 3. a), S. 83.

507 von Oefele/Winkler, Rn. 6.266.

mers vor dem Zuschlag, sie nochmals zu erteilen, wäre unabhängig von dem Grund der Verweigerung unbeachtlich. Der Grundstückseigentümer würde also auch dann, wenn z.B. in der Persönlichkeit des Meistbietenden ein Grund i.S.d. § 7 Abs. 1 S. 1, 2. Alt. ErbbauV liegt, die Zwangsversteigerung nicht verhindern können. § 7 ErbbauV liefe leer[508]. Dagegen kann sich der Grundstückseigentümer nach der hier vertretenen Meinung, abgesehen von den besonderen Umständen des Einzelfalls, weiterhin auf alle anderen Verweigerungsgründe gegebenenfalls erfolgreich stützen. Die Norm fände somit weiterhin Anwendung. Die vorliegend befürwortete Auffassung führt daher systematisch zu anderen Ergebnissen, so daß der Einwand von Oefeles nicht zutrifft.

(b) Der schuldrechtliche Erbbauzinsanspruch

Welche Rechtslage besteht im Hinblick auf den schuldrechtlichen Erbbauzinsanspruch? Nach der hier vertretenen Ansicht kommt es darauf an, ob eine Belastungszustimmung vorliegt, auf die der Grundpfandgläubiger im obigen Sinne[509] objektiv vertrauen durfte. Dann wäre ein zusätzlich vollzogener Rangrücktritt nicht maßgeblich[510].

Die Verpflichtung zur Zahlung des schuldrechtlichen Erbbauzinses geht in der Zwangsversteigerung in keinem Fall kraft Gesetzes auf den Ersteher über[511]. Das Schicksal dieses Anspruchs ist somit, anders als das der sonstigen Erscheinungsformen, nicht davon abhängig, aus welchem Recht in das Erbbaurecht vollstreckt wird[512]; entscheidend ist nur, daß das Erbbaurecht versteigert wird. Es genügt also, wenn ein Verhalten des Grundstückseigentümers gegeben ist, das für die Zwangsversteigerung kausal ist, und er durch dieses Verhalten zu verstehen gegeben hat, daß er die Zustimmung zur Zwangsversteigerung nicht verweigert, obwohl die Erbbauzinsverpflichtung nicht auf den Ersteher übergeht.

Hinsichtlich der Frage, wann diese Umstände vorliegen, sind zunächst die Fallgruppen auszugrenzen, in denen ein solches Verhalten eindeutig fehlt. Unter der Voraussetzung, daß der Ausgeber des Erbbaurechts und der erste Erbbauberechtigte keine Vereinbarung nach § 5 Abs. 2 ErbbauV getroffen haben, kann eine Belastung des Erbbaurechts ohne Zustimmung des Grundstückseigentümers erfolgen. Ein Grundpfandgläubiger oder ein persönlicher Gläubiger könnten die Zwangsversteigerung des Erbbaurechts unabhängig von der Beteiligung des Grundstückseigen-

---

508 Zu den weiteren Gründen, die gegen die aufgegebene Ansicht sprechen, s. oben III. 3. a), S. 83 ff.

509 S. oben III. 3. b) bb) bbb) (1) (a), S. 102.

510 Anders eine Auffassung in der Literatur, auf die noch eingegangen wird (s. oben III. 3. b) bb) bbb) (1) (b), S. 104).

511 S. oben II. 2. b), S. 53 ff.

512 S. oben II. 2. b), S. 53 ff.

tümers betreiben. In diesen Fällen hat der Grundstückseigentümer nicht zu verstehen gegeben, daß er sein Recht auf Zustimmungsverweigerung nicht mehr ausüben will. Ein treuwidriges Verhalten scheidet aus. Festzuhalten ist mithin, daß in den Fällen, in denen eine Vereinbarung nach § 5 Abs. 2 ErbbauV nicht getroffen wurde, normalerweise kein treuwidriges Verhalten des Grundstückseigentümers gegeben ist, und er durch die Verweigerung der Zustimmung zur Zwangsversteigerung nach § 5 Abs. 1 ErbbauV den Zuschlag davon abhängig machen kann, daß der Meistbietende sämtliche, bislang bestehenden Zahlungsverpflichtungen übernimmt.

In der Praxis dürfte ein Erbbaurechtsvertrag, in dem nur eine Vereinbarung nach § 5 Abs. 1 ErbbauV getroffen wurde, selten vorkommen. Regelmäßig ist daher eine Belastungszustimmung des Grundstückseigentümer für eine Zwangsversteigerung aus einem dinglichen Recht zwingend erforderlich. Diese Rechtslage ist unstreitig. Der Grundpfandgläubiger darf also objektiv darauf vertrauen, daß der Grundstückseigentümer bei der Belastungszustimmung das Risiko der Abspaltung der Erbbauzinsverpflichtung in Kauf nimmt. Mit der dennoch erteilten Zustimmung gibt der Grundstückseigentümer mithin zu erkennen, von seinem – soweit eine Vereinbarung nach § 5 Abs. 1 ErbbauV getroffen wurde – grundsätzlich bestehenden Zustimmungsverweigerungsrecht keinen Gebrauch machen zu wollen.

Wenn demgegenüber in der Literatur diskutiert wird, ob in dem Rangrücktritt ein Verhalten des Grundstückseigentümers liegt, durch das er konkludent auf die Zustimmungsverweigerung verzichtet hat und dies verneint, weil der Rangrücktritt nur Folgen für das Rangverhältnis der dinglichen Rechte habe[513], so daß zwischen den Erscheinungsformen differenziert werden müsse, kann dem aus den obengenannten Gründen schon im Ansatz nicht gefolgt werden. Die Zwangsversteigerung aus einem vorrangigen Grundpfandrecht gibt zudem dem betreibenden Gläubiger zudem bessere Befriedigungschancen als eine aus anderen Rechten. Die erstgenannte Zwangsvollstreckung ist für ihn wirtschaftlich wesentlicher interessanter. Er hat somit mehr Anreiz, eine Versteigerung zu betreiben. Der Grundstückseigentümer verstärkt mithin durch den Rangrücktritt objektiv den Eindruck, daß er den fehlenden Übergang der schuldrechtlichen Erbbauzinsverpflichtung hinnehmen werde. Diese Ausgangslage muß sich der Grundstückseigentümer vorhalten lassen. Der Grundpfandgläubiger kann bei einem Rangrücktritt erst recht darauf vertrauen, daß der Grundstückseigentümer die Zustimmung zum Zuschlag aus diesem Grund nicht verweigern wird.

Das Gegenargument, es werde der durch die Bestellung der Erbbauzinsreallast besser gesicherte Grundstückseigentümer gegenüber einem nur schuldrechtlich be-

---

513 Handschumacher, S. 153 ff. (158); ähnlich Geissel, S. 119 f.; ihnen folgend: Chr. Mohrbutter, S. 171.

rechtigten Gläubiger benachteiligt[514], greift letztlich ebenfalls nicht durch. Denn der Grundstückseigentümer hat die Sicherung des Erbbauzinsanspruchs i.S.d. § 9 Abs. 1 ErbbauV a.F. durch die Zustimmung zur Belastung selbst freiwillig einschränkt.

(c) Zwischenergebnis

Der Grundstückseigentümer, der der Belastung zugestimmt hat und hinter das später betreibende Grundpfandrecht zurückgetreten ist, handelt demnach treuwidrig, wenn er die Zustimmung zum Zuschlag aus dem Grund verweigert, daß die Erbbauzinsreallast ausfallen würde. Seine Zustimmung kann daher nach § 7 Abs. 3 S. 1 ErbbauV gerichtlich ersetzt werden. Das gleiche gilt nach der hier vertretenen Auffassung im Hinblick auf den schuldrechtlichen Erbbauzins; dabei genügt die Belastungszustimmung für ein haftungsbegründendes Verhalten des Grundstückseigentümers. Kommt es dagegen zu einer Zwangsversteigerung aus einem persönlichen Anspruch, kann der Grundstückseigentümer die Zustimmung zum Zuschlag verweigern, wenn der Meistbietende knicht in die schuldrechtliche Erbbauzinsverpflichtung eintreten will.

(2) Die Zwangsvollstreckung durch einen Gläubiger der Rangklassen gem. § 10 Abs. 1 Nr. 1-3 ZVG

Die Rechte der Rangklassen gem. § 10 Abs. 1 Nr. 1-3 ZVG existieren unabhängig von einer Zustimmung des Grundstückseigentümers zu einer Belastung. Anhaltspunkte für ein treuwidriges Verhalten des Grundstückseigentümers sind nicht ersichtlich.

(3) Die Zwangsvollstreckung durch den Grundstückseigentümer aus der Erbbauzinsreallast

Zweifelhaft ist das Vorliegen eines treuwidrigen Verhaltens, wenn der Grundstückseigentümer aus der Erbbauzinsreallast die Versteigerung des Erbbaurechts betreibt, die Zustimmung zum Zuschlag aber verweigert, weil der Meistbietende die dingliche und die schuldrechtliche Verpflichtung zur Zahlung des Erbbauzinses nicht übernehmen will.

Darauf kommt es aber nur an, wenn nicht schon in der Stellung des Versteigerungsantrages die konkludente Zustimmung zu sehen ist. Das ist wie dargestellt[515] streitig. Würde man in Anlehnung an die Stimme in der Literatur[516] in dem Versteigerungsantrag des Grundstückseigentümers pauschal seine Zustim-

---

514 S. oben III. 3. b) aa) aaa) (5), S. 93.

515 S. oben III. 3. b) aa) aaa) (3), S. 90.

516 Hagemann, Gruchot 65, S. 31 (47); s. oben III. 3. b) aa) aaa) (3), S. 90.

mung zum Zuschlag sehen, hätte das wie bei der Belastungszustimmung[517] zur Folge, daß dem Grundstückseigentümer zu einem Zeitpunkt die Entscheidung über die Erteilung der Zustimmung genommen wird, in dem die Person des Meistbietenden noch nicht feststeht[518]. Der Meistbietende soll aber nach § 7 Abs. 1 S. 1, 2. Alt. ErbbauV gegenüber dem Grundstückseigentümer die Gewähr für eine ordnungsgemäße Erfüllung der Pflichten aus dem Erbbaurechtsvertrag bieten, so daß dieses Ergebnis dem Sinn und Zweck der zweiten Alternative der Vorschrift widerspräche. Die Auffassung Hagemanns ist deshalb abzulehnen. Die Zustimmung des Grundstückseigentümers zum Zuschlag ist somit nicht in seinem Versteigerungsantrag enthalten.

Entscheidend ist demnach weiter, ob sich der Grundstückseigentümer treuwidrig verhält. Er müßte durch die Stellung des Versteigerungsantrages gegenüber einem Dritten ein schützenswertes Vertrauen hervorgerufen haben, daß das Recht aus § 5 Abs. 1 ErbbauV nicht wegen der Entstehung eines Erbbaurechts ohne Erbbauzins ausgeübt wird[519]. Als Dritter kommt der spätere Meistbietende in Betracht, der jedoch im Zeitpunkt der Stellung des Versteigerungsantrages noch nicht feststeht. Der Meistbietende weiß zudem nicht zwingend, daß der Grundstückseigentümer aus der Erbbauzinsreallast die Zwangsversteigerung betreibt. Der Meistbietende kann auf ein ihm nicht bekanntes Verhalten des Grundstückseigentümers nicht vertrauen. Schließlich sind Fälle denkbar, in denen andere Gläubiger dem Verfahren beigetreten sind und der Grundstückseigentümer seinen Versteigerungsantrag zurückgenommen hat. Aus diesen Gründen liegt ein haftungsbegründendes Verhalten des Grundstückseigentümers gegenüber dem Meistbietenden normalerweise nicht vor. Andere Beteiligte, die geschützt werden müßten, sind nicht ersichtlich, so daß ein Vertrauenstatbestand bei dieser Fallkonstellation regelmäßig nicht gegeben ist. Mithin verhält sich der Grundstückseigentümer nicht treuwidrig, falls er die Zustimmung wegen der drohenden Gefahr eines Erbbaurechts ohne Erbbauzins verweigert. Er kann daher seinen Erbbauzinsanspruch unter der Voraussetzung, daß das Recht aus § 5 Abs. 1 ErbbauV ausbedungen wurde, durch die Verweigerung retten.

Zu klären ist, ob dieses aus Sicht des Grundstückseigentümers positive Ergebnis die dem Grundstückseigentümer zustehenden Rechte der Art oder dem Umfang nach erweitert. Der betreibende Gläubiger hat gem. § 29 ZVG die Möglichkeit, den Antrag auf Zwangsversteigerung bis zur Zuschlagsverkündung[520] zurücknehmen. Der Grundstückseigentümer könnte also abwarten, bis der Meistbietende feststeht, mit diesem klären, ob er bereit ist, die Verpflichtung zur Zahlung der

517 S. oben III. 3. a), S. 83, und III. 3. b) bb) bbb) (1) (a), S. 102.

518 Ähnlich: BayObLG DNotZ 1961, S. 266 (272).

519 Zum Begriff des „venire contra factum proprium" s. oben III. 3. b) bb) bbb) (1) (a), S. 102.

520 Zeller/Stöber, § 29 ZVG Anm. 2.7. Auf die Rücknahme des Versteigerungsantrages wird noch im einzelnen unter IV.-VI. eingegangen.

Erbbauzinsen zu übernehmen und gegebenenfalls den Versteigerungsantrag zurücknehmen. Dann wäre das Verfahren beendet, soweit es nur von einem Gläubiger betrieben wird, im übrigen würde es fortgesetzt und es käme auf die weiteren Umstände des Einzelfalls an, ob ein Erbbaurecht ohne Erbbauzins entsteht. Bei einer nach der hier vertretenen Ansicht begründeten Zustimmungsverweigerung nach §§ 8, 5, 7 ErbbauV müßte der Zuschlag versagt werden[521], es sei denn, es betreiben weitere Gläubiger das Verfahren, denen gegenüber die Versagung treuwidrig wäre[522]. Die Ergebnisse sind daher vergleichbar. Ein Unterschied besteht deshalb nur insoweit, als die Zwangsversteigerung ohne Rücksicht auf die Überlegungen des Grundstückseigentümers im Hinblick auf eine eventuelle Antragsrücknahme fortgesetzt werden kann und der Zuschlag erteilt wird. Letztlich räumen §§ 8, 5, 7 ErbbauV dem Grundstückseigentümer somit kein Recht ein, das der Art oder dem Umfang nach über § 29 ZVG hinausgeht.

c) Ergebnis

Die Schutzmöglichkeit nach §§ 8, 5, 7 ErbbauV setzt voraus, daß der Grundstückseigentümer und der Erbbauberechtigte eine Vereinbarung nach § 5 Abs. 1 ErbbauV getroffen haben und noch keine wirksame, unwiderrufliche Zustimmung vorliegt. Da die Erzielung von Erbbauzinsen einen „Zweck" i.S.d. § 7 Abs. 1 S. 1, 1. Alt. ErbbauV darstellt, kann der Grundstückseigentümer die Zustimmung zwar grundsätzlich mit ausreichendem Grund verweigern, wenn sich der Meistbietende weigert, die schuldrechtliche oder die dingliche Erbbauzinspflicht zu übernehmen, und dadurch die Zwangsversteigerung verhindern. Es müssen aber zwei entscheidende Ausnahmen gemacht werden: Droht der Zuschlag aufgrund eines betreibenden Rechtes i.S.d. § 10 Abs. 1 Nr. 1-3 ZVG, kann der Grundstückseigentümer den Erbbauzinsanspruch nicht durch die Verweigerung der Zustimmung retten; aufgrund einer harmonisierenden Normenangleichung muß § 7 Abs. 1 S. 1, 1. Alt. ErbbauV insoweit einschränkend ausgelegt werden. Bei einer Zwangsversteigerung aus einem vorrangigen Grundpfandrecht ist die Ablehnung der Einwilligung in den Zuschlag zudem treuwidrig. Demzufolge kann gem. §§ 8, 5, 7 ErbbauV die Entstehung eines Erbbaurechts ohne Erbbauzinses nur in der Fallkonstellation verhindern, daß der Grundstückseigentümer aus der Erbbauzinsreallast in das Erbbaurecht vollstreckt. Allerdings erweitert das die Schutzmöglichkeiten des Grundstückseigentümer praktisch nicht, da die Rücknahme des Versteigerungsantrages[523] zu dem gleichen Ergebnis führen würde.

---

521 S. oben III. 3., S. 82.

522 Z.B. könnte ein vorrangiger Grundpfandgläubiger die Zwangsversteigerung betreiben, s. oben III. 3. b) bb) bbb) (1), S. 102 ff.

523 S. unten III. 9.

4. Die Vereinbarung des Bestehenbleibens gem. § 91 Abs. 2 ZVG

a) Der Inhalt

aa) Die dinglichen Rechte

Der Grundstückseigentümer kann mit dem Ersteher vereinbaren, daß die an sich gem. § 91 Abs. 1 ZVG erlöschende (herkömmliche oder neue) Erbbauzinsreallast und die Erhöhungsvormerkung bestehen bleiben[524], § 91 Abs. 2 ZVG. Eine solche Abrede, die auch „Liegenbelassungsvereinbarung" genannt wird[525], könnte beispielsweise lauten[526]:

> „Der Eigentümer des Erbbaugrundstücks als Gläubiger der nachstehenden Rechte und der Ersteher erklären: Wir sind uns darüber einig, daß die Erbbauzinsreallast Abt. II Nr. 1 und die Vormerkung zur Sicherung der Eintragung einer Reallast für künftige Erbbauzinserhöhungen in Abt. II Nr. 2 gem. § 91 Abs. 2 ZVG in voller Höhe bestehenbleiben sollen."

Da § 91 ZVG keine Einschränkungen im Hinblick auf den Zeitpunkt des Zustandekommens einer solchen Vereinbarung macht, kann sie vor oder nach dem Zuschlag getroffen werden. Sie muß dem Vollstreckungsgericht in beiden Fällen spätestens bis zum Zeitpunkt des Grundbuchersuchens zugehen, §§ 91 Abs. 2 a.E., 130 ZVG. Vereinbart der Grundstückseigentümer vor dem Zuschlag mit einem Bietinteressenten das Liegenbelassen, steht die Übereinkunft unter der Bedingung, die nach überwiegender Ansicht eine Rechtsbedingung ist[527], daß dieser Bietinteressent den Zuschlag erhält[528]. Ist das der Fall, tritt in diesem Augenblick die Wirksamkeit ein, anderenfalls wird die Vereinbarung unwirksam.[529] Kommt sie dagegen erst nach dem Zuschlag zustande, wirkt sie ex tunc, d.h. auf den Zeitpunkt des Zuschlages zurück[530]. Die

---

524 Böttcher, Zwangsversteigerungsgesetz, § 91 ZVG Rn. 13; Steiner-Eickmann, § 91 Rn. 36; Stöber, Zwangsvollstreckung in das unbewegliche Vermögen, Rn. 539; Zeller/Stöber, § 91 ZVG Rn. 3 Anm. 3.1.

525 Böttcher, Zwangsversteigerungsgesetz, § 91 ZVG Rn. 6 ff.; Zeller/Stöber, § 91 ZVG Rn. 3 Anm. 3.1

526 Z.B.: Böttcher, Zwangsversteigerungsgesetz, 2. Aufl., § 91 ZVG Rn. 11; Steiner-Eickmann, § 91 Rn. 36; Stöber, Zwangsvollstreckung in das unbewegliche Vermögen, Rn. 539.

527 Zum Begriff: RGZ 144, S. 71 (73 ff.); BGH WM 1961, S. 407 (410 Anm. III); DNotZ 1976, S. 369 (370); Egert, S. 41.

528 Böttcher, Zwangsversteigerungsgesetz, § 91 ZVG Rn. 12; Dassler/Schiffhauer/Gerhardt/Muth, § 91 ZVG Rn. 19; Muth, Zwangsversteigerungspraxis, 4 B Rn. 6 (S. 243); Chr. Mohrbutter, S. 109; Steiner-Eickmann, § 91 Rn. 41; Stöber, Zwangsvollstreckung in das unbewegliche Vermögen, Rn. 539.

529 Böttcher, Zwangsversteigerungsgesetz, § 91 ZVG Rn. 12; Jaeckel/Güthe/Volkmar/Armstroff, § 91 ZVG Rn. 3; Chr. Mohrbutter, S. 109; Steiner-Eickmann, § 91 ZVG Rn. 41.

530 BGHZ 53, S. 327 (330 f.); BGH NJW 1976, S. 805 (806); Rpfleger 1985, S. 74 (75); HansOLG Hamburg, OLGZ 46 (1928), S. 93 (95); Böttcher, Zwangsversteigerungsgesetz, § 91 ZVG Rn. 13; Muth, Zwangsversteigerungspraxis, 4 B Rn. 8 (S. 244); Steiner-Eickmann, § 91

Verpflichtungen sind zu behandeln, als ob sie sofort auf den Ersteher übergegangen wären[531].

Die Übernahme hat gem. § 91 Abs. 3 S. 1 ZVG Auswirkungen auf den Umfang des Meistgebots. Danach ist der durch Zahlung zu berichtigende Teil des Meistgebots um den Betrag zu kürzen, den normalerweise, d.h. ohne die Liegenbelassungsvereinbarung, der Berechtigte erhielte. Würde beispielsweise ohne die Vereinbarung nach § 91 Abs. 2 ZVG die Erbbauzinsreallast in vollem Umfang kapitalisiert und der Betrag an den Grundstückseigentümer ausgekehrt, steht dieser Betrag gem. § 91 Abs. 3 S. 1 ZVG dem Ersteher zu. Der Kürzungsbetrag setzt sich nach heute herrschender Meinung aus dem Kapital, den Zinsen vom Zuschlag bis zur Verteilung und anderen Nebenleistungen zusammen, wobei das ungekürzte Bargebot nach § 49 ZVG zu verzinsen ist[532].

Folglich könnte der Grundstückseigentümer im vorliegenden Fall versuchen, mit dem Meistbietenden, der möglicherweise den Zuschlag erhalten wird, eine Liegenbelassungsvereinbarung abzuschließen. Kommt keine Einigung zustande, erwirbt der Ersteher ein Erbbaurecht ohne Erbbauzinsreallast und muß das Meistgebot in vollem Umfang zahlen. Liegt das Meistgebot aufgrund der Umstände des Einzelfalls nur geringfügig über dem Mindestgebot, kann der Erwerb des Erbbaurechts auf diesem Weg wesentlich günstiger sein als ein rechtsgeschäftlicher Erwerb zu einem an dem Verkehrswert orientierten Kaufpreis, zumal keine laufende (dingliche) Gegenleistung mehr zu erbringen ist. Schließen der Grundstückseigentümer und der Bietinteressent, der später den Zuschlag erhält, eine Liegenbelassungsvereinbarung ab, geht der dingliche Erbbauzinsanspruch nicht unter. Ob sich das Meistgebot wesentlich vermindert, ist davon abhängig, in welchem Umfang die Erbbauzinsreallast gem. § 92 ZVG normalerweise kapitalisiert würde[533]. Bei voller Kapitalisierung erhält der Ersteher durch die entsprechende Minderung des zu zahlenden Bargebots einen angemessenen Gegenwert dafür, daß er bis zur Beendigung

---

ZVG Rn. 41; Stöber, Zwangsvollstreckung in das unbewegliche Vermögen, Rn. 545; Zeller/Stöber, § 91 ZVG Rn. 3 Anm. 3.2 und 3.4.

531 BGHZ 53, S. 327 (330 f.); BGH NJW 1976, S. 805 (806); Rpfleger 1985, S. 74 (75); HansOLG Hamburg, OLGZ 46 (1928), S. 93 (95); Böttcher, Zwangsversteigerungsgesetz, § 91 ZVG Rn. 13; Dassler/Schiffhauer/Gerhardt/Muth, § 91 ZVG Rn. 22; Jaeckel/Güthe/Volkmar/Armstroff, § 91 ZVG Rn. 8; Muth, Zwangsversteigerungspraxis, 4 B Rn. 8 (S. 244); Steiner-Eickmann, § 91 ZVG Rn. 41; Stöber, Zwangsvollstreckung in das unbewegliche Vermögen, Rn. 545; Zeller/Stöber, § 91 ZVG Rn. 3 Anm. 3.2 und 3.4.

532 BGHZ 53, S. 327 (330 f.); Dassler/Schiffhauer/Gerhardt/Muth, § 91 ZVG Rn. 23; Mayer, Rpfleger 1969, S. 3 (4); Drischler, Rpfleger 1967, S. 357 (359); J. Mohrbutter/Drischler/Radtke/Tiedemann, S. 127 (Anm. 2 zu Muster 127); Chr. Mohrbutter, S. 110 f.; Muth, Zwangsversteigerungspraxis, S. 245 (4 B Rn. 10 ff.); Steiner-Eickmann, § 91 ZVG Rn. 50; Storz, Zwangsversteigerungsverfahren, S. 569; Strauch, S. 118 (119); Wolff/Hennings, § 91 ZVG Rn. 332; Zeller/Stöber, § 91 ZVG Rn. 4 Anm. 4.1-4.3.

533 S. oben II. 2. a), S. 49 ff., und II. 2. c), S. 56.

des Erbbaurechts den dinglichen Erbbauzins an den Grundstückseigentümer zahlen muß. Würde der Grundstückseigentümer dagegen ohne die Liegenbelassungsvereinbarung nicht oder nur teilweise wegen des Ausfalls der Erbbauzinsreallast aus dem Versteigerungserlös bedient, wäre der Betrag, den der Ersteher entrichten muß, ebenfalls nicht oder nur geringfügig gemindert, obwohl der Ersteher die Erbbauzinsreallast übernommen hat. Schließlich kann der Fall eintreten, daß sich der Grundstückseigentümer und der Ersteher erst nach dem Zuschlag einigen. Dann besteht, wie zuvor ausgeführt, eine vergleichbare Rechtslage.

bb) Das schuldrechtliche Recht

aaa) Der Streit über das Erfordernis einer ausdrücklichen Übergangsvereinbarung

Da § 53 ZVG nicht anwendbar ist, kann sich die Übernahme der persönlichen Schuld nur aus einer Vereinbarung ergeben. Haben die Vertragspartner in der Liegenbelassungsabrede ausdrücklich nur den Übergang der dinglichen Rechte geregelt, stellt sich die Frage, unter welchen Voraussetzungen von einer konkludenten Übernahme der persönlichen Schuld ausgegangen werden kann. Das wird kontrovers diskutiert[534].

Nach einer in der höchstrichterlichen Rechtsprechung und in der Literatur vertretenen Ansicht übernimmt der Ersteher bei Vorliegen einer Vereinbarung über das Bestehenbleiben einer Hypothek konkludent zugleich die persönliche Schuld[535]. Das entspreche in diesen Fällen regelmäßig dem Parteiwillen, der schon ausreichend dokumentiert sei, wenn die Abrede dahinginge, daß die Hypothek übergehen soll[536]. Damit werde zugleich zum Ausdruck gebracht, daß sie nicht zu einer Grundschuld werden soll[537]. Normalerweise sei die Übernahme aber – so die Literatur – in den sonstigen Fällen ebenfalls gewollt[538]. Nach dieser Auffassung würde der Erste-

534 RGZ 70, S. 411 (412); Böttcher, Zwangsversteigerungsgesetz, § 91 ZVG Rn. 17; Jaeckel/Güthe/Volkmar/Armstroff, § 91 ZVG Rn. 8; J. Mohrbutter/Drischler/Radtke/Tiedemann, S. 681 f. (Anm. 2 zu Muster 127); Chr. Mohrbutter, S. 111 und ff.; Steiner-Eickmann, § 91 ZVG Rn. 57; Stöber, Zwangsvollstreckung in das unbewegliche Vermögen, Rn. 547; Zeller/Stöber, § 91 ZVG Rn. 3 Anm. 3.12.

535 RGZ 70, S. 411 (412); BGH NJW 1981, S. 1601 (1602 Anm. 2.a)); Jaeckel/Güthe/Volkmar/Armstroff, § 91 ZVG Rn. 8; Korintenberg/Wenz, § 91 ZVG Anm. 9; J. Mohrbutter/Drischler/Radtke/Tiedemann, S. 681 f. (Anm. 2 zu Muster 127); Zeller/Stöber, § 91 ZVG Rn. 3 Anm. 3.12.

536 Jaeckel/Güthe/Volkmar/Armstroff, § 91 ZVG Rn. 8; J. Mohrbutter/Drischler/Radtke/Tiedemann, S. 681 f. (Anm. 2 zu Muster 127).

537 Jaeckel/Güthe/Volkmar/Armstroff, § 91 ZVG Rn. 8; J. Mohrbutter/Drischler/Radtke/Tiedemann, S. 681 f. (Anm. 2 zu Muster 127).

538 Jaeckel/Güthe/Volkmar/Armstroff, § 91 ZVG Rn. 8; Korintenberg/Wenz, § 91 ZVG Anm. 9; Zeller/Stöber, § 91 ZVG Rn. 3 Anm. 3.12.

her, der mit dem Grundstückseigentümer eine dingliche Liegenbelassungsvereinbarung geschlossen hat, die Verpflichtung zur Zahlung des schuldrechtlichen Erbbauzinses in der Regel gleichfalls übernehmen.

Nach entgegenstehender Ansicht in der Literatur ist hierfür stets eine ausdrückliche Erklärung erforderlich[539]. Anderenfalls würde der Ersteher unter Umständen schlechter gestellt, wofür eine ausdrückliche Erklärung vorliegen müßte[540]. Nach dieser Meinung wäre also z.B. folgende zusätzliche Abrede erforderlich[541]:

„Der Ersteher übernimmt insoweit auch die persönliche Schuld."

Bei Fehlen einer solchen Vereinbarung würde nach dieser Meinung die persönliche Verpflichtung nicht übergehen.

Die erstgenannte Ansicht könnte bei den sonstigen Fällen zu einem anderen Ergebnis führen. Unter einem konkludenten Verhalten ist eine Äußerung zu verstehen, die einen bestimmten Rechtsfolgewillen nicht unmittelbar, sondern mittelbar zum Ausdruck bringt, indem sie einen Schluß von dem unmittelbar Gesagten auf einen darin sich äußernden Rechtsfolgewillen zuläßt[542]. Es müßte in der Übereinkunft über das Bestehenbleiben der dinglichen Erbbauzinspflichten also ein solcher Wille, der über das unmittelbar Ausgedrückte hinausgeht, erkennbar sein. Möglicherweise haben solche Abreden jedoch typischerweise einen Inhalt, dem in der Regel kein Anhaltspunkt zur Übernahme der schuldrechtlichen Erbbauzinsverpflichtung entnommen werden kann. Bei einer Hypothek bejahen die Vertreter dieser Meinung aufgrund der Vereinbarung des Fortbestehens derselben den konkludenten Übergang der persönlichen Schuld. Für eine Liegenbelassungsvereinbarung wie der beispielhaft erwähnten[543] gilt dagegen folgendes: Das vereinbarte Bestehenbleiben setzt anders als bei einer Hypothek nicht voraus, daß die Verbindung zwischen dem dinglichem und dem schuldrechtliche Recht fortgesetzt wird. Es kann deshalb daraus nicht auf einen konkludent geäußerten Willen der Vertragsparteien bezüglich der persönlichen Verpflichtung geschlossen werden. Derartige Klauseln enthalten aber auch sonst nicht ohne weiteres einen Anhaltspunkt. Würde dennoch ein solcher Wille der Vertragspartner bejaht, würde den Parteien eine nicht vorliegende Erklärung unterschoben[544].

539 Böttcher, Zwangsversteigerungsgesetz, § 91 ZVG Rn. 17-19; Steiner-Eickmann, § 91 ZVG Rn. 57.

540 Böttcher, Zwangsversteigerungsgesetz, § 91 ZVG Rn. 17.

541 Ähnlich das Muster bei J. Mohrbutter/Drischler/Radtke/Tiedemann, S. 681 f. (Anm. 2 zu Muster 127).

542 Larenz, Allgemeiner Teil des deutschen Bügerlichen Gesetzbuches, § 19 IV b) (S. 358 f.); ähnlich Flume, Allgemeiner Teil Bd. II, § 5 Anm. 3 und 4; Jauernig, vor § 116 BGB Rn. 8; Medicus, Allgemeiner Teil, Rn. 334; MüKo-Kramer, vor § 116 BGB Rn. 25; Palandt-Heinrichs, Einf. v. § 116 BGB Rn. 6.

543 S. oben III. 4. a) aa), S. 109.

544 Jauernig warnt allgemein vor einer unzulässigen Fiktion (vor § 116 BGB Rn. 8).

Es kann nicht mit dieser Ansicht davon ausgegangen werden, daß die Übernahme der schuldrechtlichen Erbbauzinsverpflichtung in diesen Fällen regelmäßig gewollt ist.

Andererseits fragt sich, ob der Gegenansicht gefolgt werden kann, die das Vorliegen einer ausdrücklichen Vereinbarung fordert. Eine unmittelbare gesetzliche Anordnung in einer Spezialvorschrift, wie z.B. in §§ 244 Abs. 1, 700 Abs. 2, 1059 a Abs. 1 Nr. 1 BGB, §§ 38 Abs. 3 2. Halbs., 1027 Abs. 1 S. 1 ZPO oder in § 48 Abs. 1 HGB, existiert nicht. Zudem hat der Bundesgerichtshof schon entschieden, daß trotz der Anordnung der Ausdrücklichkeit eine konkludente Erklärung genügen könne, wenn die fragliche Erklärung besonders deutlich sei, d.h. eine völlige Klarheit über die Rechtslage schaffe[545]. Unter dieser Voraussetzung sei der Warnfunktion ausreichend Rechnung getragen[546]. Danach müßte, selbst wenn z.B. § 91 Abs. 2 ZVG vorsehen würde, daß schuldrechtliche Pflichten nur bei „ausdrücklicher Vereinbarung“ übergehen, die Erklärung nicht ohne weiteres in der von der Gegenmeinung postulierten Form vorliegen. Eine derartige Bedingung kann sich daher allenfalls aus einer entsprechenden Auslegung der Vorschriften über Willenserklärungen gem. §§ 116 ff. BGB und über den Vertragsschluß gem. §§ 145 ff., 305 BGB oder im Wege einer Rechtsfortbildung[547] ergeben. Nach dem Wortlaut der Vorschriften ist es nicht ausgeschlossen, daß eine ausdrückliche Erklärung vorliegen muß. Wenn der Gesetzgeber aber in bestimmten Vorschriften die Ausdrücklichkeit als Tatbestandsmerkmal formuliert, in anderen darauf verzichtet, spricht das dafür, daß in diesen Fällen zumindest grundsätzlich konkludente Erklärungen ausreichen. Zu überlegen ist außerdem, welchen Zweck die Normen haben. Bei der Auslegung sind entfernte Zwecke ebenfalls zu berücksichtigen[548], also auch allgemeine Rechtsprinzipien wie der Vertrauensschutz[549]. Nach der Rechtsprechung des Bundesgerichtshofs dürfen die Parteien in Einzelfällen darauf vertrauen, daß für sie ungünstige Erklärungen ausdrücklich abgegeben werden müssen[550]. Der Bundesgerichtshof führte beispielsweise in einem Pachtfall aus, daß das Nebeneinanderbestehen eines schuldrechtlichen und eines dinglichen Nutzungsrechts verwandten Inhalts nicht grundsätzlich ausgeschlossen sei, als Ausnahmefall aber einer zweifelsfreien, in der Regel ausdrücklichen Abrede bedürfe[551]. Anders als in diesem Fall der Bestellung einer Grunddienstbarkeit und der zusätzlichen Vereinbarung einer

---

545 BGH NJW 1982, S. 431 (432 Anm. 3) zu der zum 1.1.1987 aufgehobenen Vorschrift § 247 Abs. 2 S. 2 BGB.

546 BGH NJW 1982, S. 431 (432 Anm. 3) zu der zum 1.1.1987 aufgehobenen Vorschrift § 247 Abs. 2 S. 2 BGB.

547 Allgemein zur Rechtsfortbildung z.B.: Larenz, Methodenlehre, S. 258 ff.; Larenz/Canaris, Methodenlehre, S. 232 ff.; Schmalz, Methodenlehre, Rn. 57, 376, 417 und 426 ff.

548 Larenz, Methodenlehre, S. 401 ff.; Schmalz, Methodenlehre, Rn. 280 f. und Rn. 285 f.

549 Schmalz, Methodenlehre, Rn. 281 und Rn. 285 f.

550 BGH NJW 1974, S. 2123; 1977, S. 1292 (1293); 1983, S. 164.

551 BGH NJW 1974, S. 2123 (2123 Anm. b)).

Pacht stellt die Abrede, neben einem dinglichen einen schuldrechtlichen Erbbauzins zu zahlen, zumindest in den letzten Jahrzehnten aber den Regelfall dar[552]. Der Ersteher des Erbbaurechts muß daher nicht aus dem Grund, daß solche Vereinbarungen ungewöhnlich sind, durch das Erfordernis einer ausdrücklichen Übereinkunft vor der Übernahme der schuldrechtlichen Verpflichtung gewarnt werden. Der entfernte Zweck der allgemeinen Vorschriften über Willenserklärungen und Verträge spricht also ebenfalls gegen das Erfordernis einer ausdrücklichen Erklärung der Übernahme der schuldrechtlichen Erbbauzinsverpflichtung. Das Erfordernis der Ausdrücklichkeit ergibt sich somit nicht aus der Auslegung. Es besteht daher kein Anhaltspunkt für die bei einer Rechtsfortbildung notwendige planwidrige Regelungslücke[553]. Der Gegenauffassung kann deshalb nicht zugestimmt werden.

Im Ergebnis ist nach der hier vertretenen Ansicht eine konkludente Erklärung für die Übernahme ausreichend, deren Vorliegen aber anhand der Umstände des Einzelfalls zu beurteilen ist. Dingliche Klauseln wie die eingangs erwähnte genügen hierfür nicht. Die Vertragspartner sollten das Schicksal der persönlichen Schuld bei Liegenbelassen der dinglichen Rechte deshalb vorsorglich ausdrücklich regeln.

bbb) Der Streit über den Umfang des Erlöschens des bisherigen Schuldverhältnisses

Welche Folgen haben eine schuldrechtlich wirkende Übernahmevereinbarung oder eine (dingliche) Liegenbelassungsvereinbarung[554] gem. § 91 Abs. 3 S. 2 ZVG für die persönliche Schuld des Vollstreckungsschuldners? Die schuldrechtlich wirkende Übergangsvereinbarung ist keine Schuldübernahme im engeren Sinne[555]. Es wird eine abstrakte, von der bisherigen Forderung unabhängige, neue persönliche Schuld des Erstehers begründet, die als Leistung an Erfüllung Statt wirkt. Beide Arten von Abreden haben nach herrschender Meinung darüber hinaus zur Folge, daß die bisherige persönliche Forderung des Gläubigers gegen den Vollstreckungsschuldner ohne Rücksicht auf den Umfang der Bargebotskürzung erlischt, § 91 Abs. 3 S. 2 ZVG[556]. Soweit der Vollstreckungsschuldner dadurch einen Vorteil erlangt, soll er nach bereicherungsrechtlichen Grundsätzen ohne Regreßmög-

552 S. oben II. 3., S. 59.

553 S. oben Fn. 137.

554 S. oben III. 4. a) aa), S. 109 ff.

555 Böttcher, Zwangsversteigerungsgesetz, § 91 ZVG Rn. 19; Muth, Zwangsversteigerungspraxis, 4 B Rn. 17 (S. 248); Strauch, S. 127; Steiner-Eickmann, § 91 ZVG Rn. 59; Zeller/Stöber, § 91 ZVG Anm. 3 Rn. 3.12.

556 RGZ 156, S. 271 (276); BGH NJW 1981, S. 1601; Brox/Walker, Rn. 939; Hornung, Rpfleger 1972, S. 203 (205); Jaeckel/Güthe/Volkmar/Armstroff, § 91 ZVG Rn. 9; Korintenberg/Wenz, § 91 ZVG Anm. 5; Chr. Mohrbutter, S. 113 f.; Steiner-Eickmann, § 91 ZVG Rn. 54-62; Zeller/Stöber, § 91 ZVG Rn. 3 Anm. 3.12 und Rn. 5 Anm. 5.1.

lichkeit zur Herausgabe an den Gläubiger verpflichtet sein[557]. Danach würde der frühere Erbbauberechtigte von der persönlichen Pflicht zur Zahlung der Erbbauzinsen für die Restlaufzeit des Erbbaurecht zwar frei, müßte aber dem Grundstückseigentümer den eventuellen Differenzbetrag zahlen.

Nach anderer Ansicht folgt der Umfang des Erlöschens aus dem Umfang der Erlöszuteilung im Teilungsplan, weil sonst die Rechtsstellung des früheren Erbbauberechtigten im Vergleich zur Rechtslage ohne Liegenbelassungsvereinbarung ungerechtfertigt verbessert würde[558]. Wäre dieser Meinung zu folgen, würde der Vollstreckungsschuldner nur teilweise von der Pflicht zur Zahlung der schuldrechtlichen Erbbauzinsen frei. Abgesehen davon, daß die Auslegung der Vorschrift gegen dieses Ergebnis spricht[559], bestehen nach der hier vertretenen Ansicht durchgreifende dogmatische Zweifel an einer solchen Konstruktion. Wenn das Erbbauzinsschuldverhältnis fortbestünde, wäre der Vollstreckungsschuldner grundsätzlich verpflichtet, weiter die ursprünglich vereinbarten Erbbauzinsraten[560] zu zahlen. Welche Raten in welchem Umfang aufgrund der teilweisen Befriedigungswirkung durch die Erlöszuteilung erlöschen würden, wäre offen. Außerdem wäre der Gläubiger in dem Fall, daß er eine schuldrechtlich wirkende Vereinbarung mit dem Ersteher getroffen hätte, bevorteilt, weil er zwei persönliche Schuldner im Hinblick auf den nicht gedeckten Erbbauzins hätte.

Da nach der herrschenden Meinung diese Probleme vermieden werden, ist ihr zu folgen und von einem Erlöschen des persönlichen Erbbauzinsverhältnisses auszugehen.

b) Die Praktikabilität

Zweifelhaft ist die Praktikabilität dieser Schutzmöglichkeit.

Liegt im Zeitpunkt des Zuschlages eine umfassende[561] Liegenbelassungsvereinbarung vor, für deren Wirksamkeit anders als bei der Stillhalteerklärung keine Zustimmung Dritter erforderlich ist[562], oder kommt eine solche Abrede noch zustande, entsteht kein Erbbaurecht ohne Erbbauzins. Unter dieser Voraussetzung ist die Abrede nach § 91 Abs. 2 ZVG geeignet, den Erbbauzinsanspruch zu retten.

557 Chr. Mohrbutter, S. 115.

558 Böttcher, Zwangsversteigerungsgesetz, § 91 ZVG Rn. 21; Dassler/Schiffhauer/Gerhardt/Muth, § 91 ZVG Rn. 28; Muth, Zwangsversteigerungspraxis, 4 B Rn. 20 (S. 249); Muth, Rpfleger 1990, S. 2 (5).

559 Chr. Mohrbutter, S. 113 f.

560 S. oben II. 1. a) cc), S. 21 f.

561 Gemeint ist eine Abrede, die auch den ausdrücklichen Übergang der schuldrechtlichen Erbbauzinsverpflichtung regelt.

562 S. oben III. 2., S. 72 ff.; so auch Chr. Mohrbutter, S. 115.

Fraglich ist nur, ob ein Bietinteressent oder der Ersteher in der Praxis mit dem Grundstückseigentümer eine solche Übereinkunft treffen. Sie ist für den Ersteher nur dann wirtschaftlich sinnvoll, wenn er es vorzieht, anstelle des vollen Bargebots künftig die Erbbauzinsraten zu zahlen und wenn das von ihm zu zahlende Bargebot um den vollen Betrag gemindert wird, den er künftig an Erbbauzinsen noch entrichten muß. Der Grundstückseigentümer müßte sich verpflichten, den Teil des Minderungsbetrages zu übernehmen, den der Ersteher nicht gem. § 91 Abs. 3 S. 1 ZVG anrechnen lassen kann. In diesem Fall trägt der Grundstückseigentümer letztlich einen Teil des Betrages selbst, den der Ersteher als neuer Erbbauberechtigte künftig an Erbbauzinsen an ihn zu leisten hat. Die Liegenbelassungsvereinbarung birgt somit zwei Nachteile für den Grundstückseigentümer: Zum einen ist er von der Zustimmung des Bietinteressenten oder des Erstehers abhängig, zum anderen ist es nach den Umständen des Einzelfalls möglich, daß der Grundstückseigentümer wirtschaftlich mit einem Teil der Erbbauzinsreallast ausfällt.

Die Rettung des Erbbauzinses durch eine Liegenbelassungsübereinkunft ist in der Praxis also nicht ohne weiteres durchführbar.

5. Die Novelle vor der Novelle: Die Einführung einer neuen Vorschrift über das Bestehenbleiben der Erbbauzinsreallast

Schon zwei Jahre vor der Einbringung der Gesetzesinitiative zur Änderung der Erbbaurechtsverordnung im Zuge der Sachenrechtsbereinigung[563] schlug Geissel vor, eine Sondervorschrift für den Erbbauzins zu schaffen[564]. Danach sollte die Erbbauzinsreallast bei einer Zwangsversteigerung des Erbbaurechts unabhängig von ihrem Grundbuchrang stets bestehen bleiben[565]. Ein Textvorschlag für den Wortlaut der Regelung wurde nicht formuliert[566].

Hinsichtlich der Konsequenzen einer derartigen Regelung ist Geissel insoweit zuzustimmen, als sie bei einer Zwangsversteigerung aus der herkömmlichen Erbbauzinsreallast verschiedene Vorteile bieten würde[567]. Das (herkömmliche) Stammrecht würde bestehen bleiben. Das Recht eines Grundpfandgläubigers könnte den ersten Rang erhalten und würde dennoch nicht den Bestand des Erbbauzinsanspruchs gefährden.

563 BR-Drucks. 515/93 vom 13.8.1993.

564 Geissel, S. 129.

565 Geissel, S. 129.

566 Offengeblieben ist auch, in welches Gesetz die Sondervorschrift Eingang finden sollte.

567 Geissel, S. 129.

Zweifelhaft ist aber, ob es zutrifft, daß diese Sondervorschrift den Interessen aller Beteiligten gerecht würde[568]. Unter den Beteiligten sind in diesem Zusammenhang nicht nur die Verfahrensbeteiligten i.S.d. § 9 ZVG zu verstehen. Es sind vielmehr alle Personen des privaten oder öffentlichen Rechts gemeint, die aufgrund eines Erbbaurechts in einer Sonderbeziehung[569] zueinander stehen oder stehen könnten. Wenn die Erbbauzinsreallast in jedem Fall versteigerungsfest wäre, würde jeder Bieter normalerweise die künftigen Erbbauzinszahlungen berücksichtigen[570], und die Gebote und der zu verteilende Erlös würden deshalb geringer ausfallen. Etwaige Grundpfandgläubiger erhielten somit möglicherweise keine volle Befriedigung. Das könnte dazu führen, daß potentielle Kreditgeber des Erbbauwilligen die für die Errichtung des Bauwerks nötigen Mittel nicht in dem erforderlichen Umfang zur Verfügung stellen und der Erbbauberechtigte auf den Abschluß des Erbbaurechts verzichten müßte. Grundstückseigentümer, die zur Ausgabe eines Erbbaurechts bereit wären, müßten daher von der Verwertung des Grundstücks durch Bestellung eines Erbbaurechts absehen. Letztlich würde also die Verbreitung des Erbbaurechts gehemmt. Die von Geissel vorgeschlagene, bislang nicht in die Erbbaurechtsverordnung eingefügte Norm würde demnach den Interessen zukünftiger Parteien eines Erbbaurechtsvertrages und etwaiger Grundpfandgläubigern zuwiderlaufen. Insoweit kann Geissel deshalb nicht gefolgt werden.

Der Gesetzgeber hat sich für eine andere Lösung entschieden[571]. Da danach die Erbbauzinsreallast nicht stets fortdauert und ihr Bestehenbleiben zudem von einer entsprechenden Vereinbarung abhängig ist, ist sie quantitativ unter der von Geissel geforderten Novelle geblieben.

Zu überlegen ist, wie im Fall einer weiteren Gesetzesänderung die Norm lauten könnte und ob nach den derzeitigen, in den Gesetzesmaterialien zum Sachenrechtsänderungsgesetz zum Ausdruck gekommenen Intentionen des Gesetzgebers[572] die Einfügung dieser Vorschrift erwartet werden kann. Auf diese Frage wird bei der Diskussion eines weiteren Vorschlages zu einer Novellierung der Erbbaurechtsverordnung eingegangen[573].

---

568 So aber: Geissel, S. 129.

569 Zum Begriff z.B.: BGHZ 95, S. 274 (288); 103, S. 184 (195); BGH NJW 1990, S. 1905 (1905 Anm. II); 1995, S. 715 (716 Anm. II); 1996, S. 2724 (2724 Anm. 1 a)); MüKo-Roth, § 242 BGB Rn. 55; Palandt-Heinrichs, § 242 BGB Rn. 6.

570 Nach der Rechtslage bis zum 30.9.1994 müßten sie das nur in den Fällen, in denen aus einem nachrangigen Recht die Zwangsversteigerung in das Erbbaurecht betrieben wurde.

571 S. oben II. 2. c), S. 56 ff.

572 BT-Drucks. 12/5992.

573 Chr. Mohrbutter hat eine Novelle nach der Novelle vorgeschlagen (Eigentümerrechte und Erbbaurecht, S. 252-254). Überlegungen der Verfasserin werden deshalb im Zusammenhang mit diesem Lösungsvorschlag dargestellt (s. oben III. 8. b), S. 127 ff.).

6. Die analoge Anwendung des § 25 ErbbauV

Neu in der Diskussion über die Lösung des Problems Erbbaurecht ohne Erbbauzins ist der Vorschlag von Handschumacher, § 25 ErbbauV analog anzuwenden[574]. Die Norm lautet:

> „Wird das Grundstück zwangsweise versteigert, so bleibt das Erbbaurecht auch dann bestehen, wenn es bei der Feststellung des geringsten Gebots nicht berücksichtigt ist."

Die Erbbauzinsreallast, so Handschumacher, sei in ihrer Zwangsversteigerung dem Erbbaurecht in der Zwangsversteigerung des Grundstücks gleichzustellen[575]. Da der Gesetzgeber bei Schaffung der Erbbaurechtsverordnung die Problematik des Erbbaurechts ohne Erbbauzins verkannt habe, existiere auch eine unbewußte Regelungslücke. Wie den Gesetzesmotiven zu entnehmen sei, habe er ausschließlich auf die bessere Beleihbarkeit und damit auf die unmittelbare Perspektive des Erbbauberechtigten und seines Kreditgebers abgestellt[576]. Das Problem sei vom Grundsatz und von den Konsequenzen her seinerzeit falsch beurteilt worden[577].

Weil die einschlägigen Vorschriften der Erbbaurechtsverordnung und des Zwangsversteigerungsgesetzes zwischenzeitlich novelliert worden sind, stellt sich die Frage, ob die von Handschumacher bejahte, unbewußte Regelungslücke gegebenenfalls heute noch existiert. Der Gesetzgeber wußte bei der Verabschiedung des Sachenrechtsänderungsgesetzes, daß durch die Novelle nicht ohne weiteres eine Änderung im Hinblick auf bereits ausgegebene Erbbaurechte eintritt. Der Bundesrat faßte die potentiellen Auswirkungen seines Vorschlages im Gesetzgebungsverfahren wie folgt zusammen[578]:

> „Der Entwurf[579] sieht dies jedoch nicht zwingend für alle Erbbauzinsreallasten, sondern nur für die Fälle vor, in denen eine dahin gehende Vereinbarung getroffen und zum Inhalt des dinglichen Rechts bestimmt worden ist.
>
> Die Änderung verkürzt damit nicht die Rechte der Inhaber bereits bestellter dinglicher Rechte, gibt den Beteiligten jedoch eine breiten Spielraum, eine zinsgünstige erstrangige Beleihung des Erbbaurechts zu ermöglichen, ohne daß der Grundstückseigentümer den Verlust des Erbbauzinses in der Zwangsversteigerung befürchten muß."

574 Handschumacher, S. 167-196, 198.

575 Handschumacher, S. 190-192.

576 Handschumacher, S. 195.

577 Handschumacher, S. 195.

578 BT-Drucks. 12/7425, S. 85 (Anm. zu Nr. 1).

579 Gemeint ist die flankierende Änderung des Zwangsversteigerungsgesetzes (s. oben II. 1. d) bb) aaa) (1), S. 44 f.).

In den Fällen, daß eine Änderungsvereinbarung nicht zustande kommt, wollte es der Gesetzgeber also bei der bisherigen Rechtslage, d.h. der Entstehung eines Erbbaurechts ohne Erbbauzins, belassen. Anderenfalls hätte er eine Regelung gewählt, bei der die Versteigerungsfestigkeit der herkömmlichen Erbbauzinsreallast kraft Gesetzes eintreten würde. Bezüglich der bis zum Inkrafttreten des Sachenrechtsänderungsgesetzes existierenden Erscheinungsformen des Erbbauzinsanspruchs ist die Lücke unter Berücksichtigung der heutigen Rechtslage somit nicht planwidrig. Folglich scheidet eine entsprechende Anwendung des § 25 ErbbauV aus.

Die gleiche Rechtslage könnte in den Fällen bestehen, wenn ein Gläubiger aus den Rechten gem. § 10 Abs. 1 Nr. 1-3 ZVG in ein Erbbaurecht vollstreckt, bei dem eine Erbbauzinsreallast nach neuem Recht vereinbart wurde. Da diese Gläubigerrechte im Gesetzgebungsverfahren nicht angesprochen wurden[580], fragt sich, ob der Gesetzgeber insoweit eine Regelung übersehen haben könnte. Die Motive geben hierüber Aufschluß. Wenn ein Ziel der Novelle der umfassende Schutz des Grundstückseigentümers vor der Entstehung eines Erbbaurechts ohne Erbbauzins wäre, hätte der Gesetzgeber folgerichtig auch die Zwangsvollstreckung aus den ersten drei Rangklassen des § 10 Abs. 1 ZVG in den Schutz des § 9 Abs. 3 ErbbauV einbeziehen müssen. Aufgrund des Fehlens einer solchen Norm müßte von einer planwidrigen Regelungslücke ausgegangen werden. Wenn den Motiven dagegen entnommen werden kann, daß aus bestimmten Gründen bewußt nur die Fallgruppen der Zwangsversteigerung aus einem vorrangigen Grundpfandrecht und aus der Erbbauzinsreallast normiert wurden, ist für die von Handschumacher (unter Geltung einer anderen Gesetzeslage) befürwortete Analogie kein Raum. Die Bundesregierung erläuterte in der Begründung ihrer Gesetzesinitiative[581]:

> „Ein Rangrücktritt birgt für den Grundstückseigentümer indessen die Gefahr, daß bei einer Zwangsversteigerung ein erbbauzinsloses Erbbaurecht entsteht. ....
>
> Der Grundstückseigentümer hat nach geltendem Recht keine Möglichkeit, sich gegen diese negativen Folgen eines Rangrücktritts zu sichern.
>
> ...
>
> Diese Wirkungen eines Rangrücktritts werden in der Literatur zu Recht als unbefriedigend angesehen (vgl. Groth, DNotZ 1983, S. 652 und Weirich, Grundstücksrecht, Rdn. 776[582]). Nach geltendem Recht erhält der Ersteher unverdientermaßen ein erbbauzinsloses Erbbaurecht. Hier-

580 S. oben II. 1. d), S. 42.

581 BT-Drucks. 12/5992, S. 183 (2. Spalte Abs. 2-4).

582 Die Bundesregierung zitiert die 1. Aufl. 1985. In der 2. Aufl. 1996 liegt der Schwerpunkt der Ausführungen zum Rangproblem bei den Neuerungen durch das Sachenrechtsänderungsgesetz (Weirich, Grundstücksrecht, 2. Aufl., Rn. 1325).

für besteht auch aus dem Interesse des Gläubigers keine Rechtfertigung. Für den erstrangigen Grundpfandrechtsgläubiger wäre die Übernahme des Erbbauzinses durch den Ersteher – wie die auf dem Erbbaurecht ruhenden öffentlichen Lasten – hinnehmbar, wenn keine Kapitalisierung der Rückstände einträte."

Ob die Bundesregierung mit den unbefriedigenden Folgen im Sinne des Absatzes 3 Satz 1 die in den beiden vorangegangenen Absätzen geschilderten Konsequenzen für den Grundstückseigentümer meint oder aber die in den nachfolgenden Sätzen geschilderte Situation des Erstehers und des Grundpfandgläubigers, ist unklar. Für die erste Überlegung spricht die Bezugnahme durch das Demonstrativpronomen und der Verweis auf Weirich[583], für die zweite die Zusammenfassung in einem Absatz.

Der Bundesrat bezieht in seiner Stellungnahme zu einer weiteren Ergänzung der Erbbaurechtsverordnung eine deutlichere Position[584]:

„Das Erlöschen der Erbbauzinsreallast könnte jedoch auch dadurch eintreten, daß der Grundstückseigentümer aus der Reallast die Versteigerung in das Erbbaurecht betreibt. Das berührt zwar keine schutzwürdigen Belange des Grundstückseigentümers, schränkt aber die Möglichkeit zu einer Beleihung des Erbbaurechts durch ein der Erbbauzinsreallast nachrangiges Grundpfandrecht erheblich ein. ..."

Danach soll in diesem Fall nicht der Grundstückseigentümer – möglicherweise weil er selbst betreibender Gläubiger ist – geschützt werden, eine Berücksichtigung dieser Fallgruppe soll aber wegen der besseren Beleihbarkeit des Erbbaurecht erfolgen.

Auch der Rechtsausschuß hob die bessere Beleihbarkeit des Erbbaurechts verschiedentlich als Ziel hervor[585]. Zweifelhaft ist, ob die mögliche Entstehung von Rechten der Rangklassen gem. § 10 Abs. 1 Nr. 1-3 ZVG und die Zwangsversteigerung daraus die Beleihbarkeit von Erbbaurechten einschränkt. Soweit ersichtlich, machen die Kreditinstitute in der Praxis die Gewährung von Baudarlehen nicht von der Wahrscheinlichkeit einer Zwangsvollstreckung aus diesen Rechten abhängig[586]. Zudem wurde bislang kein Fall bekannt, in dem ein solches Recht eine Höhe gehabt hätte, die eine im Vergleich zu dem Grundpfandrecht oder der kapitalisierten Erbbauzinsreallast eine erhebliche Ablösesumme[587] erfordert hätte.

583 Weirich, Grundstücksrecht, 1. Aufl., Rn. 776. Dagegen wird bei Groth an der zitierten Stelle nicht nach den betroffenen Personen differenziert (Groth, DNotZ 1983, S. 652 (652 Anm. I)).

584 BT-Drucks. 12/5992, S. 194 (2. Spalte Abs. 3).

585 BT-Drucks. 12/7425, S. 85 (1. Spalte Abs. 3).

586 Der Bundesrat, in: BR-Drucks. 515/93, S. 183 (1. Spalte).

587 Grundsätzlich zu dieser Überlegung der Kreditinstitute: Der Bundesrat (BR-Drucks. 515/93, S. 183 (2. Spalte)).

Schließlich würde, wenn die nachrangigen Rechte ausfielen, ein Gläubiger aus § 10 Abs. 1 Nr. 1-3 ZVG aus dem Versteigerungserlös befriedigt und der Rest verteilt. Wenn das zuerst befriedigte Recht keinen erheblichen Umfang hat, wird der Versteigerungserlös nicht in hohem Maß zu Lasten des Grundpfandgläubigers geschmälert. Aus diesen Gründen war es nicht wegen der besseren Beleihbarkeit erforderlich, die hier diskutierte Fallgruppe im Gesetzgebungsverfahren zu berücksichtigen. Da aber offensichtlich auch nicht der Schutz des Grundstückseigentümers Priorität genoß, bestand für den Gesetzgeber kein Anlaß, die Zwangsversteigerung aus den ersten drei Rangklassen des § 10 Abs. 1 ZVG neu zu regeln. Die Auslassung war unter Berücksichtigung des Hauptmotivs der besseren Beleihbarkeit folgerichtig. Die Motive zeigen also, daß der Gesetzgeber die Fallgruppe bewußt nicht in seine Überlegungen aufgenommen hat und es bei der bisherigen Rechtslage belassen wollte.

Da die Erbbaurechtsverordnung nach der hier vertretenen Meinung nicht planwidrig unvollständig ist, kommt eine Analogie zu § 25 ErbbauV nicht in Betracht.

7. Die Novelle nach der Novelle: Die Einführung eines neuen Absatzes 3 in § 52 ZVG n.F.

Nach Inkrafttreten des Sachenrechtsänderungsgesetzes ist, soweit ersichtlich, nur ein Vorschlag zur Lösung des weiterhin bestehenden Problems „Erbbaurecht ohne Erbbauzins“[588] veröffentlicht worden. Nach Mohrbutter soll an die Stelle der durch das Sachenrechtsänderungsgesetz erfolgten Novellierungen eine Ergänzung der Vorschrift § 52 ZVG treten[589].

Der neue Absatz 3 soll lauten[590]:

> „Der Erbbauzins nach § 9 Abs. 1 S. 1 ErbbauV und die Vormerkung zur Sicherung eines Anspruchs auf Erhöhung des Erbbauzinses bleiben auch dann bestehen, wenn sie bei der Feststellung des geringsten Gebots nicht berücksichtigt sind.“

Eine derartige Gesetzesänderung wäre für den Grundstückseigentümer aus verschiedenen Gründen vorteilhaft: Wenn aus einem Recht der Rangklassen des § 10 Abs. 1 Nr. 1-3 ZVG, aus der Erbbauzinsreallast oder aus einem vorrangigen Grundpfandrecht die Zwangsversteigerung in das Erbbaurecht[591] betrieben würde, ginge die (herkömmliche) Erbbauzinsreallast und die Erhöhungsvormerkung kraft Gesetzes nicht unter. Eine nach der gegenwärtigen Gesetzeslage erforderliche Ver-

588 S. oben II. 2. c), S. 56 ff.

589 Chr. Mohrbutter, S. 253 und S. 254.

590 Chr. Mohrbutter, S. 252.

591 S. oben II. 2. a) cc), S. 52.

einbarung, wonach anstelle des herkömmlichen dinglichen Erbbauzinses ein solcher nach § 9 Abs. 3 S. 1 ErbbauV n.F. geschuldet sein soll und der zudem der Erbbauberechtigte und die vor- und gleichrangigen Grundpfandgläubiger zustimmen müssen, wäre überflüssig. Dasselbe würde für die nach § 9 Abs. 2 S. 2 ErbbauV n.F. derzeit notwendige Abrede über die Versteigerungsfestigkeit der Wertsicherung gelten. Ferner müßte der dingliche Erbbauzinsanspruch wieder bestimmt sein. Der Grundstückseigentümer könnte nach der hier vertretenen Auffassung[592] zudem weiterhin in einem bestimmten Fall die Abspaltung der schuldrechtlichen Erbbauzinsverpflichtung von dem Erbbaurecht durch die Verweigerung der Zustimmung zur Zwangsversteigerung verhindern: Unter der Bedingung, daß eine Vereinbarung gem. § 5 Abs. 1 ErbbauV getroffen wurde, greift das Verweigerungsrecht bei einer Zwangsversteigerung aus der Erbbauzinsreallast durch[593].

In allen anderen Fällen wäre der Übergang der schuldrechtlichen Erbbauzinsverpflichtung nicht gesichert. Das würde dazu führen, daß die für die Wertsicherung weiterhin erforderliche schuldrechtliche Anpassungsverpflichtung[594] in der Zwangsversteigerung wie bisher von dem Erbbaurecht abgespalten würde[595]. Danach würde zwar kein erbbauzinsloses Erbbaurecht, aber ein Erbbaurecht ohne Erhöhungsvereinbarung existieren. Darüber hinaus würden aufgrund dieser Regelung möglicherweise weitere Probleme auftreten, die der Gesetzgeber gerade vermeiden will. Gegebenenfalls muß davon ausgegangen werden, daß der Gesetzgeber aus diesen Gründen im Sachenrechtsänderungsgesetz eine andere Lösung gewählt hat und vorbehaltlich einer Änderung seiner Zielsetzung Mohrbutters Vorschlag auch künftig nicht umsetzen wird. Wenn der Grundstückseigentümer aus Gründen der besseren Beleihbarkeit hinter das Grundpfandrecht zurückgetreten ist, entstünde folgende Situation: Die dinglichen Rechte blieben bei Betreibung der Zwangsversteigerung durch diesen Grundpfandgläubiger zwar bestehen, es würden aber unter Umständen weniger Bietinteressenten mitbieten und die abgegebenen Gebote könnten geringer ausfallen, da jeder Bieter normalerweise berücksichtigen würde, daß er nunmehr ein Erbbaurecht mit der Verpflichtung zur Zahlung des Erbbauzinses erwirbt. Diesem Umstand konnte der Kreditgeber aber bei der Beleihung des Erbbaurechts nicht berücksichtigen, da er nach der damals bestehenden Rechtslage davon ausgehen mußte, daß bei der Betreibung einer Zwangsversteigerung aufgrund seines vorrangigen Anspruchs die dinglichen Rechte ausfallen und ein starker Anreiz für die Bieter zur Abgabe von hohen Angeboten bestehen würde. Der Gesetzgeber würde also, wenn er Mohrbutters Vorschlag folgen würde, nachträglich diejenigen Beteiligten benachteiligen, die durch die Gewährung des Kredits die Erstellung des Erbbaurechtsbauwerks ermöglicht ha-

---

592 S. oben III. 3. c), S. 108 f.

593 S. oben III. 3. c), S. 108.

594 S. oben II. 1. c), S. 31 f.

595 S. oben II. 2. b), S. 53 f.

ben[596]. Dadurch würde das Vertrauen der Grundpfandgläubiger in das Institut Erbbaurecht gestört und die Beleihung wäre gefährdet. Der Gesetzgeber hat sich in den Motiven zum Sachenrechtsänderungsgesetz zu der Erhaltung und Verbesserung der Beleihbarkeit des Erbbaurechts als Sinn und Zweck der Novelle bekannt[597]. Anhaltspunkte dafür, daß der Gesetzgeber seine Position zugunsten der von Mohrbutter vorgeschlagenen Regelung aufgeben wird, sind zur Zeit nicht ersichtlich.

8. Das Heimfallrecht

Soweit durch die in Rechtsprechung und Literatur vorgeschlagenen Schutzmöglichkeiten der Wegfall des Erbbauzinses nicht ausnahmsweise verhindert wird[598], muß der Grundstückseigentümer die Entstehung eines Erbbaurechts ohne Erbbauzins hinnehmen, es sei denn, der Erbbauzinsanspruch kann anders geschützt werden.

In Betracht kommt das erbbaurechtliche Sonderinstitut des Heimfalls. Stünde dem Grundstückseigentümer gegen den Erbbauberechtigten oder gegen den Ersteher ein durchsetzbarer Heimfallanspruch zu, könnte er, wenn das Erbbaurecht auf ihn übertragen ist, die Veräußerung an einen Dritten davon abhängig machen, daß dieser sich verpflichtet, Erbbauzinsen zu zahlen.

a) Das Vorliegen der Voraussetzungen

Der Gesetzgeber verwendet in der Erbbaurechtsverordnung i.d.F. vom 15. Januar 1919[599] die Begriffe „Heimfall“ und „Heimfallanspruch“. Nach der Legaldefinition

---

596 Der Bundesrat, in: BT-Drucks. 12/5992, S. 194 (vorletzter Absatz).

597 Die Bundesregierung, in: BT-Drucks. 12/5992, S. 183 f.; der Bundesrat, in: BT-Drucks. 12/5992, S. 194 und 515/93, S. 183 f.

598 Das gilt insbesondere für die Verweigerung der Zustimmung des Grundstückseigentümers zur Zwangsversteigerung nach §§ 8, 5, 7 ErbbauV (s. oben III. 3., S. 82 ff.).

599 Hauptgrund für die Einführung des Instituts des Heimfalls war die Erhöhung der Beleihungsfähigkeit und damit der Marktfähigkeit des Erbbaurechts (Amtliche Begründung zur Erbbaurechtsverordnung, abgedruckt bei Samoje, vor § 1; Ingenstau/Hustedt, § 2 ErbbauV Rn. 34; Staudinger-Ring, Einl. zur ErbbauV Rn. 6). Das BGB-Erbbaurecht nach §§ 1012-1017 kennt den Heimfall nicht. Häufig wurde deshalb in den damaligen Erbbaurechtsverträgen vereinbart, daß das Erbbaurecht bei geringfügigen Pflichtverstößen des Erbbauberechtigten erlischt (MüKo-von Oefele, § 2 ErbbauV Rn. 24; Staudinger-Ring, Einl. ErbbauV Rn. 5). Potentielle Kreditgeber vertrauten einem derart unsicheren Sicherungsmittel nicht (Amtliche Begründung zur Erbbaurechtsverordnung, abgedruckt bei Samoje, vor § 1; Staudinger-Ring, Einl. zur ErbbauV Rn. 6).

Beim Heimfall bleiben dagegen gem. § 33 ErbbauV die auf dem Erbbaurecht ruhenden Lasten bestehen. Die Möglichkeit, das Erbbaurecht bei Pflichtverstößen des Erbbauberechtigten zum Erlöschen zu bringen, wurde in § 1 Abs. 4 ErbbauV ausgeschlossen. Diese Norm garantiert den Bestand des Erbbaurechts für den vereinbarten Zeitraum (zur Laufzeit des Erbbaurechts: s. oben II. 1. a) cc), S. 21 f.).

Weiter sollte die Rechtssicherheit und Rechtsklarheit gefördert werden (Amtliche Begründung zur Erbbaurechtsverordnung, abgedruckt bei Günther, S. 14 ff.). Da das Heimfallrecht gem. § 2

in § 2 Nr. 4 ErbbauV ist unter dem Heimfall die in der Vorschrift näher konkretisierte Verpflichtung des Erbbauberechtigten zur Übertragung des Erbbaurechts auf den Grundstückseigentümer oder auf einen von ihm bezeichneten Dritten[600] zu verstehen.

Der Begriff hat aber auch eine darüber hinausgehende Bedeutung. § 33 Abs. 1 S. 1 1. Halbs. ErbbauV sieht beispielsweise vor, daß beim Heimfall die Hypotheken, Grund- und Rentenschulden sowie die Reallasten bestehen bleiben. Wäre unter dem Heimfall nach § 2 Nr. 4 ErbbauV nur die Verpflichtung des Erbbauberechtigten zur Übertragung des Erbbaurechts zu verstehen, ergäbe die Existenz der letztgenannten Norm keinen Sinn. In diesem Kontext ist unter dem Begriff „Heimfall" somit der sachenrechtliche Vollzug der Verpflichtung, d.h. der Übergang des Erbbaurechts, zu verstehen. Entsprechendes gilt für § 34 ErbbauV.

Mit dem Heimfall korrespondiert der in §§ 3, 4 und 32 Abs. 1 ErbbauV geregelte Anspruch des Ausgebers des Erbbaurechts, d.h. des ersten Grundstückseigentümers, von seinem Vertragspartner, dem Erbbauberechtigten, beim Eintritt bestimmter Voraussetzungen die Übertragung des Erbbaurechts zu verlangen[601].

Wenn dem Grundstückseigentümer ein derartiges Recht kraft Gesetzes zusteht, könnte der Erbbauzins unabhängig von den im Einzelfall getroffenen, konkreten Vereinbarungen in dem noch zu untersuchenden Umfang geschützt werden. Wäre der Heimfallanspruch gem. § 1 ErbbauV gesetzlicher Inhalt des Erbbaurechts, entstünde er ohne weiteres mit der Bestellung des Erbbaurechts. Die Vorschrift erwähnt den Heimfallanspruch jedoch nicht. Da das Recht in § 2 ErbbauV, der Beispiele für Vereinbarungen aufzählt, genannt wird, besteht es grundsätzlich nur bei

---

Nr. 4 ErbbauV während der gesamten Dauer des Erbbaurechts für und gegen jeden Rechtsnachfolger des Grundstückseigentümers und des Erbbauberechtigten gilt, bestehen während der gesamten Laufzeit des Erbbaurechts einheitlich gültige Rechtsbeziehungen (Ingenstau/Hustedt, § 2 ErbbauV Rn. 35; Knothe, S. 265; MüKo-von Oefele, § 2 ErbbauV Rn. 24; Stahlhacke, S. 6 f.).

Schließlich bezweckt der Heimfallanspruch eine Absicherung des Grundstückseigentümers bei Pflichtverstößen des Erbbauberechtigten (von Oefele/Winkler, Rn. 4.77; Staudinger-Ring, § 2 ErbbauV Rn. 19). Der Grundstückseigentümer kann das durch den Erbbaurechtsvertrag begründete, sachenrechtliche Vertragsverhältnis mit dem Erbbauberechtigten nicht kündigen. Er kann nach der Entstehung des Erbbaurechts durch Eintragung im Erbbaugrundbuch von dem Erbbaurechtsvertrag aber auch nicht mehr zurücktreten. Ein vertragliches Rücktrittsrecht wäre gem. § 1 Abs. 4 ErbbauV unzulässig (Amtliche Begründung zu § 1 der Erbbaurechtsverordnung, abgedruckt bei Samoje; BGH NJW 1969, S. 1112 (1113); von Oefele/Winkler, Rn. 2.139; Palandt-Heinrichs, § 326 BGB Rn. 2; Einf. vor § 346 BGB Rn. 4, § 346 BGB Rn. 1). Ein gesetzliches Rücktrittsrecht i.S.d. § 326 BGB, das dem Grundstückseigentümer einen Anspruch auf Löschung des Erbbaurechts geben könnte, besteht nicht, weil die Vorschrift auf vollzogene dingliche Verträge keine Anwendung findet (BGH NJW 1969, S. 1112 (1113); MüKo-von Oefele, § 2 ErbbauV Rn. 24; Palandt-Heinrichs, § 326 BGB Rn. 2; Einf. vor § 346 BGB Rn. 4, § 346 BGB Rn. 1; Soergel-Stürner, § 2 ErbbauV Rn. 2; Stahlhacke, S. 26, 17).

600 Soweit es nachfolgend nicht darauf ankommt, ob das Erbbaurecht im Wege des Heimfalls auf den Grundstückseigentümer oder auf einen Dritten zu übertragen ist, wird verkürzend nur noch der Grundstückseigentümer erwähnt.

601 Auf die sog. dingliche Wirkung der Heimfallabrede wird noch eingegangen.

einer entsprechenden Abrede der Parteien. Die Erbbaurechtsverträge enthalten in der Praxis auch durchweg Vereinbarungen über den Heimfall[602].

Der Bundesgerichtshof[603] hat die Frage aufgeworfen, ob der Heimfallanspruch ausnahmsweise aus § 242 BGB analog hergeleitet werden kann[604], ließ die Beantwortung aber offen[605]. Die Literatur lehnt, soweit Stellung zu diesem Problem genommen wird, ein solches Heimfallrecht ab[606]. Eine entsprechende Anwendung einer Norm komme nur in Betracht, wenn der fragliche Sachverhalt gesetzlich nicht geregelt sei[607]. Das ist hier ausweislich der Vorschrift § 2 Nr. 4 ErbbauV jedoch der Fall. Die Rettung des Erbbauzinses durch das Heimfallrecht setzt also voraus, daß ein solcher Anspruch ausdrücklich ausbedungen wurde.

Welche Umstände vorliegen müssen, damit zugunsten des Grundstückseigentümers der Tatbestand eines Heimfallanspruchs verwirklicht wird, richtet sich ebenfalls nach den Abreden der Vertragspartner, § 2 Nr. 4 ErbbauV. In der Praxis wird als Voraussetzung regelmäßig der Eintritt eines sog. Heimfallgrundes vereinbart[608]. Wenn sich die Vertragspartner auf mehrere Heimfallgründe einigen, muß lediglich eine der Alternativen verwirklicht werden, damit das Heimfallrecht entsteht[609]. Meist wird bei Verletzung von Pflichten aus dem Erbbaurechtsvertrag Verzug mit der Erbbauzinszahlung in Höhe von mehr als zwei Jahresraten und Vermögensverfall des Erbbauberechtigten[610], d.h. insbesondere bei Insolvenz, Vergleich, Zwangsversteigerung oder Zwangsverwaltung des Erbbaurechts, der Heimfall ausbedungen[611]. Eine solche Klausel lautet beispielsweise[612]:

---

602 Glaser, S. 29, 160; Linde-Richter, Rn. 106 f.; MüKo-von Oefele, § 2 ErbbauV Rn. 27.

603 LM ErbbauV § 2 ErbbauV Nr. 1.

604 RGRK-Räfle, § 2 ErbbauV Rn. 23.

605 LM ErbbauV § 2 ErbbauV Nr. 1.

606 RGRK-Räfle, § 2 ErbbauV Rn. 23.

607 Zu den Voraussetzungen der Analogie s. oben II. 1. c) bb) aaa) (2), S. 33 f.

608 Schöner/Stöber, Rn. 1754; Ingenstau/Hustedt, § 2 Rn. 44 f.

609 Schöner/Stöber, Rn. 1754; Münchener Vertragshandbuch, VIII.1. Anm. 27. Ein Verschulden des Erbbauberechtigten am Eintritt der vereinbarten Voraussetzungen ist nicht erforderlich (BGH NJW 1984, S. 2213 (2214); von Oefele/Winkler, Rn. 4.78).

610 Mitunter kommen in der Praxis ausgefallene Heimfallgründe vor. Das Land Bayern ist Eigentümer des Obersalzberges, den Hitler seinerzeit als letzten Zufluchtsort vorgesehen hatte. Die Landesregierung beschloß im Jahr 1995, das Gelände im Weg eines Erbbaurechts zu vergeben (Frankfurter Allgemeine Zeitung vom 4.8.1995, S. 6). Als Heimfallgrund soll nach der Vorstellung der Grundstückseigentümerin ein sog. ideologischer Mißbrauch des Erbbaurechts vereinbart werden (Frankfurter Allgemeine Zeitung vom 4.8.1995, S. 6). Ein ideologischer Mißbrauch liege vor, wenn der zukünftige Erbbauberechtigte die Örtlichkeit für rechtsextremistische, insbesondere neonazistische Umtriebe nutzen würde (Frankfurter Allgemeine Zeitung a.a.O.); s. auch Kölpin, S. 450 Anm. IV.

611 Schöner/Stöber, Rn. 1761; Ingenstau/Hustedt, § 2 ErbbauV Rn. 46 Anm. 8; von Oefele/Winkler, Rn. 4.81 und z.B. Muster 1, S. 469 f.; Kölpin, S. 450 Anm. IV.

612 Von Oefele/Winkler, S. 470.

„Der Grundstückseigentümer kann die Übertragung des Erbbaurechts an sich oder an einen von ihm zu bezeichnenden Dritten vor Ablauf der vereinbarten Dauer des Erbbaurechts auf Kosten des Erbbauberechtigten verlangen, wenn

a) der Erbbauberechtigte den in den §§ ... dieses Vertrages aufgeführten Verpflichtungen trotz Abmahnung zuwiderhandelt,
b) die Zwangsversteigerung (nicht die Teilungsversteigerung) oder Zwangsverwaltung des Erbbaurechts angeordnet wird,
c) über das Vermögen des Erbbauberechtigten das Insolvenz- oder Vergleichsverfahren eröffnet oder die Eröffnung mangels Masse abgelehnt wird,
d) der Erbbauberechtigte mit der Zahlung des Erbbauzinses in Höhe von zwei Jahresbeträgen in Verzug kommt,
e) wenn der Erbbauberechtigte das Erbbaurecht vor Errichtung des Bauwerks veräußert.“ [613]

Haben der Grundstückseigentümer und der Erbbauberechtigte eine derartige Vereinbarung getroffen und wird das Zwangsversteigerungsverfahren eröffnet, steht dem Grundstückseigentümer das Heimfallrecht zu. Er kann es ausüben. Unter der Ausübung oder der Geltendmachung des Heimfallrechts ist zu verstehen, daß der Grundstückseigentümer[614] von dem Erbbauberechtigten unter Angabe des eingetretenen Heimfallgrundes die Übertragung des Erbbaurechts verlangt[615]. Die

613 In der Literatur wird kritisiert, daß der Grundstückseigentümer de lege lata die Möglichkeit habe, den Heimfalll bei fast jedem Pflichtverstoß des Erbbauberechtigten zu vereinbaren (MüKo-von Oefele, § 2 ErbbauV Rn. 24; von Oefele/Winkler, Rn. 4.82). Der Erbbauberechtigte werde bei Abschluß des Erbbaurechtsvertrages vor die Wahl gestellt: Entweder er akzeptiere einen Vertrag, der ihn übervorteile, oder das Erbbaurecht würde nicht bestellt (von Oefele/Winkler, Rn. 4.82). Deshalb fordert Stahlhacke, daß der Gesetzgeber die Heimfallvoraussetzungen gesetzlich normiert (a.a.O., S. 27 f.).

Das Sachenrechtsbereinigungsgesetz änderte das Heimfallrecht insoweit nicht. Bei neuen Erbbaurechten im Beitrittsgebiet müssen die Beteiligten den Heimfall und seine Voraussetzungen ebenfalls grundsätzlich vereinbaren, §§ 42 Abs. 2 Nr. 1, 56 SachenRÄndG. In Abweichung davon kann der Eigentümer eines im Beitrittsgebiet liegenden Grundstücks in bestimmten Fällen von dem künftigen Erbbauberechtigten den Abschluß einer Heimfallvereinbarung im Erbbaurechtsvertrag verlangen (§ 56 Abs. 1-3 SachenRÄndG). Bei diesen Heimfallgründen handelt es sich um Pflichten des künftigen Erbbauberechtigten, die die Errichtung oder die Instandsetzung des Gebäudes auf dem Erbbaugrundstück betreffen. Außerdem muß der Grundstückseigentümer gem. § 56 Abs. 4 SachenRÄndG dem Nutzer (Erbbauberechtigten) stets eine Nachfrist für die Erfüllung der Pflicht setzen. Dieses einschränkende Erfordernis könnte gewährleisten, daß das Erbbaurecht im Beitrittsgebiet nicht sofort durch einen Heimfall den Inhaber wechselt.

614 Der Heimfallanspruch ist nach § 3 Halbs. 1 ErbbauV grundstücksbezogen. Er ist nicht abtretbar. Der Grundstückseigentümer kann die Ausübung daher nicht auf einen Dritten übertragen.

615 BGH NJW 1985, S. 1464; Linde-Richter, Rn. 111; RGRK-Räfle, § 2 ErbbauV Rn. 29; Winkler, NJW 1992, S. 2514 (2520). Streitig ist, ob es auch einen sog. umgekehrten Heimfallanspruch gibt (bejahend: Hönn, NJW 1969, S. 1669; ablehnend z.B.: BGH NJW 1990, S. 2067 (2068); von Oefele/Winkler, Rn. 4.90; Weichhaus, Rpfleger 1979, S. 329 (330 unter II)). Darunter ist das Recht des Erbbauberechtigten zu verstehen, von dem Grundstückseigentümer unter bestimmten Vor-

Geltendmachung erfolgt vorbehaltlich anderer Absprachen der Beteiligten formlos durch einseitige empfangsbedürftige Willenserklärung[616].

Das Erbbaurecht geht somit nicht kraft Gesetzes über, sondern muß gegebenenfalls übertragen werden. Die Vollziehung des Heimfallanspruchs setzt lediglich die Einigung des Erbbauberechtigten mit dem Grundstückseigentümer i.S.d. § 873 Abs. 1 BGB, daß das Erbbaurecht übergehen soll, und die Eintragung im Grundbuch voraus. Eine Auflassung ist nicht erforderlich, da gem. § 11 Abs. 1 S. 1 ErbbauV die Vorschrift § 925 BGB auf die Übertragung von Erbbaurechten keine Aufwendung findet[617].

b) *Die Rechtsfolgen: Der Heimfall als Schutzmöglichkeit*

aa) 1. Fall: Der Streit über die Wirkung des gegenüber dem früheren Erbbauberechtigten ausgeübten Heimfallanspruchs auf den Ersteher

In der Praxis könnte beispielsweise folgender Fall eintreten: Aufgrund des Antrages eines erstrangig gesicherten Gläubigers des Erbbauberechtigten auf Zwangsversteigerung des Erbbaurechts beschließt das Vollstreckungsgericht die Eröffnung des Verfahrens. Da die Anordnung als Heimfallgrund vereinbart ist, übt der Grundstückseigentümer gegenüber dem Erbbauberechtigten das Heimfallrecht aus. Bevor er den Heimfallanspruch im Klagewege gegenüber dem Erbbauberechtigten geltend macht, wird der Zuschlag erteilt, und die bestellte Erbbauzinsreallast erlischt. Der Grundstückseigentümer verlangt nunmehr vom Ersteher die Übertragung des Erbbaurechts. Dieser weigert sich, den Anspruch zu erfüllen, weil er meint, daß er hierzu nicht verpflichtet ist.

Eine Verpflichtung des Erstehers würde nicht existieren, wenn der Heimfallanspruch erloschen oder weiterhin nur der frühere Erbbauberechtigte zur Übertragung verpflichtet wäre[618].

Der Heimfallanspruch könnte aufgrund des zwischenzeitlichen Wegfalls des Heimfallgrundes erloschen sein. Folge der Anordnung der Zwangsversteigerung ist die Eintragung des Zwangsversteigerungsvermerks (§ 19 ZVG), der nach Beendigung des Verfahrens gem. § 130 Abs. 1 S. 1 ZVG wieder gelöscht wird. Die Zwangs-

---

aussetzungen die Rücknahme des Erbbaurechts zu verlangen (RGRK-Räfle, § 2 ErbbauV Rn. 31). Im Hinblick auf den Schutz des Erbbauzinses ist der Streit nicht relevant.

616 Schöner/Stöber, Rn. 1756; RGRK-Räfle, § 2 ErbbauV Rn. 35; Winkler, NJW 1992, S. 2514 (2520). In der Literatur wird diese Erklärung teilweise als Gestaltungsrecht verstanden (Schöner/Stöber, Rn. 1756; MüKo-von Oefele, § 2 ErbbauV Rn. 25); der BGH und andere Stimmen in der Literatur sehen darin lediglich ein Erfüllungsverlangen (BGH NJW-RR 1990, S. 1095 (1096); RGRK-Räfle, § 2 ErbbauV Rn. 32).

617 Bestätigt z.B. durch BGH NJW 1976, S. 895 (896).

618 Für den früheren Erbbauberechtigten wäre die Übertragung des Erbbaurechts tatsächlich unmöglich, da aufgrund des Zuschlages nicht mehr er, sondern der Ersteher Inhaber des Erbbaurechts ist.

versteigerung war also im vorliegenden Fall in dem Zeitpunkt noch angeordnet, als der Grundstückseigentümer von dem Erbbauberechtigten die Übertragung verlangte. Als er sie von dem Ersteher forderte, lief das Verfahren dagegen nicht mehr. Die erstmalige Ausübung des Heimfallrechts erfolgte demnach vor dem Wegfall.

Nach der Rechtsprechung und der Literatur[619] führt der Wegfall des Heimfallgrundes vor der Ausübung des Heimfallrechts zum Erlöschen des auf diesen Grund gestützten Einzelanspruchs, der Wegfall nach der Ausübung ist grundsätzlich[620] unbeachtlich[621]. Es komme auch nicht darauf an, ob der Erbbauberechtigte oder ein Dritter den Wegfall des Heimfallgrundes verursacht habe.

Danach besteht hier der gegenüber dem früheren Erbbauberechtigten ausgeübte Einzelanspruch trotz der Löschung des Versteigerungsvermerks fort. Dagegen könnte ein Grundstückseigentümer, der anders als im Ausgangsfall die Ausübung des Rechtes vor dem Wegfall des Heimfallgrundes versäumt, den Erbbauzins durch den Heimfallanspruch nicht schützen.

---

619 BGH WM 1978, 1075 (1076); NJW 1985, S. 1464 (1465); NJW-RR 1988, S. 715 (716 f.)); Erman-Hagen in der 9. Aufl., § 2 ErbbauV Rn. 7; Linde-Richter, Rn. 111; RGRK-Räfle, § 2 ErbbauV Rn. 29; Soergel-Stürner, § 2 ErbbauV Rn. 6; zumindest ungenau von Oefele/Winkler, die nicht zwischen dem Eintritt des Heimfallgrundes und der Ausübung des Heimfallanspruchs unterscheiden (Rn. 4.90 und 4.100).

620 Nach zwei höchstrichterlichen Entscheidungen steht dem Erbbauberechtigten unter bestimmten Voraussetzungen ausnahmsweise der Einwand unzulässiger Rechtsausübung wegen Unverhältnismäßigkeit des Heimfallrechts zu (BGH WM 1969, S. 633 (634); WM 1988, S. 786 (789)).

In einem dieser Fälle war der Gegenstand des Heimfalls eine Heimstätte (BGH WM 1969, S. 633 (634)). Der Heimfall dieser Heimstätte richte sich – so die Urteilsgründe – nach § 12 RHeimstG und sei mit dem Heimfall eines Erbbaurechts vergleichbar. Der geschätzte Verkehrswert der Heimstätte im Sinne des Reichsheimstättengesetzes betrug im Zeitpunkt der drohenden Zwangsversteigerung 46.650,-- DM. Die Grundsteuerbeträge, aus denen die Zwangsversteigerung betrieben wurde, betrugen nur 416,10 DM, also weniger als 1% des Verkehrswerts des Erbbaurechts. Die Inhaber der Heimstätte hatten nach Anordnung des Zwangsversteigerungsverfahrens die Grundsteuerrückstände bezahlt. Die Zwangsversteigerung wurde eingestellt. In der Zwischenzeit hatte die Berechtigte aber von ihrem Heimfallrecht Gebrauch gemacht und – da die Inhaber der Heimstätte sich weigerten, die Heimstätte auf sie zu übertragen – Klage erhoben.

Diese wurde abgewiesen. Der BGH meinte, auch wenn die Einleitung des Zwangsversteigerungsverfahrens gerechtfertigt gewesen sei, gelte das in diesem Fall nicht für die Geltendmachung des Heimfallanspruchs. Der Ausgeber müsse bei der Überlegung, ob er ein Recht ausübt, das auf einem so formalen Entstehungsgrund beruhe, aufgrund der Zielsetzung des (Heimstätten-)Gesetzes und aufgrund der Grundsätze von Treu und Glauben die Belange des Heimstätters angemessen berücksichtigen. Diese Grundsätze würden vor allem gelten, wenn die Differenz zwischen dem Verlust der Heimstätte und der Höhe der Gläubigerforderung unverhältnismäßig groß sei und der Heimstätter wie in dem gegebenen Fall schon sehr lange – drei Jahrzehnte – mit der Heimstätte verbunden sei. Fast 20 Jahre später bestätigte der BGH beiläufig diese Auffassung für Erbbaurechte, die zu Wohnzwecken bestellt sind (BGH WM 1988, S. 786 (789)).

621 Erman-Hagen in der 9. Aufl., § 2 ErbbauV Rn. 7; Linde-Richter, Rn. 111; RGRK-Räfle, § 2 ErbbauV Rn. 29; Soergel-Stürner, § 2 ErbbauV Rn. 6.

Ob die Ausübung des Heimfallanspruchs gegenüber dem Schuldner nach dem Zuschlag den Ersteher des Erbbaurechts zur Übertragung verpflichtet, ist umstritten[622].

aaa) Die erweiterte dingliche Wirkung[623]

(1) Der Übergang der Verpflichtung

Die Vertreter dieser Ansicht, die zumindest bislang herrschende Auffassung war, bejahen den Übergang der Verpflichtung auf den Ersteher[624]. Sie gehen von einer dinglichen Wirkung der Heimfallabrede und einer sog. erweiterten dinglichen Wirkung des gegenüber dem Erbbauberechtigten ausgeübten einzelnen Heimfallanspruchs aus. Mit der dinglichen Wirkung des Stammrechts ist gemeint, daß während der gesamten Dauer des Erbbaurechts der jeweilige Grundstückseigentümer und der jeweilige Erbbaurechtsinhaber, d.h. also jeder Sonderrechtsnachfolger, einer der beiden Vertragspartner an die in das Grundbuch eingetragene Heimfallabrede gebunden ist[625]. Damit sei die dingliche Wirkung aber noch nicht erschöpft[626]. § 3 S. 1 ErbbauV erweitere die Geltung des durch die wirksame Ausübung entstandenen losgelösten Einzelanspruchs[627]. Im Unterschied zu den anderen dinglich wirkenden Vereinbarungen nach § 2 ErbbauV, bei denen der Erbbauberechtigte nur für die im Zeitraum seiner eigenen Erbbauberechtigung fällig werdenden Leistungen in Anspruch genommen werden könne und nicht für Verpflichtungen seiner Rechtsvorgänger im Erbbaurecht hafte, richte sich dieser einzelne Heimfallanspruch nach Eintritt der vereinbarten Voraussetzung gegen jeden, der das Erbbaurecht in der Folgezeit innehabe[628].

Unerheblich sei daher, wer bei Eintritt der Voraussetzung Erbbaurechtsinhaber gewesen sei und wer die Vertragsverletzung begangen habe. Andernfalls könne der Erbbauberechtigte, der die maßgebliche Vertragspflicht verletzt habe, die Erfüllung der Verpflichtung umgehen, indem er das Erbbaurecht, wenn der Grundstückseigentümer die Übertragung des Erbbaurechts von ihm verlange, an einen Dritten veräußere. Dadurch würde die Dinglichkeit ausgehebelt[629].

---

622 Behmer, Rpfleger 1983, S. 477 ff.; unbehandelt bleibt das Problem dagegen bei von Oefele/Winkler, Rn. 4.92 f.

623 Diesen Begriff verwendet MüKo-von Oefele, § 2 ErbbauV Rn. 7 und § 3 ErbbauV Rn. 2.

624 Behmer, Rpfleger 1983, S. 477; Linde-Richter, Rn. 258; MüKo-von Oefele, § 2 ErbbauV Rn. 6; RGRK-Räfle, § 2 ErbbauV Rn. 32; Soergel-Stürner, § 2 ErbbauV Rn. 6.

625 MüKo-von Oefele, § 2 Rn. 6 (Anm. 3 a)); von Oefele/Winkler, Rn. 4.4 und 4.16; Staudinger-Ring, § 2 ErbbauV Rn. 2 und 6.

626 Behmer, Rpfleger 1983, S. 477; MüKo-von Oefele, § 2 ErbbauV Rn. 6; Soergel-Stürner, § 2 ErbbauV Rn. 6.

627 MüKo-von Oefele, § 3 ErbbauV Rn. 2.

628 LG Lübeck, Rpfleger 1994, S. 21 (21); MüKo-von Oefele, § 2 ErbbauV Rn. 7 und § 3 ErbbauV Rn. 2; von Oefele/Winkler, Rn. 4.194; RGRK-Räfle, § 2 ErbbauV Rn. 33.

629 Behmer, Rpfleger 1983, S. 477 (478); Ingenstau, § 2 ErbbauV (7. Aufl.) Rn. 35; offengelassen bei Ingenstau/Hustedt in der 8. Aufl., Rn. 34 ff.; MüKo-von Oefele, § 3 ErbbauV Rn. 3; Pa-

Diese Grundsätze würden auch für den Ersteher in der Zwangsversteigerung des Erbbaurechts gelten[630]. Es sei gleichgültig, ob die Rechtsnachfolge auf einem Rechtsgeschäft oder einem Hoheitsakt, d.h. dem Zuschlag in der Zwangsversteigerung, beruhe[631].

Nach dieser Meinung ist der Ersteher verpflichtet, das Erbbaurecht auf den Grundstückseigentümer zu übertragen, auch wenn der Heimfallgrund vor dem Zuschlag eingetreten ist.

Allerdings meint Ring[632], der sich als Vertreter der erweiterten dinglichen Wirkung versteht, daß bei der Vereinbarung eines Zahlungsverzuges als Heimfallgrund danach differenziert werden müsse, ob der Erbbauzins aufgrund einer Reallastvereinbarung oder aufgrund einer schuldrechtlichen Vereinbarung geschuldet werde. Die Reallast werde von dem jeweiligen Erbbauberechtigten geschuldet. Die Schuld des Rechtsvorgängers im Erbbaurecht sei somit eine eigene Schuld des Rechtsnachfolgers[633], so daß er nach dem Grundsatz der erweiterten dinglichen Wirkung zur Übertragung verpflichtet sei. Entsprechendes gelte auch für andere Zahlungsverpflichtungen des Erbbauberechtigten. Wenn sie durch Reallast oder Grundpfandrechte gesichert seien, hätten sie die erläuterte dingliche Wirkung[634].

In allen anderen Fällen wirke der Heimfallgrund dagegen nicht gegen den Rechtsnachfolger[635]. Da in dem eingangs gewählten Beispielsfall die Anordnung der Zwangsversteigerung der Heimfallgrund ist, würde der Heimfallanspruch, wenn Ring zu folgen wäre, keine Geltung gegenüber dem Ersteher haben.

Demnach führen die beiden Lesarten der Ansicht von der erweiterten dinglichen Wirkung zu gegenteiligen Ergebnissen.

(2) Der Einwand unzulässiger Rechtsausübung

Streitig ist innerhalb dieser Meinung zudem, ob und unter welchen Voraussetzungen dem Ersteher ausnahmsweise der Einwand unzulässiger Rechtsausübung zusteht[636].

---

landt-Bassenge, 52. Aufl., § 2 ErbbauV Rn. 1 (a.A. ders., seit 57. Aufl., § 2 ErbbauV Rn. 1); RGRK-Räfle, § 2 ErbbauV Rn. 33; Rahn, BWNotZ 1961, S. 54 (55); Staudinger-Ring, § 2 ErbbauV Rn. 20; von Oefele/Winkler, Rn. 4.92 f.; Weichhaus, Rpfleger 1979, S. 329 (330).

630 Behmer, Rpfleger 1983, S. 477 f.; Ingenstau/Hustedt, § 2 ErbbauV Rn. 35; MüKo-von Oefele, § 3 ErbbauV Rn. 3; Palandt-Bassenge 52. Aufl., § 2 ErbbauV Rn. 1; Rahn, BWNotZ 1961, S. 54 (55); von Oefele/Winkler, Rn. 4.92 f.; Weichhaus, Rpfleger 1979, S. 329 (330 f.).

631 von Oefele/Winkler, Rn. 4.92 f.

632 Staudinger-Ring, § 2 ErbbauV Rn. 20.

633 Staudinger-Ring, § 2 ErbbauV Rn. 20.

634 Staudinger-Ring, § 2 ErbbauV Rn. 20.

635 Staudinger-Ring, § 2 ErbbauV Rn. 20.

636 RGRK-Räfle, § 2 ErbbauV Rn. 33.

Ring[637] vertritt die Auffassung, daß tatsächliche Handlungen des Rechtsvorgängers, an die ein Heimfallgrund geknüpft sei, gegen den Rechtsnachfolger im Erbbaurecht gelten würden, wenn dieser seinerseits den vertragswidrigen Zustand fortsetze. Halte der Rechtsnachfolger den Zustand nicht aufrecht, verstoße die Ausübung des Heimfallrechts gegen Treu und Glauben[638].

Der Ersteher hat im Ausgangsfall keine Möglichkeit, den vertragswidrigen Zustand, an den das Heimfallrecht geknüpft ist, zu verändern. Nach der Beendigung des Versteigerungsverfahrens hat das Vollstreckungsgericht das Grundbuchamt zu ersuchen, den Versteigerungsvermerk zu löschen, § 130 Abs. 1 S. 1 ZVG. Der Ersteher ist in dieses formelle Verfahren nicht involviert. Welche Wirkung der Wegfall des Heimfallgrundes auf den Ersteher im Ausgangsfall nach der Auffassung Rings hat, ist deshalb nicht ohne weiteres klar.

Möglicherweise kann einem Beispielsfall Rings[639] entnommen werden, wie nach dieser Ansicht zu entscheiden wäre. In diesem Fall hatten die Vertragspartner die gewerbliche Nutzung des Erbbaurechtsgebäudes als Heimfallgrund vereinbart[640]. Der Erbbauberechtigte nutzte es gewerblich, sein Rechtsnachfolger auch. Nach Ring konnte der Grundstückseigentümer den Heimfall ausüben, ohne daß dem Rechtsnachfolger der Einwand von Treu und Glauben zustand. Hätte dagegen der Rechtsnachfolger die gewerbliche Nutzung eingestellt, hätte er den Einwand erfolgreich erheben können. Das Beispiel zeigt, daß Ring ein Heimfallrecht nur dann bejaht, wenn der Rechtsnachfolger selbst die Voraussetzungen des Heimfallgrundes verwirklicht. Ring lehnt also die erweiterte dingliche Wirkung ab. Räfle meint daher zu Recht[641], daß bei Befolgung der Ansicht von Ring die dingliche Wirkung des Heimfallanspruchs aufgeweicht würde. Nach Räfle ist aber auf die Umstände des Einzelfalls abzustellen. Danach müßten die Voraussetzungen des § 242 BGB vorliegen, damit sich der Ersteher auf diesen Einwand berufen könnte. Dafür besteht kein Anhaltspunkt, so daß der Ersteher Verpflichteter des Heimfallanspruchs ist.

bbb) Die schuldrechtliche Wirkung

Nach entgegenstehender Meinung ist der Rechtsnachfolger unabhängig von seinem Verhalten nicht verpflichtet, das Erbbaurecht auf den Grundstückseigentümer zu übertragen. Es komme nicht darauf an, ob die Voraussetzung für den Heimfall in der Person des Rechtsvorgängers entstanden sei und nach Eintritt der Rechtsnachfolge

---

637 Staudinger-Ring, § 2 ErbbauV Rn. 20.

638 Eine Begründung für diese Ansicht ist nicht ersichtlich (vgl. Staudinger-Ring, § 2 ErbbauV Rn. 20).

639 Staudinger-Ring, § 2 ErbbauV Rn. 20 Anm. 1.

640 Staudinger-Ring, § 2 ErbbauV Rn. 20 Anm. 1.

641 RGRK-Räfle, § 2 ErbbauV Rn. 33.

weiterhin bestehe[642]. Es existiere keine Vorschrift in der Erbbaurechtsverordnung oder in anderen Gesetzen, aus der eine erweiterte Dinglichkeit des konkreten Heimfallanspruchs hergeleitet werden könne[643].

Mithin ist der Ersteher nach dieser Auffassung nicht verpflichtet, das Erbbaurecht aufgrund des gegen den früheren Erbbauberechtigten entstandenen Einzelrechts auf den Grundstückseigentümer zu übertragen.

ccc) Die Abhängigkeit des Übergangs von dem Rang des Heimfallrechts

Scharen und Behmer vertreten einen anderen rechtlichen Ansatz[644]. Scharen meint, der (einzelne) Heimfallanspruch habe einen Rang wie ein dingliches Recht[645]. Er sei zwar kein Anspruch aus einem Recht an dem Erbbaurecht i.S.d. § 10 Abs. 1 Nr. 4 ZVG[646], er ergebe sich aber sogar aus dem Inhalt des Erbbaurechts. Deshalb sei es sachgerecht, ihn der Rangklasse der dinglichen Rechte zuzuordnen. Voraussetzung für den Übergang der Verpflichtung sei, daß der konkrete, losgelöste Heimfallanspruch dem Recht des bestrangig betreibenden Gläubigers im Rang vorgehe[647]. Für die Bestimmung des Ranges sei nicht auf den Zeitpunkt der Ausbedingung des Heimfallrechts abzustellen, die regelmäßig im Erbbaurechtsvertrag erfolge, sondern auf den Augenblick, in dem die Voraussetzung des Heimfallrechts eintrete[648]. Geschehe letzteres erst nach der Entstehung des bestrangig betreibenden dinglichen Rechts, gehe der Einzelanspruch mit dem Zuschlag in der Zwangsversteigerung des Erbbaurechts unter. Es existiere dann lediglich ein Recht auf Ersatz aus dem Versteigerungserlös nach § 92 Abs. 1 ZVG[649].

Anderenfalls, d.h. wenn der Heimfallanspruch vor dem dinglichen Recht begründet werde, gehe die Verpflichtung über. Da im Ausgangsfall der einzelne, losgelöste Heimfallanspruch mit der Anordnung der Zwangsversteigerung entstanden ist, die aufgrund eines erstrangigen Rechts betrieben wird, ist er, wenn der Ansicht Scharens zu folgen wäre, nachrangig und geht beim Zuschlag unter.

Behmer greift den Ansatz von Scharen auf. Er verweist darauf, daß § 33 ErbbauV überflüssig wäre[650], wenn der Heimfallanspruch kein dingliches Recht wä-

642 Knothe, S. 271-277; Chr. Mohrbutter, S. 193 f.; Streuer, Rpfleger 1993, S. 509 (510).

643 Knothe, S. 271-277; Chr. Mohrbutter, S. 193 f.

644 Zumindest Scharen scheint auf der Ansicht von der erweiterten dinglichen Wirkung aufzubauen (Scharen, Rpfleger 1983, S. 342 (343 2. Sp.)).

645 Scharen, Rpfleger 1983, S. 342 (343 1. Sp.).

646 Der Verweis Scharens auf die Erbbaurechtsverordnung ist offensichtlich ein redaktionelles Versehen (Scharen, Rpfleger 1983, S. 342 (343 1. Sp.)).

647 Scharen, Rpfleger 1983, S. 342 (343).

648 Scharen, Rpfleger 1983, S. 342 (343).

649 Scharen, Rpfleger 1983, S. 342 (343).

650 Behmer, Rpfleger 1983, S. 477 (Anm. 1).

re. Denn bei einem rein schuldrechtlichen Verständnis des Heimfallrechts würde schon aus den allgemeinen Vorschriften folgen, daß alle dinglichen Rechte bestehen blieben. Deshalb sei der Heimfallanspruch in seinem Wirkungen einem durch eine Auflassungsvormerkung gesicherten Erwerbsrecht vergleichbar.

Behmer stellt aber anders als Scharen auf den Zeitpunkt ab, in dem das Stammrecht vereinbart wird[651]. Dieses entstehe als Inhalt des Erbbaurechts gleichzeitig mit diesem bei der Eintragung in das Grundbuch. Belastungen des Erbbaurechts setzten denknotwendig die Existenz des Rechts, das sie belasten sollen, voraus. Das Stammrecht entstehe daher eine logische Sekunde, bevor die Belastungen entstünden[652]. Der Heimfallanspruch ist nach Ansicht Behmers stets erstrangig und verpflichtet den Ersteher zur Übertragung.

ddd) Eigene Stellungnahme

Die Ansichten führen zu kontroversen Ergebnissen. Nach der Auffassung, die eine erweiterte dingliche Wirkung des Einzelanspruchs bejaht, und nach Behmers Meinung kann der Grundstückseigentümer im Ausgangsfall den Heimfallanspruch gegenüber dem Ersteher durchsetzen. Nach der schuldrechtlichen Ansicht dagegen würde der Grundstückseigentümer eine Klage verlieren, da sich der Anspruch nicht gegen den Ersteher richtet. Zu dem gleichen Ergebnis käme Scharen. Das betreibende Recht ist entstanden, bevor der Versteigerungsvermerk eingetragen wurde.

(1) § 3 1. Halbs. ErbbauV

§ 3 1. Halbs. ErbbauV regelt nur die Anspruchsberechtigung und enthält somit keinen Normbefehl im Hinblick auf die Anspruchsverpflichtung. Sie ist eindeutig. Eine Auslegung zugunsten der erweiterten dinglichen Wirkung des ausgeübten Heimfallanspruchs scheidet deshalb aus. Es kann den Vertretern dieser Ansicht nicht darin zugestimmt werden, daß sich aus § 3 1. Halbs. ErbbauV die Geltung des ausgeübten Heimfallanspruchs gegenüber dem Rechtsnachfolger ergibt[653].

(2) § 2 Nr. 4 2. Halbs. ErbbauV

Nach dem zweiten Halbsatz des § 2 Nr. 4 ErbbauV ist gegebenenfalls der sog. Erbbauberechtigte zur Übertragung verpflichtet. Nach § 1 Abs. 1 ErbbauV ist derjenige Erbbauberechtigter, zu dessen Gunsten ein Erbbauberecht bestellt ist, d.h. also der jeweilige Inhaber des Erbbaurechts. Mit dem Zuschlag wird der Ersteher Inhaber des Erbbaurechts. Er ist somit Erbbauberechtiger. Die Auslegung,

---

651 Behmer, Rpfleger 1983, S. 477 (478).

652 Behmer, Rpfleger 1983, S. 477 (478).

653 Im Ergebnis ebenso: Knothe, S. 273; Chr. Mohrbutter, S. 194; Ranft, S. 57.

daß der Ersteher zur Übertragung des Erbbaurechts verpflichtet ist, ist daher vom Wortlaut der Vorschrift § 2 Nr. 4 2. Halbs. ErbbauV gedeckt.

Möglicherweise spricht die systematische Auslegung aber für eine einengende Auslegung mit dem Ergebnis, daß die erweiterte dingliche Wirkung abzulehnen ist. Ist in § 2 Nr. 4 1. und 2. Halbs. ErbbauV nur das Stammrecht näher geregelt, kann die Norm auf den hier diskutierten Einzelanspruch nicht unmittelbar angewendet werden. Die Erbbaurechtsverordnung unterscheidet in §§ 2 Nr. 4, 3, 4, 32 ff. nicht ausdrücklich zwischen dem durch die Vereinbarung eines Heimfallanspruchs begründeten Stammrecht und dem losgelösten Einzelanspruch.

Zu überlegen ist, ob sich eine Differenzierung aus dem Inhalt dieser Vorschriften ergibt. Da unter der Verjährung der Zeitablauf zu verstehen ist, der für den Schuldner das Recht begründet, die Leistung zu verweigern[654], setzt § 4 ErbbauV das Vorliegen eines konkreten Schuldverhältnisses voraus. Ein solches folgt aus dem Stammrecht, ist aber nicht Bestandteil des Stammrechts. Die Regelung der Verjährung in § 4 ErbbauV betrifft daher nur den Einzelanspruch.

Entsprechendes gilt für §§ 32 Abs. 1 und 33 Abs. 1 ErbbauV. Die Norm § 3 1. Halbs. ErbbauV meint sowohl das Stamm- als auch das Einzelrecht, der zweite Halbsatz betrifft nur den Einzelanspruch. Der erste Halbsatz i.S.d. § 2 ErbbauV setzt Vereinbarungen zwischen den Beteiligten voraus. Aus der systematischen Stellung innerhalb der Erbbaurechtsverordnung ergibt sich, daß darunter die Abreden bei der Bestellung des Erbbaurechts zu verstehen sind. Der Rechtsnachfolger, insbesondere der Ersteher, trifft anders als der erste Erbbauberechtigte mit dem Grundstückseigentümer regelmäßig keine solche Vereinbarungen über den Inhalt des Erbbaurechts. Dann ist in dieser Norm nur das Stammrecht, nicht der losgelöste Einzelanspruch geregelt. Folglich spricht die Systematik für eine enge Auslegung.

Dieses Ergebnis könnte auch in der Amtlichen Begründung zur Erbbaurechtsverordnung vom 15. Januar 1919 zu § 2 ErbbauV zum Ausdruck gekommen sein. Diese lautet[655]:

> „Die Vereinbarungen der Parteien über ihre einzelnen Rechte und Pflichten sind zunächst rein obligatorischer Natur, wirken also zuvörderst nur für und gegen den Erbbaurechtsnehmer einerseits und für und gegen den Erbbaurechtsbesteller andererseits sowie deren Erben. Dingliche Wirkung für und gegen Dritte haben nur die Vereinbarungen, die als Inhalt des Erbbaurechts anzusehen sind und daher als Inhaltsbestandteile des Rechts im Grundbuche – dem vollen Inhalt nach oder durch Bezugnahme auf die Erbbaurechtseinigung (§ 874 BGB) – zum Ausdruck gelangen können. …

654 Palandt-Heinrichs, vor § 194 BGB Rn. 2.

655 Amtliche Begründung der Erbbaurechtsverordnung vom 15.1.1919 bei Günther, S. 17-19.

Besonders schwerwiegend zeigt sich die praktische Folge, wenn – womit der Grundstückseigentümer immer rechnen muß – die Zwangsversteigerung in das Erbbaurecht betrieben wird. Hier gehen auf den Ersteher des Erbbaurechts nur diejenigen Verpflichtungen des bisherigen Erbbauberechtigten über, die einen Inhaltsbestandteil des Erbbaurechts bilden und als solche in das Grundbuch eingetragen sind.

Dem Bedürfnis hat sich nach dem geltenden Recht auch nicht dadurch abhelfen lassen, daß alle das Erbbaurecht einschränkenden Verpflichtungen als Belastungen des Rechts in das Grundbuch eingetragen werden. Dem steht entgegen, daß nach dem Bürgerlichen Gesetzbuche für die dinglichen Rechte nicht Vertragsfreiheit besteht, sondern daß nur bestimmte Arten dingliche Belastungen zugelassen sind, sich unter diese geschlossene Zahl dinglicher Rechte aber die verschiedenen Beschränkungen nur schwer einordnen lassen.

Daher erscheint es zweckmäßig, den zulässigen ‚Inhalt' des Erbbaurechts durch besondere gesetzliche Vorschriften zu erweitern. Dies geschieht in den §§ 2 und 5 des Entwurfs (vgl. auch §§ 27, 28). Gewisse Rechte und Pflichten des Erbbauberechtigten und des Grundstückseigentümers müssen in jedem Erbbaurechtsvertrages vorgesehen werden, für andere ist angeordnet, daß sie, wenn sie getroffen sind, zum Inhalt des Erbbaurechts gehören. Dadurch werden sie mit der erforderlichen dinglichen Wirkung versehen und es tritt bei jeder Art von Wechsel in der Person des Erbbauberechtigten und des Grundstückseigentümers (wonach auch im Falle der Zwangsversteigerung des Erbbaurechts oder des Grundstücks der Erwerber anzusehen ist) in die Rechte und Pflichten seines Rechtsvorgängers ein.

In § 2 des Entwurfes werden nun alle Parteivereinbarungen der erörterten Art zum gesetzlichen Inhalt des Erbbaurechts erklärt und erhalten damit vom Augenblick der Eintragung ab dingliche, gegen jedermann gehende Wirkung. Gleichzeitig wird damit auch die eingangs für wünschenswert erklärte Bindung der Rechtsnachfolger an die Vereinbarungen erreicht."

Vor allem der letzte Satz der Begründung betont, daß keine Bindung des Rechtsnachfolgers an den ausgeübten Einzelanspruch bestehen sollte. Anderenfalls hätte die Begründung z.B. gelautet:

„Gleichzeitig wird damit auch die eingangs für wünschenswert erklärte Bindung der Rechtsnachfolgers an die Vereinbarungen und an die ausgeübten Rechte erreicht."

Auch ausweislich der Motive ist daher in § 2 ErbbauV nur das Stammrecht, nicht der daraus folgende Einzelanspruch geregelt.

Die Auslegung des § 2 Nr. 4 ErbbauV führt also im Ergebnis zu einem einengenden Verständnis. Aus der Vorschrift ergibt sich somit nur eine dingliche Wirkung des Stammrechts, keine erweiterte dingliche Wirkung des Einzelanspruchs.

Gegen dieses Ergebnis spricht nicht, daß dann der Erbbauberechtigte die Erfüllung durch eine Veräußerung des Erbbaurechts umgehen könnte[656]. Im vorliegenden Fall wäre eine Veräußerung ab dem Zeitpunkt der Beschlagnahme gem. §§ 20, 23 ZVG i.V.m. §§ 135, 136 BGB gegenüber dem betreibenden Gläubiger nämlich relativ unwirksam.

(3) § 33 Abs. 1 S. 3 ErbbauV

Auch aus § 33 Abs. 1 S. 3 ErbbauV ergibt sich keine Verpflichtung des Erstehers zur Übertragung des Erbbaurechts. Die Vorschrift sieht nur für einen Ausnahmefall eine gewisse dingliche Wirkung des Heimfalls vor, so daß der Anwendungsbereich begrenzt ist.

Der Ausnahmecharakter ergibt sich aus dem Regelungsgehalt der verschiedenen Sätze der Vorschrift. § 33 Abs. 1 S. 1 und S. 2 ErbbauV enthalten den Grundsatz, daß alle Belastungen des Erbbaurechts beim Heimfall bestehen bleiben. Das ist bei dem Heimfallrecht, das einen schuldrechtlichen Anspruch auf eine dingliche Rechtsänderung enthält, selbstverständlich, so daß es keiner ausdrücklichen Erwähnung in der Erbbaurechtsverordnung bedurft hätte[657]. Der Gesetzgeber wollte aber die Beleihbarkeit des Erbbaurechts erhöhen[658], indem das Bestehenbleiben der wichtigsten Belastungen des Erbbaurechts als neuer Grundsatz in das Erbbaurecht eingeführt wurde. Vor dem Inkrafttreten der Erbbaurechtsverordnung war die Rechtslage anders. Bei auflösenden Bedingungen erloschen das Erbbaurecht und die darauf beruhenden Belastungen. Weil der Gesetzgeber das (grundsätzliche) Bestehenbleiben der Belastungen betonen wollte, setzte er diesen Grundsatz an den Anfang des § 33 Abs. 1 ErbbauV[659]. Die Regelung in § 33 Abs. 1 S. 3 ErbbauV, daß bestimmte, weniger wichtige Belastungen erlöschen, stellt deshalb den Ausnahmefall dar.

(4) § 10 Abs. 1 Nr. 4 ZVG analog

§ 10 Abs. 1 Nr. 4 ZVG ist nicht unmittelbar einschlägig, da nach den vorangegangenen Überlegungen der losgelöste, einzelne Heimfallanspruch kein dingliches Recht im Sinne der Vorschrift ist. Es sind jedoch auch keine Anhaltspunkte für eine unbeabsichtigte Regelungslücke ersichtlich. Eine Analogie zu der Norm scheidet somit ebenfalls aus.

---

656 So aber die Ansicht von der erweiterten dinglichen Wirkung, s. oben III. 8. b) bb) aaa) (1), S. 138.

657 Knothe, S. 273.

658 Amtliche Begründung zu § 2, abgedruckt bei Samoje.

659 Knothe, S. 273.

(5) § 883 BGB analog

Die Vormerkung ist nach einer Grundsatzentscheidung des Bundesgerichtshofs ein mit gewisser dinglicher Wirkung ausgestattetes Sicherungsmittel eigener Art für einen schuldrechtlichen Anspruch auf dingliche Rechtsänderung[660]. Da der Heimfallanspruch demgegenüber nicht akzessorisch ist, kommt eine unmittelbare Anwendung von § 883 BGB nicht in Betracht.

Es fragt sich, ob die Norm für den einzelnen Heimfallanspruch entsprechend gilt. Bei der Kodifizierung der Erbbaurechtsverordnung hat der Gesetzgeber dem Vorrecht des Erbbauberechtigten auf Erneuerung des Erbbaurechts in § 31 Abs. 4 S. 1 ErbbauV ausdrücklich die Wirkung einer Vormerkung eingeräumt, dem Heimfallrecht dagegen nicht[661]. Für das Vorliegen einer unbeabsichtigten Regelungslücke fehlt jeglicher Anhaltspunkt. Eine Analogie ist also nicht möglich.

eee) Ergebnis

Es kann aus diesen Gründen weder eine weitergehende dingliche Wirkung noch ein Rang des Einzelanspruchs bejaht werden. Die Ansicht von der schuldrechtlichen Wirkung stimmt mit dem Gesetzeswortlaut und den Motiven überein. Ihr ist zu folgen.

Mithin ist der Ersteher im Ausgangsfall nach der hier vertretenen Ansicht nicht zur Übertragung des Erbbaurechts auf den Grundstückseigentümer verpflichtet. Dieser kann den Anspruch folglich nicht durchsetzen. Der Anspruch des Grundstückseigentümers auf Zahlung von Erbbauzinsen erlischt daher[662], und der frühere Erbbauberechtigte ist nicht mehr verpflichtet, Erbbauzinsen an den Grundstückseigentümer zu zahlen[663].

bb) 2. Fall: Die Vollziehung des Heimfallanspruchs vor dem Zuschlag[664]

Es können unterschiedliche Fallkonstellationen eintreten. Der Grundstückseigentümer und der Erbbauberechtigte können beispielsweise vereinbart haben, daß der Grundstückseigentümer den Heimfall verlangen kann, wenn der Erbbauberechtigte seine vertragliche Pflicht zur Einräumung einer Besichtigung des Erbbaurechtsbauwerks verletzt[665], und der Erbbauberechtigte verletzt diese Pflicht. Der Grundstückseigentümer weiß, daß der Erbbauberechtigte auch diversen Zahlungsverpflichtungen nicht nachkommt und befürchtet, daß einer oder mehrere dieser Gläu-

---

660 BGH DNotZ 1975, S. 414.

661 Günther, S. 43.

662 BGH DNotZ 1991, S. 395; von Oefele/Winkler, Rn. 4.107.

663 Für den herkömmlichen dinglichen Erbbauzins BGH DNotZ 1991, S. 395.

664 In Anlehnung an den Fall, der vom AG Arnsberg am 5.2.1979 entschieden wurde (Rpfleger 1979, S. 274 Nr. 271), und an Zeller/Stöber, § 15 ZVG Rn. 13 Anm. 13.17 d) III.

665 S. oben III. 8. a), S. 123 ff.

biger in das Erbbaurecht vollstrecken werden[666]. Er übt deshalb wirksam das Heimfallrecht aus. Weil sich der Erbbauberechtigte weigert, den Anspruch freiwillig außergerichtlich zu erfüllen, erwirkt der Grundstückseigentümer ein obsiegendes Urteil. Währenddessen wird die Zwangsversteigerung des Erbbaurechts aufgrund eines Rechts, das der Erbbauzinsreallast vorgeht, angeordnet. Der Grundstückseigentümer beantragt beim Grundbuchamt unter Vorlage des Titels die Umschreibung des Erbbaugrundbuchs, die erfolgt, und beim Versteigerungsgericht unter Hinweis auf den Eigentumswechsel die sofortige Aufhebung des Zwangsversteigerungsverfahrens. Der Gläubiger will es dagegen fortsetzen.

aaa) Die Betreibung des Zwangsversteigerungsverfahrens durch dingliche Gläubiger[667]

(1) Die Vollziehung des Heimfallanspruchs vor dem Wirksamwerden der Beschlagnahme

Erfolgt im Ausgangsfall die Grundbuchumschreibung zugunsten des Grundstückseigentümers vor der Zustellung des Anordnungsbeschlusses an den Schuldner und vor dem Eingang des Ersuchens um Eintragung des Versteigerungsvermerks beim

---

666 Insoweit wird ausnahmsweise die Ausgangslage, die hier vorausgesetzt wird (s. oben I., S. 15), leicht modifiziert. Die Einbeziehung dieser Fallgruppe ist aus Gründen der Vollständigkeit und der Abgrenzung zu den nachfolgenden Konstellationen geboten.

667 Wenn die Zwangsversteigerung von persönlichen Gläubigern des Erbbauberechtigten betrieben wird, muß das Versteigerungsgericht nach einer in Rechtsprechung und Literatur vertretenen Auffassung das Verfahren sofort aufheben (AG Arnsberg, Rpfleger 1979, S. 274; Zeller/Stöber, § 15 ZVG Rn. 13 Anm. 13.17). Nach der Entscheidung des Amtsgerichts Arnsberg vom 5.2.1979 stellt die Beschlagnahme ein im „weiteren Sinne" auf dem Erbbaurecht lastendes obligatorisches Recht dar. Die obligatorischen Rechte würden bei der Vollziehung des Heimfalls gem. § 33 ErbbauV erlöschen. Erlischt die Beschlagnahme, müsse das Verfahren aufgehoben werden.

Wäre der Heimfallanspruch nach einigen Stimmen in der Literatur (entgegen der Ansicht der Verfasserin) wie eine Auflassungsvormerkung zu behandeln, würde seine Durchsetzung auf den Zeitpunkt der vertraglichen Vereinbarung des Heimfallanspruchs zurückwirken. Das Verfahren sei so zu behandeln, als ob von Anfang an der Grundstückseigentümer als Erbbauberechtigter beteiligt gewesen wäre und das Erbbaurecht bei Beschlagnahme nicht mehr dem eigentlichen Erbbauberechtigten (Schuldner) gehört habe. Die Beschlagnahme sei nach § 883 Abs. 2 und Abs. 3 BGB unwirksam. Die gleiche Behandlung von Heimfallanspruch und Auflassungsvormerkung sei zwar in der Erbbaurechtsverordnung oder in einem anderen Gesetz nicht ausdrücklich vorgeschrieben. Sie sei jedoch in § 14 RHeimStG für den Heimfallanspruch des Heimstätteausgebers angeordnet (AG Arnsberg, Rpfleger 1979, S. 274 mit Verweis auf Meikel/Imhof/Riedel, § 13 Anm. V. 157). Entsprechendes habe für den Heimfallanspruch der Erbbaurechtsverordnung zu gelten.

Ob dieser Ansicht im Ergebnis gefolgt werden kann, ist für die vorliegend fraglichen Fallgestaltungen irrelevant. Vollstreckt ein persönlicher Gläubiger des Erbbauberechtigten in das Erbbaurecht, droht nicht der Wegfall des Erbbauzinses. Es besteht insoweit kein Handlungsbedarf des Grundstückseigentümers.

Grundbuchamt[668], ist der bisherige Schuldner im Zeitpunkt des Wirksamwerdens der Beschlagnahme nicht (mehr) Inhaber des Erbbaurechts. Die Fortsetzung der Vollstreckung gegen ihn ist somit unzulässig, §§ 28, 17 Abs. 1 ZVG.

Das Verfahren kann mangels Titel, Klausel und Zustellung auch nicht ohne weiteres gegen den Grundstückseigentümer fortgesetzt werden, § 28 S. 1 ZVG i.V.m. § 750 Abs. 1 und Abs. 2 ZPO[669]. Das Versteigerungsgericht wird daher unter Bestimmung einer Frist zur Behebung des Hindernisses das Verfahren einstweilen einstellen.

Da die dingliche Schuld gem. § 33 Abs. 1, 1. Halbs. ErbbauV beim Heimfall grundsätzlich bestehenbleibt, ist nunmehr der Grundstückseigentümer dinglicher Schuldner des betreibenden Gläubigers. Dieser kann unter den Voraussetzungen des § 727 Abs. 1 ZPO die Klausel gegen den Grundstückseigentümer umschreiben und den geänderten Titel dem Grundstückseigentümer zustellen lassen. Bringt er die erforderlichen Unterlagen bei, setzt das Versteigerungsgericht das Verfahren gegen den Grundstückseigentümer fort.

Bei konsequenter Anwendung der vorgenannten Vorschriften muß der Antrag des Grundstückseigentümers auf Aufhebung des Zwangsversteigerungsverfahrens also zurückgewiesen werden. Der Zuschlag würde erfolgen und der Ersteher neuer Inhaber des Erbbaurechts.

Im Ergebnis verliert der Grundstückseigentümer das Erbbaurecht demnach, es sei denn, der Ersteher wäre verpflichtet, das Erbbaurecht auf den Grundstückseigentümer (zurück-)zuübertragen. Obwohl dann eine erneute Verpflichtung zur Übertragung des Erbbaurechts bejaht würde, soll das nach einer vereinzelt in der Literatur vertretenen Ansicht der Fall sein[670]. Die Voraussetzungen hierfür werden nicht erläutert[671].

Würde man trotz der vor dem Zuschlag erfolgten Grundbuchumschreibung auf den Grundstückseigentümer eine Pflicht des Erstehers zur Übertragung des Erbbaurechts annehmen, hätte das zur Folge, daß der Grundstückseigentümer die mehrfa-

---

668 Die wesentlichen Punkte dieses Sachverhalts lassen sich wie folgt zusammenfassen:
1. Ausübung des Heimfallanspruchs gegenüber dem bisherigen Erbbauberechtigten und Erhebung der Klage auf Übertragung des Erbbaurechts aufgrund des Heimfallrechts;
2. Eingang des Antrages eines vorrangigen Gläubigers auf Zwangsversteigerung des Erbbaurechts beim Versteigerungsgericht;
3. Verkündung des obsiegenden Urteils im Klageverfahren, Eingang des Antrages auf Grundbuchänderung und Umschreibung des Erbbaugrundbuchs auf den Grundstückseigentümer.

669 § 750 ZPO gilt nicht nur für die Einleitung, sondern auch für die Fortsetzung der Zwangsvollstreckung (BGH DNotZ 1963, S. 673; OLG Hamm, Rpfleger 1990, S. 215; Böttcher, Zwangsversteigerungsgesetz, § 26 ZVG Rn. 3; Steiner-Teufel, § 26 ZVG Rn. 11; Zeller/Stöber, § 28 ZVG Rn. 3).

670 Zeller/Stöber, § 15 ZVG Rn. 13 Anm. 13.17, insb. d) III.

671 Zeller/Stöber, § 15 ZVG Rn. 13 Anm. 13.17, insb. d) III.

che Erfüllung des Heimfallanspruchs aufgrund des Eintritts eines Heimfallgrundes verlangen könnte[672].

Es ist keine Vorschrift ersichtlich, die eine solche Wirkung des einzelnen, losgelösten Heimfallanspruchs vorsieht. Eine Analogie scheidet aus, weil angesichts von §§ 2 Nr. 4, 3, 4 ErbbauV keine Regelungslücke besteht. Eine Pflicht des Erstehers zur Übertragung besteht deshalb nicht. Der Heimfall hat für den Grundstückseigentümer somit im Hinblick auf die Rettung des Erbbauzinses keinen Nutzen.

(2) Die Vollziehung des Heimfallanspruchs nach dem Wirksamwerden der Beschlagnahme

Es kann auch der Fall eintreten, daß der Heimfallanspruch erst nach der Eintragung des Versteigerungsvermerks im Erbbaugrundbuch vollzogen wird. Die wesentlichen Punkte dieses Sachverhalts lassen sich wie folgt zusammenfassen:

1. Ausübung des Heimfallanspruchs gegenüber dem bisherigen Erbbauberechtigten und Erhebung der Klage auf Übertragung des Erbbaurechts aufgrund des Heimfallrechts;
2. Eingang des Antrages eines vorrangigen Gläubigers auf Zwangsversteigerung des Erbbaurechts beim Versteigerungsgericht;
3. Eintragung des Zwangsversteigerungsvermerks im Erbbaugrundbuch und Umschreibung des Erbbaugrundbuchs auf den Grundstückseigentümer.

Dann ist der Inhaberwechsel gem. §§ 135 Abs. 1, 136 BGB gegenüber dem Vollstreckungsgläubiger relativ unwirksam, da die Ausnahmefälle des § 26 ZVG hier regelmäßig nicht vorliegen[673], und das Vollstreckungsgericht weist den Antrag des Grundstückseigentümer auf sofortige Aufhebung des Zwangsversteigerungsverfahrens zurück[674]. Es entsteht wie in dem zuvor erörterten Fall trotz der Vollziehung des Heimfallanspruchs ein erbbauzinsloses Erbbaurecht.

---

672 Davon ist der Fall zu unterscheiden, daß mehrere Heimfallgründe eintreten und verschiedene Heimfallansprüche vorliegen. Diese Umstände liegen hier nicht vor.

673 Voraussetzung hierfür wäre, daß der Grundstückseigentümer im Hinblick auf die Eintragung des Zwangsversteigerungsvermerks gutgläubig ist. Er ist aber auch ohne besondere Anmeldung Beteiligter des Zwangsversteigerungsverfahrens i.S.d. § 9 Nr. 1 ZVG und wird deshalb von Amts wegen über die Anordnung der Zwangsversteigerung in Kenntnis gesetzt, § 24 ZVG.

674 Für Fälle der Zwangsversteigerung eines Grundstücks: Böttcher, Zwangsversteigerungsgesetz, § 26 ZVG Rn. 7; Zeller/Stöber, § 28 ZVG Rn. 4 Anm. 4.4. mit Verweis auf § 26 ZVG Rn. 2 Anm. 2.2.

bbb) Die Betreibung durch Gläubiger der Rangklassen gem. § 10 Abs. 1 Nr. 1-3 ZVG

Vollstrecken Gläubiger der Rangklassen i.S.d. § 10 Abs. 1 Nr. 1-3 ZVG in das Erbbaurecht, erfolgt aber die Grundbuchumschreibung zugunsten des Grundstückseigentümers vor dem Wirksamwerden der Beschlagnahme, ist nach § 28 ZVG zu verfahren[675].

Wird die Beschlagnahme des Erbbaurechts dagegen vor der Vollziehung des Heimfallanspruchs wirksam, ist die Übertragung des Erbbaurechts gem. §§ 135 Abs. 1, 136 BGB unwirksam. Der Antrag des Grundstückseigentümers auf Aufhebung des Zwangsversteigerungsverfahrens wird demzufolge zurückgewiesen. Der Zuschlag ergeht somit unbeschadet des Wechsels in der Inhaberschaft.

ccc) Zwischenergebnis

Die Vollziehung des Heimfallanspruchs vor dem Zuschlag verhindert nicht die Entstehung eines erbbauzinslosen Erbbaurechts und scheidet daher als Schutzmöglichkeit aus.

cc) 3. Fall: Das Vorliegen eines rechtskräftigen Heimfalltitels beim Zuschlag

Es könnte auch der Fall eintreten, daß der Grundstückseigentümer das Heimfallrecht eingeklagt hat, die Vollstreckung durch die Umschreibung des Grundbuchs auf den Grundstückseigentümer in dem Zeitpunkt der Verkündung des Zuschlages aber noch nicht eingeleitet ist. Dann stellt sich die Frage, ob der titulierte Heimfallanspruch gem. § 727 Abs. 1 ZPO gegen den Ersteher vollstreckt werden kann.

Das Urteil wirkt nur bei Vorliegen der Voraussetzungen des § 325 Abs. 1, 1. Alt. ZPO gegen den Ersteher. Rechtsnachfolger im Sinne der Vorschrift ist, wer den streitbefangenen Gegenstand anstelle der Partei erwirbt, wobei der Erwerb aufgrund des Zuschlages in der Zwangsversteigerung erfolgen kann[676]. Danach ist der Ersteher nur dann Rechtsnachfolger des früheren Erbbauberechtigten i.S.d. § 325 Abs. 1, 1. Alt. BGB, wenn das Erbbaurecht aufgrund des Heimfallprozesses streitbefangen ist.

Unter der Streitbefangenheit einer Sache ist zu verstehen, daß auf der rechtlichen Beziehung zu ihr die Sachlegitimation des Beklagten beruht, d.h. die Berechtigung den unmittelbaren Gegenstand des Rechtsstreits bildet[677]. Wird ein schuldrechtli-

675 S. oben III. 8. b) aa) aaa) (1), S. 129 f.

676 RGZ 54, S. 94 ff.; 109, S. 47; 89 (90); Baumbach/Lauterbach/Albers/Hartmann, § 325 ZPO Rn. 6; MüKo-Gottwald, § 325 ZPO Rn. 14 und 20; Rosenberg/Schwab/Gottwald, § 156 Anm. II 2 a) (1); Stein/Jonas, § 325 ZPO Rn. 19; Thomas/Putzo, § 265 ZPO Rn. 6, 9; Zeiss, Zivilprozeßrecht, Rn. 359 Anm. II 3; Zöller-Greger, § 265 ZPO Rn. 5.

677 BGH NJW 1963, S. 813; Baumbach/Lauterbach/Albers/Hartmann, § 265 ZPO Rn. 5; Link, NJW 1965, S. 1464 (1464); Stein/Jonas, § 265 ZPO Rn. 11; Wieczorek, § 265 ZPO B I; Zeiss, Zivilprozeßrecht, Rn. 359 Anm. II 2.

cher Anspruch auf Übertragung eines Grundstücks geltend gemacht, ist das Grundstück – hier gem. § 11 Abs. 1 S. 1 ErbbauV das Erbbaurecht – nach allgemeiner Ansicht nicht streitbefangen[678]. Das gilt auch dann, wenn der Anspruch durch eine Vormerkung gesichert ist[679]. Eine Ausnahme soll nach einer umstrittenen Ansicht in der Literatur nur gelten, wenn in dem schuldrechtlichen Anspruch die Sicherungswirkung der Vormerkung nach § 883 Abs. 2 ZPO enthalten ist[680]. Der Heimfallanspruch hat nach der hier vertretenen Ansicht[681] keine Sicherungswirkung wie die Vormerkung. Das Erbbaurecht ist also nicht streitbefangen.

Der Ersteher ist aus diesem Grund nicht Rechtsnachfolger des früheren Erbbauberechtigten i.S.d. § 325 Abs. 1, 1. Alt. ZPO. Folglich kann das Urteil ihm gegenüber nicht vollstreckt werden.

dd) 4. Fall: Die Verjährung des Heimfallanspruchs

Wird die Zwangsversteigerung des Erbbaurechts angeordnet, setzt das Versteigerungsgericht den Grundstückseigentümer von Amts wegen in Kenntnis; der Grundstückseigentümer gilt gem. § 24 ErbbauV auch ohne Anmeldung[682] als Beteiligter des Zwangsversteigerungsverfahrens i.S.d. § 9 ZVG[683]. Dabei teilt das Versteigerungsgericht nicht mit, daß der Zugang dieser Mitteilung den Lauf der sechsmonatigen Verjährungsfrist in Gang setzt[684]. Hat der Grundstückseigentümer im Zeit-

---

678 BGH NJW 1963, S. 813; Baumbach/Lauterbach/Albers/Hartmann, § 265 ZPO Rn. 6 („Schuldrechtlicher Anspruch“); MüKo-Lüke, § 265 ZPO Rn. 24; Stein/Jonas, § 265 ZPO Rn. 11; Zeiss, Zivilprozeßrecht, Rn. 359 Anm. II 2.

679 BGH NJW 1963, S. 813; MüKo-Lüke, § 265 ZPO Rn. 24; Stein/Jonas, § 265 ZPO Rn. 12.

680 Link, NJW 1965, S. 1464 (1467); MüKo-Lücke, § 265 ZPO Rn. 24.

681 S. oben III. 8. b) ddd) und eee), S. 133 ff.

682 Staudinger-Ring, § 25 ErbbauV Rn. 4.

683 Die Vorschrift verweist pauschal auf § 9 ZVG, ohne unmittelbar klarzustellen, ob der Grundstückseigentümer Beteiligter von Amts wegen (§ 9 Nr. 1 ZVG) oder Beteiligter kraft Anmeldung (§ 9 Nr. 2 ZVG) ist. In der einschlägigen Literatur wird diese Frage, soweit ersichtlich, nicht erläutert (Böttcher, Zwangsversteigerungsgesetz, § 9 ZVG Rn. 8; Palandt-Bassenge, § 24 ErbbauV Rn. 1; Staudinger-Ring, § 24 ErbbauV Rn. 4; Zeller/Stöber, § 9 ZVG Rn. 3 (Anm. 3.7)). Der Grundstückseigentümer ist Beteiligter von Amts wegen. Das folgt mittelbar aus § 24 ErbbauV. Dieser schreibt keine Anmeldung vor. Je nach den Umständen des Einzelfalls liegen darüber hinaus die Voraussetzungen des § 9 Nr. 1 ZVG vor. In diesen Fällen ist die Existenz des § 24 ErbbauV an für sich überflüssig. Nach § 9 Nr. 1 ErbbauV ist der Grundstückseigentümer Beteiligter, wenn für ihn im Zeitpunkt der Eintragung des Zwangsversteigerungsvermerks im Erbbaugrundbuch ein Recht in diesem Grundbuch eingetragen oder durch Eintragung gesichert ist. Der jeweilige Grundstückseigentümer kann gem. § 14 Abs. 1 S. 2 ErbbauV, der eine Ordnungsvorschrift enthält (Palandt-Bassenge, § 14 ErbbauV Rn. 2; Staudinger-Ring, § 14 ErbbauV Rn. 7), in das Erbbaugrundbuch eingetragen werden. Außerdem muß z.B. die Erbbauzinsreallast, wenn eine solche bestellt wird (oben II. 1. a) bb), S. 20 und II. 1. b), S. 24), eingetragen werden.

684 Bei wiederholten Handlungen laufen mehrere Verjährungsfristen (Staudinger-Ring, § 4 ErbbauV Rn. 2.).

punkt des Zuschlages die Klage auf Übertragung des Erbbaurechts aufgrund des Heimfalls nicht eingereicht, wird der Heimfallanspruch meist verjährt sein. Regelmäßig verstreichen in der Praxis schon aufgrund der Einholung des Verkehrswertgutachtens mehr als sechs Monate zwischen Anordnung der Zwangsversteigerung und Anberaumung des Versteigerungstermins.

Mit dem Zuschlag fällt außerdem der Heimfallgrund weg[685]. Eine Heimfallklage des Grundstückseigentümers gegen den Ersteher wäre also auch nicht begründet.

ee) Ergebnis

Nach der hier vertretenen Ansicht[686] kann der Grundstückseigentümer den Erbbauzins nicht durch die Vollziehung des Heimfallrechts schützen. Weil der Anspruch keine erweiterte dingliche Wirkung gegenüber dem Ersteher entfaltet, hat die Ausübung gegenüber dem früheren Erbbauberechtigten nicht die Verpflichtung des Erstehers zur Übertragung zur Folge. Die Vollziehung vor dem Zuschlag „verbraucht" den titulierten Anspruch, so daß das Erbbaurecht mit dem Zuschlag von dem Grundstückseigentümer auf den Ersteher übergeht. Ein nicht vollstreckter Titel wirkt schließlich nicht gem. § 727 Abs. 1 ZPO gegenüber dem Ersteher.

9. Die Gläubigerablösung

Die in §§ 1142, 1150 und 268 BGB normierten Ablösungsrechte stellen weitere denkbare gesetzliche Schutzmöglichkeiten für den Erbbauzins dar. Selbst wenn unmittelbar der Zuschlag droht, kann der Grundstückseigentümer die Gläubiger noch befriedigen, da das Ablösungsrecht bis zum Augenblick der Erteilung des Zuschlages besteht[687]. Anschließend kann möglicherweise gem. § 29 ZVG das Zwangsversteigerungsverfahren beendet und die Entstehung eines Erbbaurechts ohne Erbbauzins verhindert werden.

---

685 Oben III. 8. b) aa), S. 127.

686 Mohrbutter weist zu Recht darauf hin, daß auch nach der herrschenden Meinung der Heimfallanspruch aufgrund seiner Verjährung keine Schutzmöglichkeit darstellt (Chr. Mohrbutter, S. 190 ff.).

687 RGZ 123, S. 338 (340); 146, S. 317 (322); MüKo-Keller, § 268 BGB Rn. 11; MüKo-Eickmann, § 1142 BGB Rn. 1 und § 1150 BGB Rn. 5; Palandt-Heinrichs, § 268 BGB Rn. 2; RGRK-Alff, § 268 BGB Rn. 5; RGRK-Mattern, § 1142 BGB Rn. 1 und § 1150 BGB Rn. 1.

a) Der Anwendungsbereich der Normen

aa) § 1142 Abs. 1 BGB

Die Vorschrift, die lex specialis gegenüber § 268 BGB[688] ist, regelt das Ablösungsrecht des Eigentümers eines Grundstücks in dem Fall, daß ein Hypothekengläubiger die Zwangsvollstreckung in dieses Grundstück betreibt[689]. Es soll also der Eigentümer der Sache, in die vollstreckt wird, ein Ablösungsrecht erhalten. Der Grundstückseigentümer ist aber weder Inhaber dieses Erbbaurechts, noch dinglicher oder persönlicher Schuldner, die Forderung des Gläubigers wird ihm gegenüber auch nicht fällig (§ 1142 Abs. 1, 1. Alt. BGB). Aus diesen Gründen kommt es auch nicht darauf an, ob der Erbbauberechtigte als persönlicher Schuldner zur Leistung berechtigt ist (§ 1142 Abs. 1, 2. Alt. BGB). Die Voraussetzungen des § 1142 Abs. 1 BGB liegen daher nicht vor.

Eine Analogie scheidet mangels Regelungslücke[690] aus. Das Ablösungsrecht des Grundstückseigentümers gegenüber dinglichen Gläubigern des Erbbauberechtigten ist in § 1150 BGB geregelt.

bb) Die Abgrenzung von § 1150 BGB zu § 268 BGB

Die Unterschiede der Tatbestände bezüglich des abzulösenden Rechts und des Zeitmoments sind vorliegend unerheblich: Bei der drohenden Zwangsversteigerung des Erbbaurechts kommt die Ablösung beider Arten von Rechten – dinglicher Rechte gem. § 1150 BGB[691], Forderungen gem. § 268 BGB – in Betracht. Das zeitliche Moment ist nach beiden Vorschriften gegeben, weil die insoweit engere schuldrechtliche Norm voraussetzt, daß die Zwangsvollstreckung bereits eingeleitet ist und für § 1150 BGB genügt, daß der Gläubiger außergerichtlich die Befriedigung verlangt[692]. Die sonstigen Voraussetzungen und Rechtsfolgen sind aufgrund des Verweises in § 1150 Abs. 1 BGB gleich.

---

688 Palandt-Bassenge, § 1142 BGB Rn. 1.

689 Voraussetzung ist weiter, daß der Grundstückseigentümer nicht auch persönlicher Schuldner ist. Hierauf kommt es vorliegend nicht an.

690 Bartholomeyczik, S. 81 ff.; Bydlinski, S. 473; Larenz, Methodenlehre, S. 269; Schmalz, Methodenlehre, Rn. 321.

691 Die Vorschrift gilt als sachenrechtliche Parallelvorschrift zu § 268 BGB (RGRK-Mattern, § 1142 BGB Rn. 2).

692 RGZ 146, S. 317 (322); MüKo-Eickmann, § 1150 BGB Rn. 2; RGRK-Mattern, § 1150 Rn. 2; Soergel-Konzen, § 1150 BGB Rn. 2.

b) *Die Voraussetzungen: Der Streit über die subjektive Willensrichtung des Ablösenden i.S.d. § 268 Abs. 1 S. 1 BGB*

Fraglich ist in der vorliegenden Fallkonstellation nur, ob das umstrittene[693] Tatbestandsmerkmal der subjektiven Willensrichtung des Ablösenden vorliegt; die übrigen Voraussetzungen sind unproblematisch. Wer ablösungsberechtigt ist, ergibt sich aus § 268 Abs. 1 S. 1 und S. 2 BGB. Danach steht demjenigen ein Ablösungsrecht zu, der ein Recht am Grundstück hat, d.h. ein dingliches Recht aus Abteilung II und Abteilung III des Erbbaugrundbuchs, oder persönlicher Gläubiger der Rangklasse § 10 Abs. 1 Nr. 5 ZVG ist[694]. Der Grundstückseigentümer hat als Berechtigter der Erbbauzinsreallast ein Recht aus Abteilung II des Erbbaugrundbuchs[695]. Er läuft Gefahr, dieses Recht durch die Zwangsversteigerung des Erbbaurechts – in einen dem Schuldner im Sinne der Vorschrift gehörenden Gegenstand – zu verlieren[696]. Es kann jedes Recht der Rangklassen des § 10 Nr. 1-5 ZVG abgelöst werden[697].

Nach welcher Norm – § 268 BGB oder § 1150 BGB – die Ansprüche auf Entrichtung der öffentlichen Lasten des Grundstücks gem. § 10 Abs. 1 Nr. 3 ZVG abgelöst werden können, auf die es insbesondere bei der Zwangsversteigerung eines Erbbaurechts ankommt, bei dem eine Erbbauzinsreallast nach neuem Recht vereinbart ist, ist streitig[698]. Nach einer älteren Ansicht in der Literatur gilt § 1150 BGB unmittelbar[699]. Mit gewissen Vorbehalten seien vollkommene Parallelen zwischen den öffentlichen Lasten und den privatrechtlichen Grundstücksrechten zu erkennen, so daß die vom Gesetz nicht ausdrücklich geregelten Fragen bei der Behandlung der öffentlichen Lasten in Anlehnung an die Vorschriften des Privatrechts über dingliche Verwertungsrechte an Grundstücken zu lösen seien[700]. Die Parallelen ergeben sich nach dieser Meinung z.B. aus § 10 ZVG[701]. Die öffentlichen Lasten seien in § 10 Abs. 1 Nr. 3 ZVG unmittelbar vor den dinglichen Rechten geregelt, Entspre-

---

693 Böttcher, Zwangsversteigerungsgesetz, § 75 ZVG Rn. 16; MüKo-Keller, § 268 BGB Rn. 13; Palandt-Heinrichs, § 268 BGB Rn. 4; Soergel-Wolf, § 268 BGB Rn. 8.

694 Steiner-Storz, § 75 ZVG Rn. 41; Zeller/Stöber, § 15 ZVG Rn. 20 Anm. 20.13.

695 Ausführlich oben II., S. 19 ff.

696 S. oben II. 2. a) bb), S. 52.

697 Böttcher, Zwangsversteigerungsgesetz, § 75 ZVG Rn. 15; Staudinger-Selb, § 268 BGB Rn. 3; Zeller/Stöber, § 15 ZVG Rn. 20 Anm. 20.14.

698 KG JW 1934, S. 2793 (2794); RGZ 146, S. 317; MüKo-Eickmann, § 1150 BGB Rn. 23; Palandt-Bassenge, § 1150 BGB Rn. 1; RGRK-Mattern, § 1150 BGB Rn. 1; offengelassen in RGZ146, S. 317 (319).

699 Riewald, JW 1932, S. 449 (450 Anm. III); J. Fischer, NJW 1955, S. 1583 (1885); Steiner-Storz, § 75 ZVG Rn. 29; Erman-Räfle, § 1150 BGB Rn. 5; bei außergerichtlicher Geltendmachung auch Böttcher, Zwangsversteigerungsgesetz, § 75 ZVG Rn. 16.

700 Riewald, JW 1932, S. 449 (450 Anm. III).

701 Riewald, JW 1932, S. 449 Anm. I.

chendes gelte für die älteren Rückstände gem. § 10 Abs. 1 Nr. 7 ZVG[702]. Danach findet, wenn der Grundstückseigentümer eine öffentliche Last ablösen will, § 1150 BGB unmittelbar Anwendung. Das heißt, daß er schon vor der Einleitung[703] des Zwangsversteigerungsverfahrens – die hier schon erfolgt ist – ablösen könnte[704].

Die Gegenmeinung, die auch in der Rechtsprechung vertreten wird, wendet § 268 BGB an[705]. Gläubiger i.S.d. § 1150 BGB sei aufgrund der Stellung der Vorschrift im Hypothekenrecht und dem Zweck der Norm ein Grundpfandrechtsgläubiger[706]; das sei der Gläubiger der Ansprüche aus § 10 Nr. 3 ZVG aber nicht[707]. Ist dieser Ansicht zu folgen, könnte der Grundstückseigentümer eine öffentliche Last erst nach Beginn der Zwangsvollstreckung ablösen.

Nach einer weiteren Auffassung in der Literatur sei es sachgerecht, § 1150 BGB analog anzuwenden[708]. Es bestehe eine Regelungslücke[709], da §§ 1150, 268 BGB ihrem Wortlaut nach und aufgrund ihrer systematischen Stellung den Fall nicht unmittelbar regeln. Dieser Ansicht ist zu folgen, denn die Lücke ist planwidrig, da nicht ersichtlich ist, daß dem Gesetzgeber das Problem im Gesetzgebungsverfahren zum Bürgerlichen Gesetzbuch bewußt war[710]. Unter öffentlichen Lasten sind alle persönlichen, sachlichen und finanziellen Leistungen, die dem Bürger zugunsten der Allgemeinheit auferlegt werden, zu verstehen[711]. Die öffentliche Last ist eine Grundstückslast, wenn ein Grundstück für sie (dinglich) haftet[712]. Dem Gläubiger einer öffentlichen Last steht deshalb ähnlich wie bei einer Hypothek ein dingliches Recht auf Befriedigung an dem Grundstück zu[713].

Der Gläubiger des nach §§ 1150, 268 BGB abzulösenden Rechts muß allerdings eine andere Person als der Grundstückseigentümer sein. Das ist nicht selbstver-

---

702 Riewald, JW 1932, S. 449 Anm. I.

703 In der vorliegenden Arbeit wird eine Lösungsmöglichkeit für den Fall erörtert, daß der Zuschlag droht, d.h. die Zwangsversteigerung schon eingeleitet worden ist.

704 S. oben III. 9. a) bb), S. 144.

705 KG JW 1934, S. 2793 (2794); BGH NJW 1956, S. 1197; MDR 1971, S. 205; Palandt-Bassenge, § 1150 BGB Rn. 1; Soergel-Wolf, § 268 BGB Rn. 5; Steiner-Storz, § 75 Rn. 29 ZVG, Storz, Zwangsversteigerungsverfahren, S. 239; Zeller/Stöber, § 15 ZVG Rn. 20 Anm. 20.14.

706 KG JW 1934, S. 2793 (2794).

707 KG JW 1934, S. 2793 (2794); Erman-Räfle, § 1150 BGB Rn. 5.

708 MüKo-Eickmann, § 1150 BGB Rn. 23; RGRK-Mattern, § 1150 BGB Rn. 1; Staudinger-Scherübl, § 1150 BGB Rn. 5.

709 Zum Begriff: Larenz, Methodenlehre, S. 260; ferner Bartholomeyczik, S. 81 ff.; Bydlinski, S. 473; Schmalz, Methodenlehre, Rn. 321.

710 Mugdan, Bd. II, S. 48, und S. 543 sowie Bd. III, S. 423 ff.

711 BGH MDR 1971, S. 205.

712 Stöber, Zwangsvollstreckung in das unbewegliche Vermögen, Rn. 73 f.; Zeller/Stöber, § 10 ZVG Rn. 6 Anm. 6.1.

713 So im Ergebnis auch MüKo-Eickmann, § 1150 BGB Rn. 23.

ständlich, da der Grundstückseigentümer selbst in das Erbbaurecht vollstrecken kann[714]. Daß der Grundstückseigentümer in diesen Fällen nicht ablösen kann, ergibt sich schon aus dem Wortlaut des § 268 BGB. Dieser setzt einen „Gläubiger" und einen „jeden" Gefährdeten, d.h. einen Dritten, voraus. Aus der Stellung der Vorschrift im Anschluß an § 267 BGB, der ausdrücklich einen Dritten erwähnt, folgt ebenfalls das zwingende Erfordernis der Personenverschiedenheit. Außerdem widerspräche es dem Sinn und Zweck der Vorschrift, ein solches Ablösungsrecht zuzulassen. Der Sinn und Zweck besteht darin, den Ablösenden davor zu schützen, daß er durch die von einem Gläubiger des Schuldners betriebene Zwangsvollstreckung ein Recht verliert[715]. Ein Schutz ist nicht erforderlich, wenn der Grundstückseigentümer selbst in das Erbbaurecht vollstreckt. In diesen Fällen kann er die Zwangsversteigerung verhindern, indem er den Versteigerungsantrag zurücknimmt. Schließlich sprechen die Rechtsfolgen gegen ein solches Ablösungsrecht. §§ 1150 Abs. 1, 268 Abs. 3 BGB sehen den Übergang der abgelösten Rechte vor. Bei Personenidentität kann ein Recht indes nicht übergehen.

Umstritten[716] ist, ob der Ablösende darüber hinaus den Willen haben muß, die drohende Zwangsversteigerung abzuwenden.

aa) Die objektive Theorie[717]

Nach der jüngeren höchstrichterlichen und obergerichtlichen Rechtsprechung[718] und der neuerdings in der Literatur[719] überwiegend vertretenen Ansicht enthält der Tatbestand des § 268 BGB nur objektive Voraussetzungen. Die Gläubigerablösung setze nicht voraus, daß der Ablösungsberechtigte mit der Ablösung bezwecken

---

714 S. oben S. 49 und II. 2. a) aa) aaa) und ccc), S. 51, sowie II. 2. a) bb) aaa) und ccc), S. 52 f.

715 RGRK-Alff, § 268 BGB Rn. 2.

716 Böttcher, Zwangsversteigerungsgesetz, § 75 ZVG Rn. 16; MüKo-Keller, § 268 BGB Rn. 13; Palandt-Heinrichs, § 268 BGB Rn. 4; Soergel-Wolf, § 268 BGB Rn. 8.

717 Der Begriff wurde von der Verfasserin aus Klarstellungsgründen verwandt. In der einschlägigen Literatur ist keine Theorienbezeichnung ersichtlich.

718 BGH NJW 1956, S. 1197; 1983, S. 2502 (2503); 1994, S. 1475 (1475); OLG Saarbrücken, OLGZ 1967, S. 102 (104); OLG Köln, WM 1989, S. 274 (278).

719 Böttcher, Zwangsversteigerungsgesetz, § 75 ZVG Rn. 16; Chr. Mohrbutter, S. 215; Soergel-Konzen, § 1150 BGB Rn. 5; Reinicke/Tiedtke, WM 1986, S. 813 (814 f.). Neuerdings: MüKo-Keller, § 268 BGB Rn. 13 und MüKo-Eickmann § 1150 BGB Rn. 5 (a.A. noch MüKo-Keller, 2. Aufl., § 268 BGB Rn. 7 und MüKo-Eickmann, 2. Aufl., § 1150 BGB Rn. 5); Palandt-Heinrichs, § 268 BGB Rn. 4 und Palandt-Bassenge, § 1150 BGB Rn. 4 (a.A. Palandt-Heinrichs, 52. Aufl., § 268 BGB Rn. 4 und Palandt-Bassenge, 52. Aufl., § 1150 BGB Rn. 4); Staudinger-Selb, § 268 BGB Rn. 8 (a.A. noch Staudinger-Selb, 12. Aufl., § 268 BGB Rn. 8); Storz, Zwangsversteigerungsverfahren 6. Aufl., S. 191 (a.A. ders., 7. Aufl., S. 241); Zeller/Stöber, § 15 ZVG Rn. 20 Anm. 20.1 ff. (a.A. wohl noch Zeller/Stöber, 14. Aufl., § 15 ZVG Rn. 20 Anm. 20.27).

müsse, die Zwangsversteigerung abzuwenden. Auch wenn er sie fortsetzen wolle, könne er ablösen[720].

Der Bundesgerichtshof beschränkt sich in der Begründung dieser Ansicht in der, soweit ersichtlich, neuesten Entscheidung[721] darauf, daß die Existenz eines solchen subjektiven Tatbestandsmerkmals mit dem Wortlaut der Vorschrift, mit der Rechtssicherheit und Rechtsklarheit nicht vereinbar sei[722]. Die subjektive Willensrichtung des Ablösenden sei häufig nicht zuverlässig festzustellen[723]. § 268 BGB stelle allein auf die Gefährdung des nachrangigen Rechts durch die Zwangsversteigerung ab[724].

Unter einer solchen Gefährdung wird einhellig[725] verstanden, daß das Recht des Ablösenden nach den Versteigerungsbedingungen erlöschen würde, weil es nicht innerhalb des geringsten Gebots bestehen bliebe. Das trifft auf den dinglichen Erbbauzinsanspruch in bestimmten Fällen zu, so daß eine Gefährdung des Rechts des Grundstückseigentümers vorliegt. Der Grundstückseigentümer kann die Rechte der Gläubiger, die in das Erbbaurecht vollstrecken, nach der objektiven Theorie unabhängig von seiner Willensrichtung nach §§ 1150 Abs. 1 oder 268 BGB ablösen.

bb) Die subjektive Theorie[726]

Nach entgegenstehender Ansicht, die in der Rechtsprechung früher vom Reichsgericht[727] und noch heute in Teilen der Literatur[728] vertreten wird, ist zusätzlich zu den objektiven Voraussetzungen erforderlich, daß der Ablösende bezweckt, die Zwangsvollstreckung abzuwenden. Hat der Ablösende dagegen von Anfang an vor, die begonnene Zwangsvollstreckung fortzusetzen, sei § 268 BGB seinem Sinn und Zweck nach nicht anwendbar[729]. Der Ablösende dürfe sich nicht nur eine bessere Rechtsstellung verschaffen wollen[730]. Wer von der Ausnahmevorschrift § 268 BGB

720 MüKo-Keller, § 268 BGB Rn. 13.

721 BGH NJW 1994, S. 1475 (1475). Die Entscheidung datiert vom 1.3.1994.

722 BGH NJW 1994, S. 1475 (1475).

723 So außer dem BGH in der vorgenannten Entscheidung auch: BGH NJW 1956, S. 1197.

724 BGH NJW 1994, S. 1475 (1475).

725 OLG Köln, WM 1989, S. 274 (275); Zeller/Stöber, § 15 ZVG Rn. 20. Anm. 20.1.

726 Auch dieser Begriff wurde von der Verfasserin gewählt, damit diese Theorie von der zuvor genannten Theorie, die nur das Vorliegen objektiver Voraussetzungen verlangt, abgegrenzt wird.

727 RG JW 1916, S. 670 (671 Anm. 2); RGZ 146, S. 317 (325).

728 RGRK-Mattern, § 1150 BGB Rn. 3; Soergel-Wolf, § 268 BGB Rn. 8; früher auch: MüKo-Keller, 2. Aufl., § 268 BGB Rn. 7 und MüKo-Eickmann, 2. Aufl., § 1150 BGB Rn. 5; Palandt-Bassenge, 52. Aufl., § 268 BGB Rn. 4 und § 1150 BGB Rn. 4; wohl auch Staudinger-Selb, § 268 BGB Rn. 8 und Zeller/Stöber, 14. Aufl., § 15 ZVG Rn. 20. Anm. 20.27. Alle im Anschluß an RGZ 146, S. 317 (322 ff.); Storz, Zwangsversteigerungsverfahren, S. 241.

729 RGZ 123, 338 (340); 146, S. 317 (324).

730 RGZ 146, S. 317 (324).

Gebrauch machen wolle, könne das nur, wenn er bezwecke, das gefährdete Recht gerade durch die Abwendung der Zwangsvollstreckung zu retten. Dies sei Sinn der Vorschrift. Zu anderen Zwecken dürfe das Recht nicht gebraucht werden[731].

Der Grundstückseigentümer beabsichtigt bei der Zahlung an die Gläubiger, die begonnene Zwangsvollstreckung zu beenden[732]. Dadurch verhindert er den drohenden Zuschlag, der unter den erörterten Voraussetzungen[733] zum Ausfall des Erbbauzinsanspruchs führt. Eine andere Absicht wie bei der taktischen Verbindung der Gläubigerablösung mit dem Heimfallrecht[734] bezweckt er nicht. §§ 1150, 268 BGB sind nach der subjektiven Theorie ebenfalls einschlägig.

cc) Zwischenergebnis

Will der Grundstückseigentümer eine „einfache" Gläubigerablösung durchführen, d.h. ohne taktische Verbindung mit dem Heimfallrecht, liegen die Voraussetzungen nach beiden Ansichten vor. Der Meinungsstreit ist hier nicht erheblich.

c) Die Rechtsfolgen

Da die Voraussetzungen der Ablösungsrechte vorliegen, hat der Grundstückseigentümer das Recht, alle diejenigen betreibenden Gläubiger des Erbbauberechtigten zu befriedigen, deren Anträge im Fall der Durchführung der Zwangsversteigerung zur Entstehung eines Erbbaurechts ohne Erbbauzins führen. Unter der Befriedigung ist die Erbringung der geschuldeten Leistung zu verstehen[735], wobei eine Zustimmung des jeweiligen Gläubigers nicht erforderlich ist. Weder § 268 BGB noch eine andere Norm berechtigten den Gläubiger, die Ablösung zu verweigern[736]. Da das Versteigerungsgericht den Grundstückseigentümer trotz seiner Beteiligung im Zwangsversteigerungsverfahren nach § 24 ErbbauV nicht über den Beitritt weiterer Gläubiger benachrichtigen muß, weiß der Grundstückseigentümer in der Praxis nicht zwingend, wie viele Gläubiger das Zwangsversteigerungsverfahren betreiben. Ein Beitritt dürfte, wenn der Erbbauberechtigte in Vermögensverfall gerät, häufiger vorkommen. Der Grundstückseigentümer kann die Rechte durch Einsicht in die Versteigerungsakten klären, § 9 ZVG i.V.m.

---

731 RGZ 146, S. 317 (324).

732 S. oben III. 9., S. 143.

733 S. oben II. 2., S. 49 ff.

734 Darauf wird noch unten V. 1. eingegangen.

735 Staudinger-Selb, § 268 BGB Rn. 10.

736 So im Ergebnis auch z.B.: RGZ 83, S. 390 (393); Böttcher, Zwangsversteigerungsgesetz, § 75 ZVG Rn. 16; Steiner-Storz, § 75 ZVG Rn. 30; Storz, Zwangsversteigerungsverfahren, S. 253.

§ 299 Abs. 1 ZPO[737], wobei ihm möglicherweise ein nach § 14 Abs. 4 S. 2 AktO angelegtes Beteiligtenverzeichnis[738] hilft.

aa) Der Gläubigerwechsel

Erbringt der Grundstückseigentümer die geschuldeten Leistungen, gehen die abgelösten Rechte auf ihn über, §§ 1150, 268 Abs. 3 BGB, so daß ein Gläubigerwechsel stattfindet. Das gilt auch für alle Neben- und Vorzugsrechte des abgelösten Rechts, §§ 401, 412, 1153 BGB. Die bisherigen Gläubiger verlieren materiell[739] das Recht, das Zwangsversteigerungsverfahren zu betreiben[740].

aaa) Die Ablösung bei einer vorrangigen herkömmlichen Erbbauzinsreallast

In dieser Fallkonstellation droht nur dann die Entstehung eines Erbbaurechts ohne Erbbauzins, wenn der Grundstückseigentümer selbst wegen fälliger Erbbauzinsen aus der Erbbauzinsreallast in das Erbbaurecht vollstreckt[741]. In allen anderen Fällen bleibt die Erbbauzinsreallast bei der Zwangsversteigerung bestehen[742]. Da die Grundstückseigentümer sich selbst gegenüber aber nicht ablösen kann[743], ist die Gläubigerablösung insoweit keine Schutzmöglichkeit.

bbb) Die Ablösung bei einer nachrangigen herkömmlichen Erbbauzinsreallast

Bei den vorrangigen Grundpfandrechten[744] und den Rechten gem. § 10 Abs. 1 Nr. 1-3 ZVG besteht folgende Rechtslage:

(1) Die Hypothek: Der Streit über die Erforderlichkeit der Anwendung des § 1153 BGB

Befriedigt der Grundstückseigentümer einen Gläubiger, der aus einer der Erbbauzinsreallast vorgehenden Hypothek die Zwangsversteigerung des Erbbaurecht

---

737 Vgl. Böttcher, Zwangsversteigerungsgesetz, § 42 ZVG Rn. 4; Zeller/Stöber, § 42 ZVG Rn. 2 Anm. 2.2; ferner OLG Köln, KTS 1991, S. 204 (205).

738 Zeller/Stöber empfiehlt die Anlage eines solchen Verzeichnisses (§ 9 ZVG Rn. 5). Im Anschluß daran auch: Böttcher, Zwangsversteigerungsgesetz, § 9 ZVG Rn. 24.

739 Etwas anderes gilt für das formelle Recht, das Verfahren zu betreiben (s. oben III. 9. c) bb), S. 154).

740 So auch: OLG Düsseldorf, NJW-RR 1987, S. 247 (248); Böttcher, Zwangsversteigerungsgesetz, § 75 ZVG Rn. 34; Zeller/Stöber, § 15 ZVG Rn. 20 Anm. 20.22.

741 S. oben II. 2. a) aa) ccc), S. 51.

742 S. oben II. 2. a) aa) ccc), S. 51.

743 S. oben III. 9. b), S. 145.

744 Es werden nur die Hypothek und die Grundschuld behandelt. Die Grundschuld ist heute die bevorzugte Form des Grundpfandrechts (Schreiber, Sachenrecht, Rn. 459). Die Rentenschuld ist dagegen mittlerweile eine ungebräuchliche Grundschuld (Palandt-Bassenge, § 1199 BGB Rn. 1).

betreibt, ist unstreitig, daß die Hypothek sowie die persönliche Forderung auf den Grundstückseigentümer übergehen[745], und letzteres aus §§ 1150, 268 Abs. 3 BGB folgt[746]. Streitig ist die Rechtsgrundlage für den Übergang der Hypothek[747].

(a) Der Stand des Meinungsstreits

Nach überwiegend vertretener Meinung sind auf den Gläubigerwechsel bei der Hypothek ohne weitere Begründung §§ 412, 401 BGB und § 1153 BGB anzuwenden[748]. Nach anderer Ansicht ergibt sich der Übergang allein aus § 1153 Abs. 1 BGB[749]. Dagegen wird eingewandt, daß § 1153 BGB seinem Wortlaut nach den Übergang kraft Rechtsgeschäfts regele[750]. §§ 412, 401 BGB schrieben den Übergang kraft Gesetzes vor[751], so daß allein auf diese Vorschriften abzustellen sei[752].

(b) Eigene Stellungnahme

Dem Argument, daß ein Rückgriff auf § 1153 BGB überflüssig sei, da sich der Übergang der Hypothek schon aus § 401 BGB ergebe, kann nicht zugestimmt werden. Bei der Hypothek folgt der Übergang in einem bestimmten Fall nicht aus § 401 BGB, sondern aus § 1153 Abs. 2 BGB. Die Parteien – der jeweilige abgelöste Gläubiger und der Grundstückseigentümer – können grundsätzlich die Rechtsfolge des § 401 BGB vertraglich ausschließen[753]. Eine Ausnahme bildet die Hypothek[754]. § 1153 Abs. 2 BGB sieht zwingend[755] vor, daß Forderung und Hypothek nicht getrennt werden können.

---

745 RGZ 91, S.297 (302); Böttcher, Zwangsversteigerungsgesetz, § 75 ZVG Rn. 34; MüKo-Eickmann, § 1150 BGB Rn. 27; Palandt-Bassenge, § 1150 BGB Rn. 5; RGRK-Mattern, § 1150 BGB Rn. 11; Soergel-Konzen, § 1150 BGB Rn. 9; Wilhelm, Rn. 829 mit Fn. 1230 mit Verweis auf Rn. 706 und Fn. 1013.

746 Baur/Stürner, S. 402 f. § 38 IX 3 b); MüKo-Eickmann, § 1150 BGB Rn. 27; Palandt-Bassenge, § 1150 BGB Rn. 5; Schreiber, Sachenrecht, Rn. 484; Wilhelm, Rn. 829 mit Fn. 1230 und Rn. 706 mit Fn. 1013.

747 Wilhelm, Rn. 829 mit Fn. 1230 mit Verweis auf Rn. 706 und Fn. 1013.

748 RGZ 91, S. 297 (302); Baur/Stürner, S. 402 § 38 IX 3 a); Palandt-Bassenge, § 1150 BGB Rn. 5; RGRK-Mattern, § 1150 BGB Rn. 11; Schreiber, Sachenrecht, Rn. 484, 2. Fallbeispiel; Steiner-Storz, § 75 ZVG Rn. 61; wohl auch: Böttcher, Zwangsversteigerungsgesetz, § 75 ZVG Rn. 34; MüKo-Eickmann, § 1150 BGB Rn. 27.

749 Soergel-Konzen, § 1150 BGB Rn. 9.

750 Wilhelm, Fn. 1013 (S. 461).

751 Wilhelm, Rn. 829 mit Verweis auf Rn. 706 mit Fn. 1013.

752 Wilhelm, Rn. 829 und wohl auch Fn. 1013 (S. 461).

753 RG LZ 1917, S. 792 Anm. 5; dieser Entscheidung folgend: Staudinger-Kaduk, § 401 BGB Rn. 10.

754 RG LZ 1917, S. 792 Anm. 5; dieser Entscheidung folgend: Staudinger-Kaduk, § 401 BGB Rn. 10.

755 RGRK-Mattern, § 1153 BGB Rn. 1; Staudinger-Scherübl, § 1153 BGB Rn. 6.

Eine Vereinbarung, die Rechtsfolge des § 401 BGB auszuschließen, wäre deshalb gem. § 1153 Abs. 2 BGB unwirksam. Es muß daher danach differenziert werden, ob eine solche Vereinbarung getroffen wurde. Ist das nicht der Fall, ergibt sich der Übergang der Hypothek auf den Grundstückseigentümer aus §§ 401, 412 BGB. Anderenfalls folgt der Gläubigerwechsel aus §§ 401, 412, 1153 Abs. 2 BGB. Es entspricht außerdem dem Sprachgebrauch des Bürgerlichen Gesetzbuches (z.B. §§ 398, 412), unter einer Übertragung nicht nur den rechtsgeschäftlichen, sondern auch den gesetzlich angeordneten Übergang zu verstehen[756]. Eine analoge Anwendung ist deshalb nicht geboten.

(2) Die Grundschuld

Löst der Grundstückseigentümer einen Gläubiger ab, der aus einer vorrangigen Grundschuld in das Erbbaurecht vollstreckt, ist die Rechtslage hinsichtlich des Übergangs der Grundschuld streitig[757]. Nach einer in der Rechtsprechung[758] und in der Literatur[759] vertretenen Ansicht wird der Grundstückseigentümer ohne weiteres Inhaber der Grundschuld.

Nach entgegenstehender Ansicht in der Rechtsprechung[760] und in der Literatur[761] hat der Grundstückseigentümer anders als bei der Hypothek lediglich einen Anspruch gegen den befriedigten Gläubiger auf Übertragung der Grundschuld. Die Rechtslage bei der Hypothek und der Grundschuld sei nicht vergleichbar. Bei der Hypothek habe der Gesetzgeber in §§ 401, 412, 1153 BGB angeordnet, daß sie übergehe. Das sei Folge ihrer Akzessorietät[762].

Zu folgen ist der letztgenannten Meinung. Anders als bei der Hypothek sieht in dieser Fallkonstellation keine Vorschrift ohne weiteres den Übergang der Grundschuld vor: § 268 Abs. 3 BGB gilt seinem Wortlaut nach nur für die persönliche Forderung, nicht für die Grundschuld als Pfandrecht. § 401 Abs. 1 BGB erwähnt zwar die Grundpfandrechte, die Vorschrift setzt aber aufgrund ihrer Stellung im Vierten Abschnitt des Zweiten Buches voraus, daß das Pfandrecht ein Nebenrecht zu der übertragenen Forderung ist. Das trifft auf die Grundschuld mangels Akzessorietät nicht zu.

Die Grundschuld, auf die der Grundstückseigentümer zur Abwendung der Zwangsversteigerung des Erbbaurechts zahlt, ist in der Praxis typischerweise eine

---

756 RGRK-Mattern, § 1150 BGB Rn. 1

757 Schreiber, Sachenrecht, Rn. 509, 2. Fallbeispiel.

758 BGHZ 108, S. 372 (379).

759 Baur/Stürner, S. 450 § 44 VI 2 Fn. 1 und S. 465 § 45 IV 3 Fn. 1; Steiner-Storz, § 75 ZVG Rn. 59; Wilhelm, Rn. 920.

760 BGH Rpfleger 1988, S. 306.

761 Schreiber, Sachenrecht, Rn. 509, 2. Fallbeispiel.

762 Schreiber, Sachenrecht, Rn. 509, 2. Fallbeispiel.

Sicherungsgrundschuld[763]: Der Erbbauberechtigte hat die Errichtung des Bauwerks auf dem Erbbaugrundstück[764] oder den Kauf des Erbbaurechts finanziert und als Sicherheit die Grundschuld bestellt. Die gesicherte (Darlehens-)Forderung geht nicht auf den Grundstückseigentümer über[765]. Der Grundstückseigentümer hat gegen den Gläubiger der Forderung nur einen Anspruch auf Übertragung[766].

(3) Die Rechte der Rangklassen des § 10 Nr. 1-3 ZVG

Die Ablösung der Rechte der Nummern 1 und 2 des § 10 Abs. 1 ZVG gem. § 268 BGB ist unproblematisch. Sie führt zum Übergang der Forderungen. Es stellt sich aber die Frage, welche Folgen die Ablösung öffentlich-rechtlicher Ansprüche auf Entrichtung der öffentlichen Lasten gem. § 10 Abs. 1 Nr. 3 ZVG hat. Diese Rechte lösen sich nach heute allgemeiner Ansicht durch die cessio legis von ihrer hoheitlichen Beziehung und verwandeln sich in zivilrechtliche Ansprüche[767]. Sie haben den gleichen Rang wie vor der Ablösung[768], da der Gläubiger durch die Ablösung nicht schlechter stehen darf, als wenn der Schuldner gezahlt hätte[769]. Der Grundstückseigentümer wird demnach Inhaber einer zivilrechtlichen Forderung der Rangklasse § 10 Abs. 1 Nr. 3 ZVG.

ccc) Die Ablösung bei einer neuen Erbbauzinsreallast

Es wurde bereits erläutert, daß eine Erbbauzinsreallast nach neuem Recht[770] in der Zwangsversteigerung des Erbbaurechts nur ausfällt, wenn der Gläubiger aus einem Recht gem. § 10 Abs. 1 Nr. 1-3 ZVG vollstreckt[771]. Der Grundstückseigentümer wird auch bei dieser Konstellation Inhaber eines zivilrechtlichen Rechts dieser Rangklasse.

---

763 Allgemein sichert die Grundschuld in der Praxis regelmäßig eine Forderung (Schreiber, Sachenrecht, Rn. 459).

764 Von Oefele/Winkler, Rn. 1.5 und 1.10.

765 Steiner-Storz, § 75 ZVG Rn. 59; diesen folgend: Böttcher, Zwangsversteigerungsgesetz, § 75 ZVG Rn. 34.

766 Steiner-Storz, § 75 ZVG Rn. 59; diesen folgend: Böttcher, Zwangsversteigerungsgesetz, § 75 ZVG Rn. 34.

767 RGZ 135, S. 25 (29 f.); 146, S. 317 (319); BGH NJW 1956, S. 1197; 1973, S. 1078; 1979, S. 2198. Diesen folgend: MüKo-Keller, § 268 BGB Rn. 15; Palandt-Heinrichs, § 268 BGB Rn. 7; Soergel-Wolf, § 268 BGB Rn. 11; Zeller/Stöber, § 15 ZVG Rn. 20 Anm. 20.26. Wohl auch: RGRK-Alff, § 268 BGB Rn. 7.

768 KG JW 1937, S. 3181; RGZ 135, S. 25 (27); Böttcher, Zwangsversteigerungsgesetz, § 75 ZVG Rn. 34; Steiner-Storz, § 75 ZVG Rn. 62; Zeller/Stöber, § 15 ZVG Rn. 20 Anm. 20.26.

769 Palandt-Heinrichs, § 268 BGB Rn. 7.

770 S. oben II. 1. b) cc), S. 27 ff.

771 S. oben II. 2. c) dd), S. 58.

bb) Die Aufhebung des Zwangsversteigerungsverfahrens

Für den Grundstückseigentümer könnte die Aufhebung des Verfahrens zweckdienlicher als die einstweilige Einstellung sein. Bei der einstweiligen Einstellung bleibt die Beschlagnahme bestehen; das Verfahren ruht lediglich für einen begrenzten Zeitraum, dann wird es fortgesetzt[772]. Es droht also weiterhin die Entstehung eines Erbbaurechts ohne Erbbauzins. Da eine Aufhebung das Verfahren endgültig beendet und die Gefahr des Ausfalls der Erbbauzinsen zumindest durch dieses Verfahren abgewandt wird, ist diese für den Grundstückseigentümer zweckdienlicher.

Das Verfahren kann aufgrund verschiedener Tatbestände, z.B. §§ 28, 29, 30 Abs. 1 S. 3, 33 ZVG, aufgehoben werden. Wenn der Zuschlag droht, kommt es für den Grundstückseigentümer darauf an, daß er das Verfahren so schnell wie möglich beendet. Dafür bietet sich § 29 ZVG an, wonach das Versteigerungsgericht das Verfahren nach Eingang einer wirksamen Rücknahmeerklärung durch Beschluß aufheben muß[773].

Es fragt sich, ob der Grundstückseigentümer als neuer Gläubiger oder der abgelöste Gläubiger als noch betreibender Gläubiger berechtigt ist, den Versteigerungsantrag zurückzunehmen. Welcher Gläubiger bei einem Gläubigerwechsel[774] unter welchen Voraussetzungen zur Beendigung des Verfahrens berechtigt ist, wird kontrovers diskutiert[775]. Dabei ist streitig, ob der Gläubigerwechsel von Amts wegen zu berücksichtigen ist[776] und in welcher Form er dem Versteigerungsgericht nachgewiesen werden muß[777].

aaa) Die Ansicht vom einfachen Nachweis

Nach einer Ansicht in Rechtsprechung und Literatur[778] muß der neue Gläubiger den Wechsel nicht in qualifizierter Form nachweisen, d.h., er braucht keinen auf sich lautenden Titel und Zustellungsnachweis vorlegen[779], sondern es genügt ein einfacher Nachweis[780]. Ab dem Zeitpunkt, indem der neue Gläubiger sich um den

772 Böttcher, Zwangsversteigerungsgesetz, § 30 Rn. 1; Zeller/Stöber, § 30 ZVG Rn. 2. Anm. 2.1.

773 Böttcher, Zwangsversteigerungsgesetz, § 29 ZVG Rn. 13.

774 S. oben III. 9. c) aa), S. 150 ff.

775 Dassler/Schiffhauer/Gerhardt/Muth, § 29 ZVG Rn. 4; Steiner-Storz, § 29 ZVG Rn. 26.

776 Ablehnend: Böttcher, Zwangsversteigerungsgesetz, §§ 15, 16 ZVG Rn. 53.

777 Dassler/Schiffhauer/Gerhardt/Muth, § 29 ZVG Rn. 4; Steiner-Storz, § 29 ZVG Rn. 26.

778 KG JW 1931, S. 546; BGH WM 1963, S. 754 Nr. 1; OLG Bremen, Rpfleger 1987, S. 381; OLG Düsseldorf, NJW-RR 1987, S. 247; Dassler/Schiffhauer/Gerhardt/Muth, § 29 ZVG Rn. 4; Steiner-Storz, § 29 ZVG Rn. 26; Zeller/Stöber, § 15 ZVG 20.23.

779 Dassler/Schiffhauer/Gerhardt/Muth, § 29 ZVG Rn. 4; J. Fischer, NJW 1955, S. 1583 (S. 1585); Steiner-Storz, § 29 ZVG Rn. 26; Zeller/Stöber, § 15 ZVG Rn. 20.23.

780 Z.B. Dassler/Schiffhauer/Gerhardt/Muth, § 29 ZVG Rn. 4.

Nachweis bemühe, könne der bisherige Gläubiger den Versteigerungsantrag nicht mehr wirksam zurücknehmen; er sei offensichtlich nicht mehr legitimiert zu vollstrecken[781]. Daraus ist zu schließen, daß nach dieser Auffassung das Versteigerungsgericht den Gläubigerwechsel von Amts wegen berücksichtigen muß. Eine Begründung geben die Vertreter dieser Meinung nicht.

Danach sind vorliegend zwei Konstellationen zu unterscheiden:

1. Die Rücknahme durch den bisherigen Gläubiger

   Wenn die Ablösung dem Gericht nicht bekannt gemacht wurde, kann der bisherige Gläubiger den Versteigerungsantrag ohne weiteres zurücknehmen. Dann hebt das Versteigerungsgericht das Verfahren auf, § 29 ZVG und das Grundbuchamt löscht den Versteigerungsvermerk von Amts wegen, § 34 ZVG. Folge ist, daß der Zuschlag zumindest zunächst[782] abgewandt ist.

2. Die Rücknahme durch den Grundstückseigentümer

   Es könnte darauf ankommen, ob auch dem Grundstückseigentümer das Recht zusteht, das Verfahren zu beenden. Beispielsweise könnte der abgelöste Gläubiger meinen, die Gläubigerablösung sei nicht ordnungsgemäß erfolgt. In diesem Fall wird er davon ausgehen, daß er auch materiell-rechtlich nach wie vor zur Zwangsvollstreckung berechtigt sei und sich weigern, den Antrag zurückzunehmen. Ein Anspruch des Grundstückseigentümers gegen ihn, daß er das Verfahren beendet, ist nicht ersichtlich.

Nach der vorgenannten Ansicht könnte der Grundstückseigentümer dem Versteigerungsgericht die Gläubigerablösung mitteilen und diese in einfacher Form nachweisen. Das Versteigerungsgericht hätte zu prüfen, ob die Ablösung materiell-rechtlich wirksam war, d.h., es muß sich mit der Frage befassen, ob die Voraussetzungen der §§ 1150, 268 BGB vorlagen.

Wäre dieser Auffassung zu folgen, würde das Vollstreckungsgericht die materiell-rechtliche Wirksamkeit der Gläubigerablösung prüfen, wenn es Kenntnis von der Ablösung erlangt. Das wäre insbesondere der Fall, wenn der Grundstückseigentümer den Versteigerungsantrag unter Nachweis der Befriedigung des betreibenden Gläubigers zurücknimmt.

bbb) Die engere Auffassung vom qualifizierten Nachweis

Nach einer engeren, in der Literatur[783] und in der Rechtsprechung[784] vertretenen Auffassung genügt der einfache Nachweis nicht. Der neue Gläubiger müsse viel-

---

781 Dassler/Schiffhauer/Gerhardt/Muth, § 29 ZVG Rn. 4.

782 Auf der erneuten Einleitung der Zwangsversteigerung des Erbbaurechts durch andere Gläubiger des Erbbauberechtigten wird nachfolgend noch eingegangen.

783 Böttcher, Zwangsversteigerungsgesetz, §§ 15, 16 ZVG Rn. 53.

mehr seine Rechtsstellung beim Versteigerungsgericht unter Vorlage eines auf ihn lautenden Titels und des Zustellungsnachweises anmelden. Bis dahin könne der bisherige Gläubiger den Versteigerungsantrag zurücknehmen, da er durch den Titel als betreibender Gläubiger ausgewiesen sei[785], wobei ein materieller Anspruchsverlust unerheblich sei[786]. Das Versteigerungsgericht prüfe den Gläubigerwechsel nicht von Amts wegen[787], könne das Verfahren aber auch einstweilen einstellen[788].

Ist dieser Ansicht zu folgen, könnte der bisherige Gläubiger das Verfahren solange beenden, bis das Versteigerungsgericht das Verfahren einstweilen einstellt oder der Grundstückseigentümer seine Rechtsstellung qualifiziert nachgewiesen hat. Das kann der Grundstückseigentümer nur, wenn er einen auf sich lautenden Titel vorlegt. Bei der Titelumschreibung prüft das zuständige Organ, ob die Rechtsnachfolge im Sinne der Vorschrift nachgewiesen oder offenkundig ist, § 727 ZPO. Es hat dagegen nicht zu beurteilen, ob materiell-rechtlich ein Gläubigerwechsel vorliegt. Will der Erbbauberechtigte die Erteilung der Klausel angreifen, weil er meint, eine Rechtsnachfolge sei z.B. wegen eines Rechtsmißbrauchs des Grundstückseigentümers bei der Gläubigerablösung nicht eingetreten[789], muß er nach § 732 ZPO Erinnerung einlegen oder gem. § 768 ZPO Klauselgegenklage[790] erheben.

ccc) Eigene Stellungnahme

Nimmt der bisherige Gläubiger den Versteigerungsantrag zurück, ohne daß das Versteigerungsgericht Kenntnis von der Gläubigerablösung hat, ist das Verfahren nach beiden Ansichten ohne weiteres beendet. In allen anderen Fällen kommt es insbesondere für die Frage, ob das Versteigerungsgericht den materiell-rechtlichen Übergang des abgelösten Rechts auf den Grundstückseigentümer zu prüfen hat, darauf an, welcher Auffassung zu folgen ist.

Die Meinung, die einen einfachen Nachweis genügen läßt, wälzt die materiell-rechtliche Prüfung des Gläubigerwechsels auf den Rechtspfleger ab. Das Zwangsversteigerungsgesetz und die Zivilprozeßordnung sehen grundsätzlich eine solche Prüfungskompetenz des Rechtspflegers nicht vor. Das Zwangsver-

---

784 BGH WM 1963, S. 754 Nr. 1; OLG Bremen, Rpfleger 1987, S. 381; OLG Düsseldorf, NJW-RR 1987, S. 247.

785 BVerfGE 28, S. 1 (8); OLG Düsseldorf, NJW-RR 1987, S. 247 (248); OLG Bremen, Rpfleger 1987, S. 381; Böttcher, Zwangsversteigerungsgesetz, § 75 ZVG Rn. 36; Zeller/Stöber, § 15 ZVG Rn. 29 Anm. 29.5.

786 Zeller/Stöber, § 15 ZVG Rn. 29 Anm. 29.2. und 29.6

787 Zeller/Stöber, § 15 ZVG Rn. 29 Anm. 29.2. und 29.6.

788 BGH WM 1963, S. 754 Nr. 2.

789 Darauf kommt es bei der taktischen Verbindung an; hierauf wird noch eingegangen.

790 Zum Streit über die Abgrenzung zwischen § 768 ZPO und § 732 ZPO: MüKo-Schmidt, § 732 ZPO Rn. 4; Rosenberg/Gaul/Schilken, S. 298 ff. § 17 III 1; Thomas/Putzo, § 768 ZPO Rn. 2.

steigerungsverfahren ist vielmehr besonders förmlich ausgestaltet[791]. Die Theorie vom einfachen Nachweis ist daher abzulehnen.

Die Gegenansicht verlagert die materielle Prüfungskompetenz nicht, da nach ihr der bisherige Gläubiger den Versteigerungsantrag zurücknehmen oder der Grundstückseigentümer die Rechtsnachfolge in qualifizierter Form nachweisen muß. Wie beispielsweise §§ 753, 829, 843, 857, 866 ZPO und §§ 15, 16 ZVG zeigen, stehen der Beginn und die Beendigung der Zwangsvollstreckung zur Disposition des Gläubigers; er muß auch die hierzu erforderlichen Antragsunterlagen beibringen. Es ist deshalb sachgerecht, wenn die engere Ansicht vom qualifizierten Nachweis die qualifizierte Anmeldung der Gläubigerstellung verlangt. Dieser Auffassung ist somit zu folgen.

cc) Die nochmalige Ablösung bei Einleitung eines weiteren Zwangsversteigerungsverfahrens

Durch die Aufhebung des Zwangsversteigerungsverfahrens hat der Grundstückseigentümer die Entstehung eines Erbbaurechts ohne Erbbauzins möglicherweise nur vorübergehend verhindert: Der Erbbauberechtigte ist noch Inhaber des Erbbaurechts. Da er sich durchaus auch nach Aufhebung des Verfahrens weiter in Vermögensverfall befinden kann, könnten andere Gläubiger in das Erbbaurecht vollstrecken, z.B. solche Gläubiger, die dem ersten Zwangsversteigerungsverfahren noch nicht beigetreten waren. In diesem Fall wird ein neues Zwangsversteigerungsverfahren eröffnet und der Grundstückseigentümer müßte nochmals ablösen. Die Befriedigung weiterer Gläubiger des Erbbauberechtigten könnte also dazu führen, daß der Grundstückseigentümer weitere Vermögensaufwendungen tätigen muß, die im Fall der fehlenden Kompensierung einen möglicherweise erheblichen[792] Vermögensschaden zur Folge haben.

dd) Der Vermögensschaden des Grundstückseigentümers

Die Aufwendungen des Grundstückseigentümers bei der Gläubigerablösung können je nach den Umständen des Einzelfalls der Höhe nach der Summe der Erbbauzinsen entsprechen, die dem Grundstückseigentümer ohne den Ausfall in der Zwangsversteigerung für die Restlaufzeit des Erbbaurechts zustehen. Beispielsweise erlitt der Grundstückseigentümer in dem eingangs[793] dargestellten Fall des Bundesgerichtshofs[794] durch den Ausfall der Erbbauzinsen für 95 Jahre einen Vermö-

791 So auch: BGH NJW-RR 1987, S. 381 (382).

792 Der Enthusiasmus, mit dem Storz (Zwangsversteigerungsverfahren, S. 193 Anm. TH 7.1.2.3.) das Institut der Gläubigerablösung beschreibt, kann deshalb nicht geteilt werden.

793 S. oben S. 15 f.

794 BGHZ 81, S. 358 (358 ff.).

gensschaden in Höhe von 570.000 DM ohne Berücksichtigung von Zinsen[795]. Der die Zwangsvollstreckung betreibende Gläubiger war Inhaber einer vorrangigen Grundschuld in Höhe von 500.000 DM[796]. Hätte der Grundstückseigentümer diesen Gläubiger befriedigt, hätte er, um einen Vermögensschaden in Höhe von 570.000 DM, der ihm oder seinen Erben im Verlauf von 95 Jahren quartalsweise[797] entstanden wäre, einen nur um 70.000 DM geringeren Betrag sofort aufwenden müssen. Verfügt der Grundstückseigentümer nicht über entsprechende eigene Mittel, muß er fremdfinanzieren, wodurch ihm zusätzlich Kreditkosten entstehen.

Es liegt auf der Hand, daß sich dieses Vorgehen für den Grundstückseigentümer nur lohnt, wenn er die abgelösten Rechte realisieren kann. Der Erbbauberechtigte ist üblicherweise nach wie vor zahlungsunfähig, da er anderenfalls selbst die Gläubiger zur Abwendung der Zwangsversteigerung des Erbbaurechts befriedigt hätte. Der Grundstückseigentümer kann folglich zur Realisierung seiner Rechte nur seinerseits gegen den Schuldner vollstrecken[798]. Als Vollstreckungsgegenstand kommt unter Umständen aufgrund des Vermögensverfalls lediglich das Erbbaurecht in Betracht. Vollstreckt der Grundstückseigentümer aber selbst aus den abgelösten Rechten in das Erbbaurecht, entsteht, da die Rangklasse der Rechte erhalten bleiben[799], ebenfalls ein Erbbaurecht ohne Erbbauzins.

d) Ergebnis

Die Gläubigerablösung eignet sich für die hier diskutierten Fälle nicht als Schutzmöglichkeit. Andere Gläubiger des Erbbauberechtigten können die Zwangsvollstreckung in das Erbbaurecht einleiten, so daß erneut die Entstehung eines Erbbaurechts ohne Erbbauzins droht. Außerdem muß der Grundstückseigentümer möglicherweise erhebliche Vermögensaufwendungen tätigen, die der Höhe nach dem Verlust der Erbbauzinsen für die Restlaufzeit des Erbbaurechts entsprechen können, ohne daß eine Kompensierung gewährleistet ist.

10. Zusammenfassung

Die zuvor genannten Vorschläge zum Schutz der verschiedenen Erscheinungsformen des Erbbauzinses helfen dem Grundstückseigentümer entweder nicht, den

795 S. oben S. 15 f.

796 BGHZ 81, S. 358 (359).

797 Es waren in diesem Fall quartalsweise Zahlungen ausbedungen (s. oben I., S. 15, mit Verweis auf BGHZ 81, S. 358 (359 ff.)).

798 Etwas anderes gilt, wenn die Gläubigerablösung mit dem Heimfallrecht kombiniert wird (unten V.).

799 S. oben III. 9. c) aa), S. 150.

Ausfall zu verhindern[800], oder bieten ungewisse wirtschaftliche Erfolgsaussichten[801]. Eine Analogie zu § 52 Abs. 2 S. 1 ZVG oder zu § 25 ErbbauV kommt aufgrund der geänderten Gesetzeslage nicht mehr in Betracht[802]. Es besteht keine Regelungslücke, die durch eine Analogie zu schließen wäre. Vereinbarungen über eine andere Durchführung der Zwangsversteigerung sind praktisch nicht durchsetzbar[803], da Schuldner oder Ersteher die erforderlichen Erklärungen nicht abgeben werden. Die Zustimmungsverweigerung des Grundstückseigentümers nach § 5 ErbbauV löst das Problem nicht, da die Verweigerung regelmäßig treuwidrig ist[804]. Die beiden Vorschläge zu einer Novellierung der Erbbaurechtsverordnung[805] sind nach der hier vertretenen Ansicht nicht interessengerecht. Der Heimfallanspruch ist kein taugliches Mittel, weil dadurch in der Regel das parallel laufende Versteigerungsverfahren nicht unterbrochen wird und der Ersteher nicht ohne weiteres zur Übertragung des Erbbaurechts auf den Grundstückseigentümer verpflichtet ist[806]. Die Gläubigerablösung führt, ohne die Zwangsversteigerung dauerhaft zu verhindern, zu einem Vermögensschaden des Grundstückseigentümers, der durch den Erhalt des Erbbauzinses gerade vermieden werden soll.

---

800 S. oben III. 1.-8., S. 63 ff.

801 S. oben III. 9., S. 143 ff.

802 S. oben III. 1., S. 63 ff., und III. 6., S. 118 ff.

803 S. oben III. 2., S. 72 ff., und III. 4., S. 109 ff.

804 S. oben III. 3., S. 82 ff.

805 S. oben III. 5., S. 116 ff., und III. 7., S. 121 ff.

806 S. oben III. 8., S. 123 ff.

IV. Ausblick: Die Rettung des Erbbauzinses durch die taktische Verbindung von Gläubigerablösung und Heimfallrecht

Die bislang erörterten Lösungsmöglichkeiten führen nicht zu befriedigenden Ergebnissen. Nach der hier vertretenen Ansicht kann der Grundstückseigentümer aber – insoweit wird das Ergebnis der nachfolgenden Erörterungen vorweggenommen – unter bestimmten Voraussetzungen den Ausfall des Erbbauzinses durch die taktische Verbindung von Gläubigerablösung und Heimfallrecht verhindern. Das gilt, soweit ein solches Vorgehen des Grundstückseigentümers nicht erheblichen Bedenken – insbesondere aus dem Gesichtspunkt des rechtsmißbräuchlichen Verhaltens – begegnet. Bedingung dieser Lösungsmöglichkeit ist allerdings, daß die Anordnung der Zwangsversteigerung im Erbbaurechtsvertrag als Heimfallgrund vereinbart wurde[807], sonst scheidet auch diese Rettungsmöglichkeit aus.

Die Verknüpfung der beiden Institute beruht auf folgenden Überlegungen:

Da der Zuschlag droht, muß der Grundstückseigentümer die Zwangsversteigerung des Erbbaurechts abwenden, wofür der Heimfallanspruch aus den bereits erörterten Gründen[808] nicht geeignet ist. Weil die Ablösung des betreibenden Gläubigers die Beendigung des Zwangsversteigerungsverfahrens ermöglicht, muß der Grundstückseigentümer trotz des daraus resultierenden Vermögensschadens zunächst den betreibenden Gläubiger befriedigen. Der Grundstückseigentümer kann den Versteigerungsantrag aber nur dann selbst zurücknehmen, wenn er einen auf sich lautenden Titel vorlegt[809], und der Erbbauberechtigte könnte dagegen Einwände erheben[810]. So könnte er bestreiten, daß der Grundstückseigentümer Rechtsnachfolger des betreibenden Gläubigers geworden ist. Denn diese Gläubigerablösung unterscheidet sich in einem wesentlichen Punkt von der Gläubigerablösung ohne spätere Klage auf Übertragung des Erbbaurechts aufgrund des Heimfalls[811]. Bei letzterer beabsichtigt der Grundstückseigentümer im Zeitpunkt der Befriedigung des betreibenden Gläubigers, die Zwangsversteigerung des Erbbaurechts endgültig zu beenden[812]. Bei der taktischen Verbindung beabsichtigt der Grundstückseigen-

807 Zu den Voraussetzungen des Heimfallanspruchs s. oben III. 8. a), S. 123 f.

808 S. oben III. 8. b), S. 127 ff.

809 S. oben III. 9. c) bb) ccc), S. 156.

810 Nach der Meinung von Storz konzentriert sich der Schuldner im Zwangsversteigerungsverfahren häufig auf eine Verzögerung oder Verhinderung der Zwangsversteigerung (Storz, Zwangsversteigerungsverfahren, S. 1, 54 und Fn. 10).

811 S. oben III. 9., S. 143 ff.

812 S. oben III. 9. b), S. 145 ff.

tümer dagegen aus noch darzulegenden Gründen[813], die Zwangsversteigerung des Erbbaurechts wieder einzuleiten. Diese Absicht müßte tatbestandsmäßig i.S.d. § 268 Abs. 1 S. 1 BGB sein, weil sonst die Gläubigerablösung ins Leere geht und der Grundstückseigentümer nicht Rechtsnachfolger des betreibenden Gläubigers wird. Außerdem dürfte die Befriedigung des betreibenden Gläubigers nicht schikanös, sittenwidrig oder treuwidrig sein. Während des Zwangsversteigerungsverfahrens kann es außerdem zu einem sog. „Ablösungsgerangel"[814] kommen, das weitere taktische Maßnahmen des Grundstückseigentümers einschränken und ausschließen kann.

Vermag der Grundstückseigentümer – so die hier vertretene Ansicht – das drohende Zwangsversteigerungsverfahren abwenden, fragt sich, in welcher Weise er den eingetretenen Vermögensschaden kompensieren kann. Hierfür kommt der Heimfallanspruch in Betracht. Ein erhebliches Problem kann darin bestehen, daß der einzelne, von dem Stammrecht losgelöste Heimfallanspruch, der bei einer entsprechenden Vereinbarung aufgrund der Anordnung der Zwangsversteigerung entstanden war, zu dem Zeitpunkt der Gläubigerablösung in der Praxis bereits verjährt ist. Denn es können seit der Anordnung der Zwangsversteigerung mehr als sechs Monate vergangen sein.

Der Grundstückseigentümer könnte auch in diesen Fällen einen Heimfallanspruch durchsetzen, wenn ein neuer, unverjährter Heimfallgrund eingetreten ist. Möglicherweise versucht er, seinerseits die Zwangsversteigerung aus dem abgelösten Recht in das Erbbaurecht einzuleiten, auch wenn er das Verfahren im Hinblick auf die mißliche Folge des Wegfalls des Erbbauzinses[815] letztendlich nicht bis zum Zuschlag betreiben will. Bei nochmaliger Anordnung eines Zwangsversteigerungsverfahrens wird erneut ein Zwangsversteigerungsvermerk in das Erbbaugrundbuch eingetragen, § 19 Abs. 2 S. 1 ZVG. Wenn die Eintragung des Vermerks als Heimfallgrund vereinbart wurde[816], entsteht ein neuer Heimfallanspruch. In rechtlicher Hinsicht bedenklich ist dabei, daß der Grundstückseigentümer die Formalisierung des Zwangsvollstreckungsverfahrens[817] dadurch ausnutzt, daß er – durch die Rücknahme und die anschließende erneute Beantragung der Versteigerung des Erbbaurechts – eine für ihn günstige materielle Rechtslage – das Vorliegen eines Heimfallgrundes – schafft. Ob der Grundstückseigentümer unter diesen Bedingungen die Zwangsversteigerung einleiten kann und ihm hieraus ein Heimfallanspruch erwächst, ist später zu untersuchen.

---

813 S. oben S. 163 und ausführlich unten V. 1.

814 Der Begriff stammt von Storz (Zwangsversteigerungsverfahren, S. 249).

815 S. oben II. 2., S. 49 ff.

816 S. oben III. 8. a), S. 123 ff.

817 Zur Formalisierung der Zwangsvollstreckung allgemein: Rosenberg/Gaul/Schilken, S. 56 § 5 IV.

Bei Durchsetzung des Heimfallanspruchs erwächst dem Erbbauberechtigten regelmäßig[818] ein Vergütungsanspruch gegen den Grundstückseigentümer (§ 32 Abs. 1 S. 1 ErbbauV). Ob der Grundstückseigentümer gegen diesen Anspruch mit der abgelösten Forderung aufrechnen kann, ist zweifelhaft: Wird der Heimfallanspruch vollzogen, kommt es bezüglich der abgelösten Forderung zu einer Konfusion[819]. Geht man von einem Erlöschen des abgelösten Zahlungsanspruchs aus, vergrößert sich der Vermögensschaden des Grundstückseigentümers insoweit, als er zusätzlich den Vergütungsanspruch des früheren Erbbauberechtigten erfüllen muß. Nach der hier vertretenen Ansicht geht die abgelöste Forderung dagegen nicht unter, und der Grundstückseigentümer kann gegen den Vergütungsanspruch aufrechnen. Die Kompensation des durch die Gläubigerablösung verursachten Vermögensschadens erfolgt durch den Übergang eines anderen Vermögenswerts, d.h. des Erbbaurechts, auf den Grundstückseigentümer.

Diesem Lösungsweg steht nicht entgegen, daß durch den Heimfall zunächst genau die Rechtsfolge eintritt, deren Vermeidung Gegenstand der vorliegenden Arbeit[820] ist: der Ausfall der Erbbauzinsen[821]. Überträgt der Grundstückseigentümer das durch die Vollziehung des Heimfallanspruchs entstehende Eigentümererbbaurecht[822] auf einen Dritten, kann er mit diesem die Geltung der erloschenen Pflichten zur Zahlung des Erbbauzinses neu vereinbaren. Folge ist, daß der Käufer und seine Rechtsnachfolger für die Restlaufzeit des Erbbaurechts die Zahlung der Erbbauzinsen schulden.

Zusammengefaßt sind also folgende Verfahrensschritte erforderlich:

Der Grundstückseigentümer löst den betreibenden Gläubiger ab. Der Vollstreckungsantrag wird zurückgenommen. Anschließend leitet der Grundstückseigentümer die Zwangsversteigerung in das Erbbaurecht ein und erhebt Klage auf Übertragung des Erbbaurechts aufgrund des Heimfalls. Danach nimmt er den Vollstreckungsantrag erneut zurück. Nach Vollziehung des Heimfallrechts im Erbbaugrundbuch rechnet er mit der abgelösten Forderung – soweit gegeben – gegen den Vergütungsanspruch des früheren Erbbauberechtigten auf und veräußert das Erbbaurecht unter Neubestellung der erloschenen Erbbauzinspflichten an einen Dritten.

---

818 Ausführlicher s. unten VI. 2.

819 Ausführlicher s. unten VI. 2.

820 S. oben I., S. 15 ff.

821 Auf die Konsequenzen des Heimfallanspruchs bei der taktischen Verbindung mit der Gläubigerablösung wird noch VI. im einzelnen eingegangen).

822 Zum Eigentümererbbaurecht allgemein: von Oefele/Winkler, Rn. 4.107.

V. Die Diskussion dieses Lösungsweges

1. Die Einwände gegen die Gläubigerablösung

Ausgangslage ist, daß der Grundstückseigentümer den betreibenden Gläubiger befriedigt hat und das laufende Verfahren der Zwangsversteigerung in das Erbbaurecht zunächst aufheben lassen will. Unproblematisch ist es, wenn der abgelöste Gläubiger unter Hinweis auf die Rechtsnachfolge den Versteigerungsantrag zurücknimmt[823]; das Versteigerungsgericht hebt das Verfahren auf[824]. Zweifelhaft ist dagegen die Rechtslage, sofern der Grundstückseigentümer – beispielsweise weil sich der betreibende Gläubiger weigert – den Versteigerungsantrag gem. § 29 ZVG zurücknimmt, wobei zwei Fälle zu unterscheiden sind.

a) Die Titelumschreibung

Existiert bereits eine vollstreckbare Ausfertigung eines zivilrechtlichen Titels, muß grundsätzlich[825] auf diesem umgeschrieben werden[826], wobei der Grundstückseigentümer den Gläubigerwechsel beim zuständigen Organ (§ 20 Nr. 12 RPflG, § 797 Abs. 2 ZPO) durch öffentliche oder öffentlich-beglaubigte Urkunde nachweisen muß. In der Praxis dürfte es kaum vorkommen, daß der Grundstückseigentümer mit einer öffentlichen Urkunde i.S.d. § 415 ZPO die Ablösung nachweisen kann. Dieser seltene Fall könnte beispielsweise gegeben sein, wenn der Grundstückseigentümer die Befriedigung des Gläubigers davon abhängig macht, daß eine notarielle Urkunde hierüber errichtet wird. Ist der Gläubiger hierzu nicht bereit oder droht der Zuschlag, wird der Grundstückseigentümer auch ohne Errichtung einer notariellen Urkunde den Gläubiger befriedigen.

Der Grundstückseigentümer könnte den Gläubigerwechsel auch durch eine öffentlich-beglaubigte Privaturkunde nachweisen. Der ablösende Dritte hat nach § 368 S. 1 BGB analog einen Anspruch gegen den Gläubiger auf Erteilung einer Quittung. Gemäß Satz 2 der Vorschrift kann er die Erteilung in öffentlich-beglaubigter Form (§ 129 BGB) verlangen. Der Anspruch besteht auch nach Befriedigung noch[827] und er kann klageweise durchgesetzt werden[828].

---

823 S. oben III. 9. c) bb), S. 154.

824 S. oben III. 9. c) aa), S. 150.

825 Eine Ausnahme gilt für einen öffentlich-rechtlichen Titel, vgl. hierzu nachfolgend V. 1. b).

826 OLG Frankfurt, NJW-RR 1988, S.512; LG Koblenz, DNotZ 1970, S.409 (410); Stein/Jonas-Münzberg, § 733 ZPO Rn. 3 a; Thomas/Putzo, § 727 ZPO Rn. 8; Zöller-Stöber, § 727 ZPO Rn. 27 und § 733 ZPO Rn. 3.

827 MüKo-Heinrichs, § 368 BGB Rn. 10; Palandt-Heinrichs, § 368 BGB Rn. 7.

Schreibt das zuständige Organ den Titel um, könnte der Erbbauberechtigte einwenden, eine Rechtsnachfolge sei mangels Vorliegens aller Voraussetzungen i.S.d. § 268 Abs. 1 S. 1 BGB und wegen rechtsmißbräuchlichen Verhaltens des Grundstückseigentümers nicht eingetreten, d.h. materielle Bedenken geltend machen. Fraglich ist, ob er nach § 732 ZPO vorgehen oder Klauselgegenklage erheben müßte. Überwiegend wird in der Rechtsprechung[829] und Literatur[830] vertreten, daß der Schuldner in dem Fall, daß er das Fehlen einer materiellen Voraussetzung für die Titelumschreibung rügt, ein Wahlrecht zwischen den Rechtsbehelfen habe. Das ergebe sich daraus, daß § 768 ZPO die Frage bewußt offen lasse. Seinem Wortlaut nach sei die Vorschrift unbeschadet der Erinnerung nach § 732 ZPO anwendbar[831].

Ist dieser Ansicht zu folgen, kann der Erbbauberechtigte zwischen den Rechtsbehelfen, die unterschiedlich zweckdienlich sind, wählen. Die Voraussetzungen der Rechtsbehelfe sind unterschiedlich: Während im Erinnerungsverfahren nach § 732 ZPO die gleichen Beweisbeschränkungen wie im Klauselerteilungsverfahren bestehen[832], entfallen diese im Klageverfahren nach § 768 ZPO. Allerdings trägt nach herrschender Meinung in diesem Verfahren anders als bei der Erinnerung der Schuldner die Beweislast[833]. Der Erbbauberechtigte könnte also beispielsweise nur im Klageverfahren mittels Zeugenbeweis das Fehlen des Übergangs der betreibenden Forderung auf den Grundstückseigentümer beweisen. Die Rechtsfolge besteht bei beiden Rechtsbehelfen darin, daß gegebenenfalls die Zwangsvollstreckung aus der umgeschriebenen Klausel für unzulässig erklärt wird. Das Urteil im Klageverfahren erwächst in Rechtskraft, der Beschluß im Erinnerungsverfahren naturgemäß nicht. Insgesamt erscheint als wesentlicher Unterschied der Rechtsbehelfe der Wegfall der Beweismittelbeschränkung im Klageverfahren. Dieser Rechtsbehelf ist daher für den Erbbauberechtigten nützlicher. Der Erbbauberechtigte könnte also die Klauselgegenklage einreichen.

Nach anderer Ansicht, die bislang erst vereinzelt in der Lehre vertreten wird[834], stehen die Rechtsbehelfe in einem Exklusivitätsverhältnis zueinander. Das ergebe sich aus ihrer systematischen Stellung. § 732 ZPO folge unmittelbar den Formbe-

---

828 MüKo-Heinrichs, § 368 BGB Rn. 10; Palandt-Heinrichs, § 368 BGB Rn. 7.

829 RGZ 50, S. 372 (374); OLG Düsseldorf, FamRZ 1978, S. 427 (428); OLG Koblenz, NJW 1992, S. 378 (379).

830 MüKo-Wolfsteiner, § 732 ZPO Rn. 6; Stein/Jonas-Münzberg, § 732 ZPO Rn. 32.

831 Baumbach/Lauterbach/Albers/Hartmann, § 732 ZPO Rn. 2; Joswig, Rpfleger 1991, S. 144 (146); Stein/Jonas-Münzberg, § 732 ZPO Rn. 6; Windel, ZZP 102, S. 175 (S. 222).

832 MüKo-Wolfsteiner, § 732 ZPO Rn. 1; Münzberg, NJW 1992, S. 201 (204); Rosenberg/Gaul/Schilken, S. 302 § 17 III 2 d).

833 RGZ 81, S. 299 (301); 82, S. 35 (37); Baumbach/Lauterbach/Albers/Hartmann, § 768 ZPO Rn. 2; MüKo-Schmidt, § 768 ZPO Rn. 10; Rosenberg/Gaul/Schilken, S. 305 § 17 III 3 c); Thomas/Putzo, § 768 ZPO Rn. 9.

834 Rosenberg/Gaul/Schilken, S. 299 § 17 III 1 mit Verweis auf die Motive bei Hahn, S. 436.

stimmungen des Klauselerteilungsverfahrens[835], § 768 ZPO stehe bei den Rechtsbehelfen über die sachlich-rechtlichen Einwendungen. Zudem folge dies aus der Entstehungsgeschichte der Normen[836]. Nach dieser Ansicht könnte der Erbbauberechtigte somit nur die Klage nach § 768 ZPO erheben.

Nach beiden Auffassungen wäre also die Klage nach § 768 ZPO statthaft. Erhebt der Erbbauberechtigte die Klauselgegenklage, wird der Gläubigerwechsel zugunsten des Grundstückseigentümers überprüft. Bedenken an dem Vorliegen der Voraussetzungen[837] könnten aufgrund der mit der Ablösung verfolgten Zwecke des Grundstückseigentümers bestehen. Möglich erscheint auch eine Verletzung von §§ 226, 138 Abs. 1 und 242 BGB, die von Amts wegen zu prüfen sind[838].

aa) §§ 1150, 268 BGB

Nach der objektiven Theorie[839] sind die Absichten des Grundstückseigentümers unbeachtlich. Zweifelhaft ist, zu welchem Ergebnis man bei Zugrundelegung der subjektiven Theorie[840] kommt. Der Grundstückseigentümer hat die im Sinne dieser Theorie erforderliche Absicht, das laufende Zwangsversteigerungsverfahren abzuwenden. Allerdings ist das nicht seine einzige Absicht bei der Ablösung. Er hat außerdem vor, durch die erneute Einleitung des Zwangsversteigerungsverfahrens die materielle Rechtslage zu seinen Gunsten zu beeinflussen.

Die Vertreter der Ansicht, die heute noch der subjektiven Theorie folgen[841], äußern sich zu dem Problem, daß der Ablösende mehrere Zwecke verfolgt, nicht explizit. Sie beziehen sich jedoch alle auf die Entscheidung des Reichsgerichts vom 18. Januar 1935[842]. Danach kommt es nur darauf an, ob die Zwangsversteigerung abgewendet und das gefährdete Recht – hier das Erbbaurecht – gerettet werden soll, nicht darauf, ob kumulativ weitere Ziele verfolgt werden[843]. Es liegen deshalb trotz der taktischen Hintergründe auch nach der subjektiven Theorie alle Voraussetzungen i.S.d. §§ 1150, 268 BGB vor.

---

835 Rosenberg/Gaul/Schilken, S. 299 § 17 III 1.

836 Rosenberg/Gaul/Schilken, S. 299 § 17 III 1.

837 Zu den Voraussetzungen der Gläubigerablösung s. oben III. 9. b), S. 145 ff.

838 Z.B.: BGH NJW 1987, S. 1946 ff.; Baumbach/Lauterbach/Albers/Hartmann, Einl. III Rn. 55; Palandt-Heinrichs, § 242 BGB Rn. 15 und 16; Stein/Jonas-Münzberg, vor § 704 ZPO Rn. 45.

839 S. oben III. 9. b) aa), S. 147 f.

840 S. oben III. 9. a) bb), S. 144 f.

841 RGRK-Mattern, § 1150 BGB Rn. 3; Soergel-Wolf, § 268 BGB Rn. 8; früher auch: MüKo-Keller, 2. Aufl., § 268 BGB Rn. 7 und MüKo-Eickmann, 2. Aufl., § 1150 BGB Rn. 5; Palandt-Bassenge, 52. Aufl., § 268 BGB Rn. 4 und § 1150 BGB Rn. 4; wohl auch Staudinger-Selb, § 268 BGB Rn. 8 und Zeller/Stöber, 14. Aufl., § 15 ZVG Rn. 20. Anm. 20.27. Alle im Anschluß an RGZ 146, S. 317 (322 ff.); Storz, Zwangsversteigerungsverfahren, S. 241.

842 RGZ 146, S. 317 ff.

843 RGZ 146, S. 317 (324).

bb) §§ 226, 138 Abs. 1 und 242 BGB

aaa) Das Schikaneverbot

Die Ausübung des Ablösungsrechts durch den Grundstückseigentümer könnte schikanös gem. § 226 BGB sein. Die Norm regelt einen Sonderfall des Fehlens eines schutzwürdigen Interesses, d.h. der unzulässigen Rechtsausübung i.S.d. § 242 BGB[844], und ist somit lex specialis.

Die Vorschrift setzt nach ihrem eindeutigen Wortlaut voraus, daß nach den Umständen des Einzelfalls ein „anderer Zweck" als die Zufügung eines Schadens objektiv ausgeschlossen ist. Ein anderer Zweck liegt vor, wenn die Rechtsausübung dem Berechtigten objektiv einen Vorteil bringt[845]. Die Befriedigung des Gläubigers bringt dem Grundstückseigentümer den objektiven Vorteil, daß das Vollstreckungsrecht diesem Gläubiger materiell nicht mehr zusteht und das Zwangsversteigerungsverfahren beendet werden kann. Mithin liegt ein „anderer Zweck" vor, und der Tatbestand der Norm ist hier nicht gegeben.

bbb) Die Sittenwidrigkeit

Der Maßstab der guten Sitten gem. § 138 Abs. 1 BGB ist enger als der von Treu und Glauben[846], so daß die erstgenannte Vorschrift vorrangig ist. Die Befriedigung des betreibenden Gläubigers durch den Grundstückseigentümer könnte sittenwidrig sein. Ein Rechtsgeschäft ist nach einhelliger Ansicht sittenwidrig, wenn sein Inhalt mit grundlegenden Werten der Rechts- oder Sittenordnung unvereinbar ist[847] oder sich aus dem Gesamtcharakter von Inhalt, Beweggrund und Zweck des Geschäfts eine Sittenwidrigkeit ergibt[848]. Es müssen Umstände vorliegen, die dem Vorgehen insgesamt ein anstößiges Gepräge geben[849]. Der Bundesgerichtshof hat hierfür als Beispiel genannt, daß die Vertragspartner vereinbaren, daß einer der Partner durch eine Konventionalstrafe von der Einreichung eines Scheidungsantrages abgehalten werden soll[850]. Wenn sich Ehegatten wegen § 134 BGB nicht wirksam verpflichten könnten,

844 So auch z.B. Baumgärtel, ZZP 69 (1959), S. 89 (115); MüKo-Feldmann, § 226 BGB Rn. 1; Palandt-Heinrichs, § 226 BGB Rn. 1 und § 242 BGB Rn. 20 und 50; Staudinger-Werner, § 226 BGB Rn. 2 ff.

845 Umkehrschluß aus der Entscheidung des OLG Frankfurt vom 6.3.1979, Az.: 3 Ws 9-25, 84-85/79 (veröffentlicht in: NJW 1979, S. 1613).

846 So auch z.B.: BAG NJW 1964, S. 1543; Palandt-Heinrichs, § 242 BGB Rn. 19; Staudinger-Schmidt, § 138 BGB Rn. 128.

847 Beispielsweise: BGHZ 94, S. 268 (272); Palandt-Heinrichs, § 138 BGB Rn. 7; Soergel-Hefermehl, § 138 BGB Rn. 20.

848 Beispielsweise: BGHZ 19, S. 12 (19); 86, S. 82 (89); 107, S. 92 (97); MüKo-Mayer-Maly, § 138 BGB Rn. 21 ff.

849 BGH NJW 1990, S. 703 (704).

850 BGH NJW 1990, S. 703 (704).

keinen Scheidungsantrag zu stellen, könnten sie sich auch nicht verpflichten, eine solche durch Ausbedingung einer Vertragsstrafe zu erschweren. Letztlich ist für den Bundesgerichtshof also entscheidend, ob das Ziel – im Beispielsfall die Verhinderung oder Erschwerung einer Ehescheidung – im Einklang mit der Rechtsordnung steht.

Beide Möglichkeiten scheiden hier aus, da der Inhalt und der Zweck des Vorgehens des Grundstückseigentümers, wie bereits dargestellt[851], tatbestandsmäßig im Sinne einer Rechtsnorm sind und es nicht genügen würde, wenn das Gericht das Vorliegen nur eines anstößigen Beweggrundes des Grundstückseigentümers bejahen würde[852]. Ein Verstoß gegen § 138 BGB vermag die Klage nicht zu begründen.

ccc) § 242 BGB

Die Vorschrift § 242 BGB weist einen sog. offenen Tatbestand[853] auf, d.h. daß der Gesetzgeber die Voraussetzungen und die Rechtsfolgen der Norm nicht bestimmt hat[854]. Es ist der Rechtsprechung und der Lehre überlassen, die Bestimmung vorzunehmen. Ob die Norm als allgemeine Bedingung eine Sonderverbindung voraussetzt[855], und in welcher Weise besondere Tatbestandsmerkmale herauszuarbeiten sind, die innerhalb einer Fallgruppe[856] gegeben sein müssen, ist schon im herkömmlichen Anwendungsbereich des § 242 BGB im materiellen Recht[857] streitig[858].

Nach einer zumindest bis vor kurzem[859] in der Rechtsprechung[860] und in der Literatur[861] vertretenen Ansicht ergebe sich aus dem Wortlaut sowie der systematischen

---

851 S. oben V. 1. a) bb) aaa), S. 166.

852 Auf die Frage, ob der Erbbauberechtigte die taktischen Absichten des Grundstückseigentümers beweisen könnte, kommt es also nicht an.

853 So z.B. ausdrücklich: Esser, Grundsatz und Norm in der richterlichen Fortbildung, S. 221 ff.; Larenz, Richtiges Recht, S. 80 ff.; MüKo-Roth, § 242 BGB Rn. 1; Palandt-Heinrichs, § 242 BGB Rn. 3; Soergel-Teichmann, § 242 BGB Rn. 5 und 8; Staudinger-Schmidt, § 242 BGB Rn. 126.

854 Esser, Grundsatz und Norm in der richterlichen Fortbildung, S. 221 ff.; Larenz, Richtiges Recht, S. 80 ff.; Soergel-Teichmann, § 242 BGB Rn. 5.

855 BGHZ 102, S. 95 (102); Fikentscher, Rn. 161; MüKo-Roth, § 242 BGB Rn. 53; Palandt-Heinrichs, § 242 BGB Rn. 6; Soergel-Teichmann, § 242 BGB Rn. 30: Staudinger-Schmidt, § 242 BGB Rn. 159.

856 Larenz hält die Rechtsprechung zu § 242 BGB für fast unbegrenzt (Larenz, Schuldrecht I, S. 131 Fn. 19). Die nachfolgenden Überlegungen müssen sich daher auf die wesentliche, hier interessierende Judikatur beschränken, z.B.: RGZ 160, S. 349 (357 f.); BGHZ 12, S. 154 (157); 13, S. 341 (350); 30, S. 140 (145); 52, S. 365 (368).

857 Auf die Anwendbarkeit der Norm im Vollstreckungsrecht wird bei der Frage, ob die Stellung des Versteigerungsantrages durch den Grundstückseigentümer treuwidrig ist, eingegangen (s. unten V. 3. b) cc)).

858 Fikentscher, Rn. 166 ff.; Palandt-Heinrichs, § 242 BGB Rn. 3, 13; Soergel-Teichmann, § 242 BGB Rn. 30 ff.; Staudinger-Schmidt, § 242 BGB Rn. 128 ff.

859 Der BGH hat diese Frage in einer Entscheidung vom 22.10.1987 erstmals offengemlassen (BGHZ 102, S. 95 (192)).

Stellung der Vorschrift, daß eine solche rechtliche Sonderverbindung notwendig sei. Auch wenn sie bei einem Schuldverhältnis bestehe, bedeute das aber nicht, daß in jedem Fall bereits ein Schuldverhältnis existieren müsse[862]; es genüge, daß erst eines entstehe[863]. Unter der rechtlichen Sonderverbindung sei ein – im Vergleich zu dem allgemeinen Verhältnis zwischen den Mitgliedern der Gesellschaft – qualifizierter sozialer Kontakt zweier Personen zu verstehen[864]. Eine weitergehende Definition des qualifizierten sozialen Kontaktes ist nicht ersichtlich.

Vorliegend fragt sich, ob es auf die Existenz einer rechtlichen Sonderbeziehung zwischen dem Kläger (Erbbauberechtigten) und dem Beklagten (Grundstückseigentümer) oder zwischen dem Beklagten und dem befriedigten Gläubiger ankommt. Das maßgebliche Recht, mit der die Zulässigkeit der Titelumschreibung hier steht und fällt, ist die Gläubigerablösung i.S.d. § 268 Abs. 1 S. 1 BGB. Dieses Recht steht dem Grundstückseigentümer gegen den betreibenden Gläubiger zu. Auf diese Rechtsbeziehung ist abzustellen.

Der betreibende Gläubiger vollstreckt in ein Recht, das auf dem Grundstück des Grundstückseigentümers lastet. Letzterer hat ein Ablösungsrecht aufgrund des Erbbaurechtsvertrages. Durch diesen Vertrag wurde das Recht geschaffen, das Gegenstand der Zwangsvollstreckung ist. Dadurch besteht zwischen dem Gläubiger und dem Schuldner des Ablösungsrechts ein Verhältnis, das über sonstige Beziehungen zwischen Mitgliedern der Gesellschaft hinausgeht. Der nach der obengenannten Ansicht erforderliche qualifizierte Kontakt zwischen dem Grundstückseigentümer und dem betreibenden Gläubiger ist zu bejahen.

Nach der Gegenansicht in der Literatur setzt § 242 BGB keine Sonderrechtsbeziehung voraus[865]. Der Kasuistik sei zu entnehmen, daß mit Hilfe des § 242 BGB nicht nur Fälle gelöst würden, bei denen eine rechtliche Sonderbeziehung bestehe[866]. Nach dieser Auffassung kommt es auf das Vorliegen eines besonderen Verhältnisses nicht an.

Nach der einen Ansicht ist somit die notwendige Sonderverbindung gegeben, während die Gegenansicht auf diese verzichtet. Nach beiden Meinungen findet § 242 BGB Anwendung.

---

860 RGZ 160, S. 349 (357); BGH NJW 1956, S. 1273 (1275); BGHZ 47, S. 189; 95, S. 85 (288); BFH BB 1986, S. 1074; NJW 1990, S. 1905.

861 Fikentscher, Rn. 161 ff.; Hueck, S. 10 f.; Larenz, Schuldrecht I, § 10 I; Siebert, S. 118 und 129; Palandt-Heinrichs, § 242 BGB Rn. 6; Soergel-Teichmann, § 242 BGB Rn. 30 ff.; wohl auch Erman-Werner, § 242 BGB Rn. 19.

862 MüKo-Roth, § 242 BGB Rn. 54; Soergel-Teichmann, § 242 BGB Rn. 33.

863 MüKo-Roth, § 242 BGB Rn. 54; Soergel-Teichmann, § 242 BGB Rn. 33

864 MüKo-Roth, § 242 BGB Rn. 54 f.; Palandt-Heinrichs, § 242 BGB Rn. 6.

865 Medicus, Schuldrecht I, Rn. 130; MüKo-Roth, § 242 BGB Rn. 54; Staudinger-Schmidt, § 242 BGB Rn. 161 ff.

866 MüKo-Roth, § 242 BGB Rn. 54 und 56; Staudinger-Schmidt, § 242 BGB Rn. 162.

(1) Der unredliche Erwerb der eigenen Rechtsstellung

Aus der exceptio doli specialis des römischen und des gemeinen Rechts hat sich materiell-rechtlich der Grundsatz entwickelt, daß die Ausübung eines Rechts regelmäßig rechtsmißbräuchlich und damit unzulässig ist, wenn der Berechtigte die eigene Rechtsstellung unredlich erworben hat[867]. Darunter ist zu verstehen, daß sich der Berechtigte gesetz-, vertrags- oder sonstwie treuwidrig verhalten hat und dieses Verhalten zum Erwerb des Rechts geführt hat[868]. Es genügt ein objektiv unredliches Verhalten, d.h. Arglist[869] oder Verschulden ist nicht erforderlich[870].

Das Ablösungsrecht steht dem Grundstückseigentümer, wie bereits erörtert[871], aufgrund des Erbbaurechtsvertrages zu. Ein unredlicher Erwerb scheidet deshalb aus.

(2) Der Rechtsmißbrauch im engeren Sinn

In Anlehnung an eine Entscheidung des Bundesgerichtshofs vom 28. Oktober 1953[872] wird unter dem Rechtsmißbrauch im engeren Sinne verstanden, daß die Ausübung des Rechts dem Sinn und Zweck des Rechts widerspricht. Sinn und Zweck des Ablösungsrechts ist, daß der Berechtigte die Möglichkeit erhält, den Haftungsgegenstand zu erhalten[873]. Andere, daneben bestehende Zwecke sind unerheblich[874]. Indem der Grundstückseigentümer den betreibenden Gläubiger befriedigt hat, hat er die Möglichkeit genutzt, das Erbbaurecht vor der drohenden Zwangsversteigerung zu retten. Auch diese Fallgruppe ist hier nicht relevant.

(3) Der Widerspruch zu einer schuldrechtlicher Verpflichtung

Es ist anerkannt, daß die Rechtsausübung des Berechtigten auch dann unzulässig sein kann, wenn er dabei eigene schuldrechtliche Pflichten, das Recht nicht oder nicht in bestimmter Weise geltend zu machen, verletzt[875]. Das kann insbesondere der Fall sein, wenn der Berechtigte seine formale Stellung mißbräuchlich aus-

---

867 BGHZ 57, S. 108 (111); Erman-Werner, § 242 BGB Rn. 80; Palandt-Heinrichs, § 242 BGB Rn. 42, 43; MüKo-Roth, § 242 BGB Rn. 259; Soergel-Teichmann, § 242 BGB Rn. 281.

868 BGHZ 57, S. 108 (111); Erman-Werner, § 242 BGB Rn. 80; Palandt-Heinrichs, § 242 BGB Rn. 42, 43; MüKo-Roth, § 242 BGB Rn. 259; Soergel-Teichmann, § 242 BGB Rn. 281.

869 Auf das Problem der Begriffsbestimmung wird nachfolgend noch eingegangen, vgl. aber grundsätzlich: Zeiss, Die arglistige Prozeßpartei, S. 21 ff. A III 1 ff.

870 BGH LM Cd Nr. 5.

871 S. oben III. 9., S. 143 ff.

872 BGHZ 10, S. 385 (387).

873 RGZ 123, S. 338 (340); Erman-Kuckuk, § 268 BGB Rn. 1; MüKo-Keller, § 268 BGB Rn. 11; Soergel-Wolf, § 268 BGB Rn. 1.

874 RGZ 123, S. 338 (340); Erman-Kuckuk, § 268 BGB Rn. 1; MüKo-Keller, § 268 BGB Rn. 11; Soergel-Wolf, § 268 BGB Rn. 1.

875 BGHZ 37, S. 147; BGH NJW 1971, S. 1747; BAG DB 1974, S. 2357.

nutzt. Darunter ist zu verstehen, daß der Berechtigte zwar formal gegenüber dem Verpflichteten zur schrankenlosen Ausübung des Rechts berechtigt ist, er aber in der Geltendmachung gegenüber Dritten materiell eingeschränkt ist. Dann soll sich der Verpflichtete ausnahmsweise auf diese Beschränkung berufen können.

Verpflichteter der Gläubigerablösung ist der befriedigte Gläubiger, so daß dieser sich auf den Widerspruch zu einer schuldrechtlichen Verpflichtung berufen könnte, wenn der Grundstückseigentümer gegenüber einem Dritten in der Ausübung des Rechts nach §§ 268, 1150 BGB eingeschränkt wäre. Denkbar wäre hier allenfalls, daß der Grundstückseigentümer gegenüber dem Erbbauberechtigten aus dem Erbbaurechtsvertrag verpflichtet wäre, die Gläubigerablösung nicht oder nur unter bestimmten Bedingungen auszuüben. Solche Abreden sind aus der Praxis aber nicht bekannt[876] und wären angesichts des drohenden Ausfalls des Erbbauzinses in der Zwangsversteigerung des Erbbaurechts auch nicht sachgerecht.

Demnach steht die Gläubigerablösung auch bei der späteren taktischen Verbindung mit dem Heimfallrecht nicht in Widerspruch zu einer schuldrechtlichen Verpflichtung des Grundstückseigentümers.

(4) „Venire contra factum proprium"[877]

Die Rechtsausübung ist nach ständiger höchstrichterlicher Rechtsprechung und Ansicht in der Literatur ausnahmsweise rechtsmißbräuchlich, wenn eine Person auf das frühere Verhalten einer anderen Person vertrauen konnte und aus diesem Grund von einer bestimmten Sach- oder Rechtslage ausgeht[878]. Das gilt vor allem, wenn diese Partei im Hinblick darauf besondere Dispositionen getroffen hat[879]. Wurde ein Vertrauenstatbestand nicht geschaffen, kann sich der Rechtsmißbrauch auch aus anderen Gründen ergeben; der Berechtigte müßte Vorteile aus seinem früheren Verhalten gezogen haben oder sich in unlösbare Selbstwidersprüche verwickelt haben[880]. Es bestehen indes keine Anhaltspunkte, daß der Grundstückseigentümer durch früheres Verhalten ein schutzwürdiges Vertrauen bei dem Gläubiger hervorgerufen hat, Vorteile in Anspruch genommen oder unlösbare Selbstwidersprüche erzeugt hat.

---

876 Vgl. Ripfel/Schütze, S. 18 ff.

877 BGHZ 25, S. 47 (51 ff.); 43, S. 289 (292); 84, S. 280 (281); 105, S. 290 (298); Larenz, Schuldrecht I, § 10 II b) (S. 133); MüKo-Roth, § 242 BGB Rn. 322 ff.; Palandt-Heinrichs, § 242 BGB Rn. 55 ff.; Staudinger-Schmidt, § 242 BGB Rn. 681; Zeiss, Die arglistige Prozeßpartei, S. 100 ff. (E).

878 BGHZ 25, S. 47 (51 ff.); 43, S. 289 (292); 84, S. 280 (281); 105, S. 290 (298); Canaris, Die Vertrauenshaftung im Deutschen Recht, S. 278; Larenz, Schuldrecht I, § 10 II b) (S. 133); MüKo-Roth, § 242 BGB Rn. 322 ff.; Palandt-Heinrichs, § 242 BGB Rn. 55 ff.; Staudinger-Schmidt, § 242 BGB Rn. 681; Zeiss, Die arglistige Prozeßpartei, S. 102 und f. (E II 5).

879 Canaris, Die Vertrauenshaftung im Deutschen Recht, S. 278.

880 Vgl. z.B. BGHZ 50, S. 191 ff.; BAG NJW 1997, S. 2617 und 2618; Palandt-Heinrichs, § 242 BGB Rn. 57.

(5) „Dolo agit, qui petit, quod statim redditurus est“[881]

Die Ausübung ist schließlich unzulässig, wenn eine Leistung geltend gemacht wird, die der Ausübende aus einem anderen Grund alsbald an den Schuldner zurückerstatten muß. Unter diesen Bedingungen soll der Schuldner vor unnötigen Erschwernissen geschützt werden[882]. Je nach den Umständen des Einzelfalls ist es zwar möglich, daß der betreibende Gläubiger seinerseits den Grundstückseigentümer wieder ablösen kann. Im Zeitpunkt der Ablösung durch den Grundstückseigentümer steht das aber noch nicht fest. Der Grundstückseigentümer ist somit noch nicht zu einer alsbaldigen Rückgewähr verpflichtet.

(6) Zwischenergebnis

Wenn die Klauselgegenklage nur auf das Fehlen der Gläubigerablösung oder auf rechtsmißbräuchliches Verhalten des Grundstückseigentümers gestützt wird, hat sie aus den zuvor genannten Gründen keinen Erfolg. Das Prozeßgericht wird die Umschreibung des Titels auf den Grundstückseigentümer also nicht für unzulässig erklären. Der Grundstückseigentümer kann daher den Versteigerungsantrag unter Vorlage des auf sich lautenden Titels zurücknehmen.

b) Die Erwirkung eines neues Titels bei Ablösung einer Forderung der Rangklasse des § 10 Abs. 1 Nr. 3 ZVG

Löst der Grundstückseigentümer einen Gläubiger der Rangklasse des § 10 Abs. 1 Nr. 3 ZVG ab, kann er den öffentlichen Titel, z.B. einen öffentlich-rechtlichen Leistungsbescheid, nicht gem. § 727 Abs. 1 ZPO auf sich umschreiben lassen, da die Umschreibung eines hoheitlichen Titels nicht zulässig ist. Der Grundstückseigentümer muß im ordentlichen Rechtsweg einen Titel auf Duldung der Zwangsvollstreckung aus der Rangklasse 3 erwirken[883].

In diesem Verfahren könnte der Schuldner – hier der Erbbauberechtigte – materiell-rechtliche Einwendungen erheben. Die Vorschriften §§ 226, 138, 242 BGB sind nicht verletzt[884]. Im Ergebnis könnte der Grundstückseigentümer daher regelmäßig einen entsprechenden Titel erwirken. Er kann erforderlichenfalls das Zwangsversteigerungsverfahren beenden.

---

881 BayObLG NJW-RR 1988, S. 588 (598); MüKo-Roth, § 242 BGB Rn. 435; Soergel-Teichmann, § 242 BGB Rn. 298.

882 MüKo-Roth, § 242 BGB Rn. 435; Soergel-Teichmann, § 242 BGB Rn. 298.

883 RGZ 146, S. 317 (319 f.); 150, S. 58 (60); Jaeckel/Güthe/Volkmar/Armstroff, § 23 ZVG Rn. 13; Korintenberg/Wenz, § 10 ZVG Anm. 3; Zeller/Stöber, § 15 ZVG Rn. 20 Anm. 20.26.

884 S. oben V. 1. a) bb) bbb), S. 166 ff.

2. Die Gefahr eines „Ablösungsgerangels“

Die Möglichkeit eines Ablösungsgerangels stellt für den hier vertretenen Lösungsweg insoweit eine Gefahr dar, als unbedingt das Zwangsversteigerungsverfahren erneut eingeleitet werden muß[885], da andernfalls der Heimfallanspruch nicht zwingend durchgesetzt werden kann. Unter einem „Ablösungsgerangel“ ist vorliegend zu verstehen, daß ein oder mehrere Gläubiger des Erbbauberechtigten ihrerseits versuchen, den Grundstückseigentümer unter den Voraussetzungen der §§ 1150, 268 BGB zu befriedigen, der Grundstückseigentümer deshalb seinerseits nochmals ablösen muß und dann wieder ein anderer Gläubiger Zahlungen an den Grundstückseigentümer leistet. Beispielsweise könnte der Grundstückseigentümer einen herkömmlichen dinglichen Erbbauzins[886] retten wollen, indem er den Gläubiger ablöst, der aus einer vorrangig gesicherten Grundschuld die Zwangsversteigerung betreibt. Ein anderer Gläubiger, dessen Recht – z.B. ein persönlicher Anspruch – nachrangig ist und der sich der Zwangsvollstreckung noch nicht angeschlossen hatte, befürchtet, daß der Grundstückseigentümer die Zwangsversteigerung aus der Grundschuld fortsetzt und befriedigt seinerseits den Grundstückseigentümer. Der Grundstückseigentümer versucht, diesen persönlichen Gläubiger abzulösen, weil er den Erbbauzins retten will. Gedanklich läßt sich der Wechsel der Ablösenden bis zur Beendigung oder einstweiligen Einstellung des Zwangsversteigerungsverfahrens fortsetzen.

Es ist daher zu überlegen, ob und in welcher Weise mehrfache Ablösungen desselben Rechts zulässig sind. Nach einer Ansicht in der Literatur[887] entscheidet bei mehreren Ablösungsberechtigten, die den betreibenden Gläubiger gleichzeitig ablösen, der bessere Rang des Rechts des Ablösenden darüber, welche Ablösung wirksam ist[888]. Das ergebe sich aus § 268 Abs. 3 BGB[889]. Da danach aber nicht ausgeschlossen ist, daß der Grundstückseigentümer später den Ablösenden ablöst, scheitert die Rettungsablösung des Grundstückseigentümers nicht.

Nach der herrschenden Meinung hat kein i.S.d. § 1150 BGB oder § 268 Abs. 1 S. 1 BGB ablösungsberechtigter Gläubiger ein Vorrecht vor dem anderen auf Ablösung[890]. Befriedigt einer dieser Gläubiger den betreibenden Gläubiger, können die anderen den vormals betreibenden Gläubiger nicht mehr ablösen, sondern

---

885 Vgl. oben IV., S. 160 ff.

886 S. oben II. 1. b) aa), S. 24, und II. 2. a), S. 49.

887 Rechtsprechung ist zu dieser Frage nicht ersichtlich.

888 Jaeckel/Güthe/Volkmar/Armstroff, § 75 ZVG Rn. 3; Zeller/Stöber, § 75 ZVG Rn. 2 Anm. 2.3 mit Hinweis auf Lupprian, § 75 ZVG Anm. 2.

889 Jaeckel/Güthe/Volkmar/Armstroff, § 75 ZVG Rn. 3.

890 Dassler/Schiffhauer/Gerhardt/Muth, § 75 ZVG Rn. 3; Erman-Wenzel, § 1150 BGB Rn. 3; Güthe/Triebel, § 22 GBO Rn. 22; MüKo-Eickmann, § 1150 BGB Rn. 24; RGRK-Mattern, § 1150 BGB Rn. 9; Soergel-Konzen, § 1150 BGB Rn. 7; Staudinger-Scherübl, § 1150 BGB Rn. 21; Steiner-Storz, § 75 ZVG Rn. 46.

– bei Vorliegen der Voraussetzungen der Gläubigerablösung – den neuen Gläubiger[891]. Im vorgenannten Beispielsfall würde also ein Gläubigerwechsel zugunsten des Dritten eintreten, der Grundstückseigentümer könnte den Dritten aber erneut ablösen und versuchen, die Zwangsversteigerung zu beenden.

Nach keiner der beiden Auffassungen ist der Grundstückseigentümer gehindert, so oft abzulösen, bis er das Vollstreckungsverfahren beherrscht, es sei denn, die Zwangsversteigerung wird z.B. wegen Vorliegens der Voraussetzungen nach § 75 ZVG eingestellt. In diesem Fall kann nicht abgelöst werden, da keine Zwangsversteigerung i.S.d. § 268 Abs. 1 S. 1 BGB betrieben oder keine Befriedigung i.S.v. § 1150 BGB verlangt wird. Für die hier vertretene Lösung ist die Einstellung des Zwangsversteigerungsverfahrens aber unproblematisch, da Rettungsmöglichkeiten für den Erbbauzins gesucht werden. Wenn ein Gläubiger des Erbbauberechtigten den Zuschlag verhindert, droht der Ausfall nicht.

3. Die „Arglist“ des Grundstückseigentümers bei der Einleitung der Zwangsversteigerung

Konnte der Grundstückseigentümer den hier vorgeschlagenen Lösungsweg bis hierhin umsetzen, besteht folgende Lage:

Die drohende Zwangsversteigerung ist mehr als sechs Monate[892] nach Anordnung abgewendet worden; der Zwangsversteigerungsvermerk wurde aufgrund der Aufhebung des Verfahrens gelöscht. Der Erbbauberechtigte ist noch Inhaber des Erbbaurechts und der Grundstückseigentümer ist Inhaber des Rechts, aus dem zuvor in das Erbbaurecht vollstreckt wurde. Ein entsprechender Titel liegt vor. Der Grundstückseigentümer hat aber unter Umständen einen erheblichen Vermögensschaden aufgrund der Befriedigung des betreibenden Gläubigers erlitten.

Beantragt der Grundstückseigentümer nun zwecks Schaffung einer für ihn günstigen materiellen Rechtslage – d.h. der Entstehung eines Heimfallanspruchs – die erneute Einleitung der Zwangsvollstreckung in das Erbbaurecht, muß das Vollstreckungsgericht sofort und mit größter Sorgfalt[893] über die Anordnung des Verfahrens entscheiden. Ob der Schuldner vor der Entscheidung gehört wird, steht im

---

891 Dassler/Schiffhauer/Gerhardt/Muth, § 75 ZVG Rn. 3 (mißverständlich); MüKo-Eickmann, § 1150 BGB Rn. 24; RGRK-Mattern, § 1150 BGB Rn. 9; Staudinger-Scherübl, § 1150 BGB Rn. 21; Steiner-Storz, § 75 ZVG Rn. 46; Storz, Zwangsversteigerungsverfahren, S. 155; Storz, ZIP 1980, S. 164.

892 S. oben IV., S. 160 f.

893 Böttcher, Zwangsversteigerungsgesetz, §§ 15, 16 ZVG Rn. 110 und Rn. 99; Steiner-Hagemann, § 15 ZVG Rn. 200; Stöber, Zwangsvollstreckung in das unbewegliche Vermögen, S. 55 Rn. 110.

Ermessen des Gerichts[894]. Da die gebotene Sicherung der Gläubigerinteressen grundsätzlich einen schnellen Vollstreckungszugriff erfordert[895], wird der Schuldner in der Praxis vor Erlaß der Entscheidung regelmäßig nicht gehört[896].

Es stellt sich die Frage, ob das Versteigerungsgericht die Eröffnung des Verfahrens zugunsten des Grundstückseigentümers anordnet. Formal betrachtet[897] liegen die Voraussetzungen für die Zwangsvollstreckung in das Erbbaurecht gem. §§ 15, 16 ZVG vor. Es erscheint aber mißbilligenswert, daß der Grundstückseigentümer mit der Einleitung der Zwangsvollstreckung nur den Eintritt eines Heimfallgrundes provoziert, d.h. seine formale Stellung als Titelgläubiger für einen außerhalb des Versteigerungsverfahrens liegenden Zweck ausnutzen will[898]. Man denkt erneut an die Vorschriften über die unzulässige Rechtsausübung wie das Schikaneverbot, die Sittenwidrigkeit sowie Treu und Glauben[899]. Es liegt deshalb nahe, dem Grundstückseigentümer arglistiges Verhalten vorzuwerfen.

Der aus dem materiellen Recht, wie beispielsweise §§ 123, 460, 463 BGB, stammende Begriff der Arglist ist in der Rechtsprechung[900] und in der Literatur[901] nicht definiert. Eine völlig erschöpfende Definition sei, so eine Ansicht in der Literatur[902], auch nicht möglich. Bei Ermessensbegriffen, Blanketten, Generalklauseln und unbestimmten Wertbegriffen zeige die Kasuistik, was Rechtens sei[903].

Die systematische Erfassung des Phänomens der Arglist im Vollstreckungsrecht anhand der Kasuistik ist ausgesprochen schwierig. Aus der veröffentlichten Judikatur ist kein Fall bekannt, in dem der Grundstückseigentümer die Gläubigerablösung und den Heimfallanspruch taktisch verbindet. Es existiert aber auch sonst kaum[904]

---

894 Böttcher, Zwangsversteigerungsgesetz, §§ 15, 16 ZVG Rn. 102; Stöber, Zwangsvollstreckung in das unbewegliche Vermögen, S. 55 Rn. 110a; Zeller/Stöber, §§ 15, 16 ZVG Rn. 28 Anm. 28.1.

895 Stöber, Zwangsvollstreckung in das unbewegliche Vermögen, S. 55 Rn. 110a.

896 BVerfGE 9, 89 (98); BGH Rpfleger 1984, S.363; Böttcher, Zwangsversteigerungsgesetz, §§ 15, 16 ZVG Rn. 102; Stöber, Zwangsvollstreckung in das unbewegliche Vermögen, S.55 Rn. 110a; Zeller/Stöber, § 15 ZVG Rn. 28 Anm. 28.1.

897 Zur Formalisierung der Zwangsvollstreckung: Rosenberg/Gaul/Schilken, S. 56 § 5 IV; Stöber, ZIP 1981, S. 1 Anm. 1.

898 Auf die Frage, ob das Versteigerungsgericht den Zweck, den der Grundstückseigentümer mit der Einleitung verfolgt, kennt oder ermitteln muß, wird noch eingegangen.

899 So für Fälle im Prozeßrecht: Zeiss, Die arglistige Prozeßpartei, S. 14 A I 1.

900 Vgl. z.B. BGHZ 57, S. 108 (112).

901 So Zeiss, Die arglistige Prozeßpartei, S. 21 ff. A III 1.

902 Staudinger-Honsell, § 460 BGB Rn. 12 mit Verweis auf § 463 BGB Nr. 24 ff.; Zeiss, Die arglistige Prozeßpartei, S. 21 (A III 1).

903 Esser, Grundsatz und Norm in der richterlichen Fortbildung, S. 151; Scheuerle, S. 161 f.; Zeiss, Die arglistige Prozeßpartei, S. 21 A III 1.

904 Mit der Arglist im Vollstreckungsrecht befaßt sich die Entscheidung BGHZ 57, S. 108 (112). In diesem Fall hatte der Gläubiger eine bessere Rangstelle erlangt, indem er den Titel in unredlicher Weise öffentlich zustellen ließ. Mit rechtsmißbräuchlichem Verhalten bei der Beantragung von Zwangsvollstreckungsmaßnahmen und Rücknahme solcher Anträge be-

brauchbares Fallmaterial zur Arglist im Vollstreckungsrecht, das hier nützlich sein könnte: Die klassischen Fälle der Ausnutzung eines arglistig erschlichenen oder sittenwidrig ausgenutzten Titels[905] weisen andere Umstände auf. Insbesondere ist der Titel, aus dem vollstreckt wird, materiell unrichtig[906]. Diese Fälle haben nichts mit dem vorliegenden Problem gemein.

Der Entscheidung des Bundesgerichtshofs aus dem Jahr 1971[907] sind ebenfalls keine Hinweise zu entnehmen, anhand derer die Bildung einer neuen Fallgruppe möglich wäre. In diesem Fall ging es um die nach § 750 ZPO erforderliche Zustellung des Vollstreckungstitels. Der Bundesgerichtshof entschied, daß eine Gläubigerin, welche die nach § 750 BGB erforderliche Zustellung eines Vollstreckungstitels erschlichen und dadurch einen besseren Rang des Pfändungspfandrechts erhalten hat, sich rechtsmißbräuchlich verhält. Der Ausnutzung einer rechtsmißbräuchlich erworbenen Rechtsposition stehe der Einwand der unzulässigen Rechtsausübung auch im Verfahrensrecht entgegen[908]. Es wurde also auf die materiell-rechtlich entwickelte Fallgruppe des unredlichen Erwerbs der eigenen Rechtsstellung[909] zurückgegriffen.

Es geht aber auch nicht um den Arglisteinwand des Gläubigers gegenüber dem Schuldnerantrag nach § 811 ZPO[910].

In der Literatur wird die hier aufgeworfene Frage dementsprechend kaum erörtert[911]; das Thema der Arglist im Vollstreckungsrecht wird allgemein eher vernachlässigt[912].

Zu prüfen ist, ob spezielle vollstreckungsrechtliche Vorschriften oder die vorgenannten bürgerlich-rechtlichen Normen einschlägig sind. Außerdem ist zu erörtern, in welcher Weise sich die Arglist im Vollstreckungsrecht systematisch zum Rechtsschutzinteresse für den Versteigerungsantrag verhält.

---

fassen sich z.B. folgende Entscheidungen, auf die noch näher eingegangen wird: AG Köln, DGVZ 1965, S. 58; LG Hildesheim, DGVZ 1967, S. 109 f.; AG Berlin-Charlottenburg, DGVZ 1978, S. 78; LG Hannover, MDR 1979, S. 589; LG Oldenburg, Rpfleger 1982, S. 303; OLG Hamm, DGVZ 1985, S. 58 f.; LG Köln, JurBüro 1985, S. 464 ff.

905 Z.B. BGH NJW 1988, S. 971 (972); OLG Düsseldorf, NJW-RR 1989, S. 240 (241); LG Hamburg, NJW-RR 1990, S. 624 (626).

906 BVerfG NJW 1993, S. 1125; BGH NJW-RR 1988, S. 957; AG Schwalbach, NJW 1991, S. 2426.

907 BGHZ 57, S. 108 (112).

908 BGHZ 57, S. 108 (111).

909 S. oben V. 1. a) bb) ccc) (1), S. 169.

910 Vgl. hierzu OLG München, MDR 1971, S. 580; OLG Hamm, MDR 1984, S. 855.

911 Anders z.B.: Stein/Jonas-Münzberg, vor § 704 II Rn. 45 f.; Wieser, DGVZ 1990, S. 177 ff.

912 Mit der Frage befassen sich: Baumbach/Lauterbach/Albers/Hartmann, Einl. III 53 ff. und Grundz. § 704 ZPO Rn. 44 ff.; Bittmann, ZZP 97 (1984), S. 32 ff.; Stein/Jonas-Münzberg, vor § 704 ZPO Rn. 45; Stöber, ZIP 1981, S. 944 ff.; Wieser, DGVZ 1990, S. 177 ff.; zu speziellen Fällen der Arglist z.B.: Musielak, § 771 ZPO Rn. 33; Thomas/Putzo, § 307 ZPO Rn. 7; Zöller-Vollkommer, Vor § 322 ZPO Rn. 75.

a) *Spezielle vollstreckungsrechtliche Vorschriften*

Das Zwangsversteigerungsgesetz kennt keine Normen, die §§ 226, 138, 242 BGB vergleichbar wären.

Dagegen weist die Zivilprozeßordnung in § 765 a Abs. 1 S. 1 ZPO – der auf das Zwangsversteigerungsverfahren gem. § 869 ZPO anzuwenden ist[913] – eine den Normen §§ 242, 138 BGB vergleichbare Regelung auf[914]. § 765 a ZPO gilt als vollstreckungsrechtliche Konkretisierung der Regeln über die unzulässige Rechtsausübung[915]. Mit anderen Worten sei die Vorschrift eine spezifisch vollstreckungsrechtliche Ausprägung und Verdichtung des allgemeinen Gedankens des Rechtsmißbrauchs[916]. Sie verdränge in ihrem Anwendungsbereich § 242 BGB[917].

§ 765 a ZPO setzt eine Maßnahme eines Vollstreckungsorgans voraus, die auf Antrag des Schuldners eingestellt, aufgehoben oder untersagt wird, d.h., die Maßnahme muß schon vorliegen. Die Anordnung der Zwangsversteigerung wäre eine Maßnahme eines Vollstreckungsorgans[918]. Sie ist hier in der vorliegenden Situation noch nicht erfolgt.

Würde die Anordnung ergehen und der Erbbauberechtigte den Schutzantrag stellen, könnte das hier diskutierte Problem dennoch nicht mit Hilfe des § 765 a ZPO gelöst werden. Die Rechtsfolge, die die Vorschrift vorsieht, ist ungeeignet: Ordnet das Versteigerungsgericht die Zwangsversteigerung an, wird ein neuer Versteigerungsvermerk mit der Folge in das Erbbaugrundbuch eingetragen, daß ein Heimfallanspruch vorliegt. Der Grundstückseigentümer, der die Institute Gläubigerablösung und Heimfallanspruch zur Rettung des Erbbauzinses taktisch verbindet, übt das Heimfallrecht sofort nach Erhalt der Mitteilung über die Anordnung aus. Hebt das Versteigerungsgericht das Verfahren aufgrund eines Antrages des Erbbauberechtigten i.S.d. § 765 a ZPO wieder auf, endet die Beschlagnahme und der Versteigerungsvermerk wird gelöscht[919]. Der spätere Wegfall der Eintragung des Versteigerungsvermerks hindert jedoch die Durchsetzung des Heimfallanspruchs nicht, wenn das Recht bereits ausgeübt wurde[920].

---

913 Ausdrücklich bestätigt in BGHZ 44, S. 138 (143).

914 Rosenberg/Gaul/Schilken, S. 709 § 43 I 4; Zeiss, Die arglistige Prozeßpartei, S. 14 A I 3.

915 OLG Hamm, NJW 1958, S. 834 (835); Baumbach/Lauterbach/Albers/Hartmann, § 765 a ZPO Rn. 2; Gaul, Rpfleger 1971, S. 92; ders., FS f. Baumgärtel 1990, S. 75 (76, 91, 96); MüKo-Arnold, § 765 a ZPO Rn. 1 f.; Rosenberg/Gaul/Schilken, S. 709 § 43 I 4; Stein/Jonas-Münzberg, § 765 a ZPO Rn. 1 mit Verweis auf vor § 704 ZPO Rn. 45.

916 Gaul, FS f. Baumgärtel 1990, S. 75 (76); Rosenberg/Gaul/Schilken, S. 710 § 43 I 4; so auch: Böttcher, Zwangsversteigerungsgesetz, § 30 a ZVG Rn. 25.

917 Gaul, FS f. Baumgärtel 1990, S. 75 (76); Rosenberg/Gaul/Schilken, S. 710 § 43 I 4.

918 Böttcher, Zwangsversteigerungsgesetz, §§ 15, 16 ZVG Rn. 2; Zeller/Stöber, § 15 ZVG Rn. 2 Anm. 2.1.

919 Grundsätzlich zum Erlöschen der Beschlagnahme: Zeller/Stöber, § 15 ZVG Rn. 5 Anm. 5.4.

920 S. oben III. 8. b) aa), S. 127 f.

Ob eine Analogie zu § 765 a ZPO in Betracht kommt, ist sehr zweifelhaft. Abgesehen davon, daß es sich um eine Ausnahmevorschrift handelt[921], müßte eine Regelunglücke bestehen. §§ 138[922] und 242[923] BGB gelten nach heute einhelliger Ansicht für alle Rechtsgebiete, also auch für das Vollstreckungsrecht. Eine Regelungslücke besteht demnach nicht.

Im Ergebnis sind also spezielle vollstreckungsrechtliche Vorschriften, mit deren Hilfe das Phänomen eingegrenzt werden könnte, nicht ersichtlich.

b) Die bürgerlich-rechtlichen Vorschriften

Bis heute ist streitig, ob § 226 BGB im Vollstreckungsrecht gilt[924]. Nach einer früher einmal vom Reichsgericht[925] vertretenen Ansicht findet die Vorschrift im Vollstreckungsrecht keine Anwendung, da Prozeßhandlungen bezüglich ihrer Voraussetzungen, den Formvorschriften, ihrem Zweck und ihrer Wirksamkeit nur dem Prozeßrecht und nicht dem Privatrecht unterlägen[926]; folglich seien bürgerlichrechtliche Normen wie das Schikaneverbot insoweit nicht anzuwenden. Weitergehende Überlegungen sind dieser Entscheidung nicht zu entnehmen. Danach darf das Vollstreckungsgericht die Norm bei seiner Entscheidung nicht berücksichtigen.

Nach der vom Oberlandesgericht Frankfurt[927], dem Landgericht Köln[928] und von der Literatur überwiegend[929] vertretenen Gegenauffassung entfaltet § 226 BGB auch im Vollstreckungsrecht Wirkung. Das Schikaneverbot sei ein allgemeiner Grundsatz der Rechtsordnung, der über das Zivilprozeßrecht hinaus auch für andere Verfahrensarten gelte, was z.B. in § 109 Abs. 2 StVollzG oder § 42 Abs. 2 VwGO zum Ausdruck komme; bei Geltendmachung einer Beschwer sei eine Schikane ausgeschlossen, denn dadurch stehe fest, daß die Rechtsverfolgung nicht ausschließlich der Schädigung des Gegners oder der Belästigung des Gerichts dienen wür-

---

921 Baumbach/Lauterbach/Albers/Hartmann, § 765 a ZPO Rn. 1; MüKo-Arnold, § 765 a ZPO Rn. 14; Musielak, § 765 a ZPO Rn. 2; Stein/Jonas-Münzberg, § 765 a Rn. 1 a).

922 Staudinger-Dilcher, § 138 BGB Rn. 127; für Vollstreckungsverträge z.B.: Hellwig, S. 95; Rosenberg/Gaul/Schilken, S. 513 § 33 III 1; Schiedermair, S. 145; ferner RGZ 162, S. 65 (68).

923 BGH DB 1978, S. 1494 (Urteil vom 7.4.1978); OLG Frankfurt, NJW-RR 1992, S. 31 (32); OLG Hamm, NJW 1982, S. 341 (342 Anm. 2); ferner LG Darmstadt, Rpfleger 1985, S. 243 (244). Baumbach/Lauterbach/Albers/Hartmann, Grundz. § 704 ZPO Rn. 44; Bittmann, ZZP 97 (1984), S. 32 (39).

924 Erman-Hefermehl, § 226 BGB Rn. 3.

925 RGZ 162, S. 65 (67 f.).

926 RGZ 162, S. 65 (68).

927 OLG Frankfurt, NJW 1979, S. 1613 (1613 Anm. b) und c)).

928 LG Köln, DGVZ 1991, S. 75.

929 Erman-Hefermehl, § 226 BGB Rn. 3; MüKo-von Feldmann, § 226 BGB Rn. 1; Palandt-Heinrichs, § 226 BGB Rn. 1; Soergel-Fahse, § 226 BGB Rn. 2; Stein/Jonas-Münzberg, vor § 704 II Rn. 45; wohl auch: Staudinger-Werner, § 226 BGB Rn. 5.

de[930]. Die Einleitung der Zwangsversteigerung bringt dem Grundstückseigentümer hier objektiv den Vorteil, daß – sofern die Eintragung des Zwangsversteigerungsvermerks als Heimfallgrund vereinbart ist – ein Heimfallgrund eintritt. Da somit ein anderer Zweck vorliegt, ist § 226 BGB unabhängig davon, ob die Norm im Vollstreckungsrecht zumindest analog anwendbar ist, nicht einschlägig.

Ein sittenwidriger Mißbrauch i.S.d. § 138 BGB könnte darin gesehen werden, daß der Grundstückseigentümer mit seinem Antrag auf erneute Einleitung der Zwangsversteigerung des Erbbaurechts die Verfahrensfairneß verletzt. Hierzu wurde in der Literatur folgender Fall herausgearbeitet[931]:

Der bestrangig betreibende Gläubiger gibt ein Meistgebot ab, das alle Gläubiger deckt. Kurz vor Schluß der Bietstunde bewilligt er aber die Einstellung aus seinem rangbesten Recht. Das Versteigerungsgericht stellt ein neues geringstes Gebot aufgrund eines diesem Gläubiger zustehenden rangschlechteren, betreibenden Rechts auf, und dieser Gläubiger bietet als einziger Anwesender schließlich nur das geringste Gebot aus[932]. In diesem Fall sei der Zuschlag gem. § 83 Nr. 5 ZVG oder § 83 Nr. 6 ZVG zu versagen[933]. Die Vorschrift § 83 ZVG geht aber von einer Entscheidung über den Zuschlag – nicht über den Antrag auf Einleitung der Zwangsversteigerung – aus. Unmittelbar findet die Vorschrift hier keine Anwendung. Eine analoge Anwendung des § 83 ZVG würde eine Regelungslücke erfordern[934], die angesichts der Geltung der §§ 138, 242 BGB im Vollstreckungsrecht fehlt. Eine analoge Anwendung des § 83 ZVG auf den vorliegenden Fall kommt folglich nicht in Betracht.

Die Stellung des Versteigerungsantrages müßte ferner nach den allgemeinen Grundsätzen sittenwidrig i.S.d. § 138 BGB[935] sein. Das Ziel der Ausübung eines Heimfallanspruchs ist nicht sittenwidrig. Die Rechtsordnung sieht den Heimfallanspruch bei einer entsprechenden Vereinbarung vor. Entsprechendes gilt für den Inhalt des Antrages, d.h. die Zwangsvollstreckung in das Erbbaurecht einzuleiten. Aus diesen Gründen kann dem Gesamtcharakter keine Sittenwidrigkeit entnommen werden.

Die Überlegungen hinsichtlich des arglistigen Verhaltens des Grundstückseigentümers konzentrieren sich auf die Frage, ob § 242 BGB verletzt wird. Unproblematisch besteht zwischen dem Grundstückseigentümer und dem Erbbaube-

---

930 OLG Frankfurt, NJW 1979, S. 1613 (1613 Anm. b) und c)).

931 Stöber, ZIP 1981, S. 944 Anm. II Fall 1 und S. 3; Zeller/Stöber, § 30 ZVG Rn. 2 Anm. 2.15; Vollkommer, Rpfleger 1982, S. 1 (7 Anm. 10).

932 Dassler/Schiffhauer/Gerhardt/Muth, § 83 ZVG Rn. 15; Steiner-Storz, § 30 ZVG Rn. 7; Stöber, ZIP 1981, S. 944 Anm. II Fall 1 und S. 3; Zeller/Stöber, § 30 ZVG Rn. 2 Anm. 2.15; Vollkommer, Rpfleger 1982, S. 1 (7).

933 Dassler/Schiffhauer/Gerhardt/Muth, § 83 ZVG Rn. 15; Steiner-Storz, § 30 ZVG Rn. 7; Stöber, ZIP 1981, S. 944 Anm. II Fall 1 und S. 3; Zeller/Stöber, § 30 ZVG Rn. 2 Anm. 2.15; Vollkommer, Rpfleger 1982, S. 1 (7).

934 Vgl. oben II. 1. c) bb) aaa) (2), S. 33 f.

935 Zum Begriff der Sittenwidrigkeit vgl. oben V. 1. a) bb) bbb), S. 166.

rechtigten aufgrund des Titels eine Sonderverbindung. Es kommt darauf an, welche weiteren „Tatbestandsmerkmale“ die Norm im Vollstreckungsrecht hat[936]. Methodischer Ansatzpunkt ist die systematische Auswertung der wenigen zum Rechtsmißbrauch bei der Antragstellung überwiegend auf Mobiliarvollstreckung veröffentlichen Urteile, im übrigen die Untersuchung der bislang von der Rechtsprechung und der Literatur für das materielle Recht[937] und für das Prozeßrecht[938] entwickelten Fallgruppen auf ihre Anwendbarkeit im Vollstreckungsrecht[939].

aa) Die mehrfache Rücknahme und erneute Stellung eines Vollstreckungsauftrages zu einem gesetzlich nicht vorgesehenen Ziel[940]

aaa) Die Fälle aus der Zwangsvollstreckungspraxis

Das Amtsgericht Köln hatte im Jahr 1964 über einen Fall zu entscheiden, in dem der Gerichtsvollzieher der Gläubigerin nach deren drittem Antrag auf Wegnahme bestimmter Gegenstände der Schuldnerin mitgeteilt hatte, bei nochmaliger Rücknahme des Versteigerungsantrages erneut in dieser Sache tätig zu werden[941]. Zuvor hatte die Gläubigerin den Antrag jedesmal dann zurückgenommen, als die Schuldnerin die derselben Gläubigerin geschuldeten Zahlungen geleistet hatte. Das Amtsgericht entschied gegen die Gläubigerin; ein Herausgabetitel habe nicht den Zweck, den Schuldner unter Druck zu setzen und so zu einer Zahlung zu veranlassen[942]. Der mehrfachen Rücknahme des Antrages sei zu entnehmen, daß es der Gläubigerin hier in erster Linie um die Leistung von Geld gehe, nicht aber um den Besitz der Sachen[943].

Andere unterinstanzliche Gerichte vertreten dagegen die Auffassung, es sei unschädlich, wenn der Gläubiger andere Zwecke verfolge. Für die Annahme eines Rechtsmißbrauchs sei entscheidend, ob die Zwangsvollstreckung ausschließlich aufgrund eines sachfremden Motivs betrieben werde[944].

---

936 Vgl. Fikentscher, Rn. 165 und 167 ff.; MüKo-Kramer, § 242 BGB Rn. 261 ff.; Palandt-Heinrichs, § 242 BGB Rn. 3.

937 Vgl. oben V. 1. a) bb) bbb) (3), S. 196 ff.

938 Baumgärtel, ZZP 69 (1959), S. 89 ff.; Zeiss, Die arglistige Prozeßpartei, S. 52-202 (D-G).

939 Zu der Erforderlichkeit der Berücksichtigung vollstreckungsrechtlicher Grundsätze: Soergel-Teichmann, § 242 BGB Rn. 95.

940 Angelehnt an eine Entscheidung des AG Köln vom 30.9.1964 (DGVZ 1965, S. 58).

941 AG Köln, DGVZ 1965, S. 58.

942 AG Köln, DGVZ 1965, S. 58; ähnlich: LG Berlin, DGVZ 1971, S. 88 (91) und LG Oldenburg, Rpfleger 1982, S. 303.

943 AG Köln, DGVZ 1965, S. 58.

944 LG Hildesheim, DGVZ 1967, S. 108 (109 f.); LG Hannover, MDR 1979, S. 589.

Dabei komme es nach der Ansicht von Schneider nur darauf an, wie das Verhalten des Gläubigers nach außen zu verstehen sei[945]. Andernfalls würde die Beweislast für die innere Einstellung des Gläubigers auf den Staat abgewälzt. Folglich sei im Einzelfall nicht darauf abzustellen, ob die Gläubigerin bereits bei Einleitung der ersten Zwangsvollstreckungsmaßnahme subjektiv die Unangemessenheit zwischen dem Mittel und dem Zweck in Kauf genommen habe[946].

Das Oberlandesgericht Köln[947] und das Landgericht Aachen[948] haben einen Rechtsmißbrauch nach zweimaliger Antragsrücknahme abgelehnt. Das Landgericht Hildesheim ist von seinem Vorliegen ausgegangen, nachdem ihn die Gläubigerin zum vierten Mal zurückgenommen hatte[949]. Das Amtsgericht Essen hat gemeint, in dem ihm vorliegenden konkreten Fall spreche die zehnte Antragsrücknahme für rechtsmißbräuchliches Vorgehen[950].

Anders hat aufgrund der Umstände des Einzelfalls das Oberlandesgericht Hamm in einem Beschluß vom 15. November 1984 entschieden[951]. Die mehrfache Antragstellung und Rücknahme stelle dann keinen Rechtsmißbrauch dar, wenn die Parteien einen Ratenzahlungsvereinbarung schlössen und der Gläubiger daraufhin die Herausgabevollstreckung einstelle[952]. Ähnlich hat das Landgericht Essen in einem vergleichbaren Fall entschieden[953].

Eine Stimme in der Literatur versteht diese Kasuistik als Fälle des sog. Rechtsmißbrauchs durch Zweckentfremdung eines Rechts oder Rechtsinstituts, d.h. durch die Verwendung zu einem rechtlich dafür nicht gedachten Zweck, auch wenn der Zweck selbst rechtlich billigenswert ist[954]. Dieser Zweck müsse aber der einzige sein, den der Gläubiger bei der Zwangsvollstreckung verfolge. Eine Herausgabevollstreckung, die der Gläubiger jedenfalls auch mit dem Ziel der Erlangung der Gegenstände betreibe, könne nicht unzulässig sein[955].

Diese Ausführungen der Rechtsprechung und Literatur korrespondieren mit der materiell-rechtlich entwickelten Fallgruppe des Rechtsmißbrauchs im engeren Sinn[956] und der zum Prozeßrecht entwickelten Fallgruppe des Mißbrauchs wegen

---

945 Anm. zum Urteil des OLG Köln vom 22.7.1964, MDR 1964, S. 929.
946 Anm. zum Urteil des OLG Köln vom 22.7.1964, MDR 1964, S. 929.
947 OLG Köln, MDR 1964, S. 929.
948 LG Aachen, DGVZ 1969, 185 (197).
949 LG Hildesheim, DGVZ 1967, S. 108 (109 f.).
950 AG Essen, DGVZ 1967, S. 12.
951 OLG Hamm, DGVZ 1985, S. 58 f.
952 OLG Hamm, DGVZ 1985, S. 58 f.
953 LG Essen, NJW 1968, S. 407 (408).
954 Wieser, DGVZ 1990, S. 177 (178 III).
955 Wieser, DGVZ 1990, S. 177 (178 III).
956 Vgl. oben V. 1. a) bb) bbb), S. 166.

Ausübung prozessualer Befugnisse zur Erlangung ungerechtfertigter Vermögensvorteile[957].

bbb) Die Entwicklung einer Fallgruppe des institutionellen Mißbrauchs zwangsvollstreckungsrechtlicher Befugnisse zur Verbesserung der materiellen Rechtslage[958]

Systematisch könnten die zuvor erläuterten Fälle als Problem des Rechtsschutzinteresses an der Zwangsvollstreckung zu erfassen sein. Es ist heute anerkannt, daß eine allgemeine sachliche Voraussetzung jeder Zwangsvollstreckung das Vorliegen eines Rechtsschutzbedürfnisses ist[959]. Zur Begründung wird in der Literatur auf § 803 Abs. 2 ZPO verwiesen; im Immobiliarvollstreckungsrecht gelte dieser analog[960]. Das Vorliegen wird von Amts wegen geprüft[961], es wird aber nicht von Amts wegen ermittelt. Es besteht daher nur eine Amtspflicht zur möglichen Klärung des Sachverhalts[962].

Das Rechtsschutzbedürfnis ist zu bejahen, wenn der Gläubiger ein schutzwürdiges Interesse an der beantragten Verfahrensmaßregel hat[963]. Im formal ausgestalteten Zwangsvollstreckungsverfahren folgt das schutzwürdige Interesse grundsätzlich schon aus dem Gläubigerrecht auf Durchsetzung des titulierten Anspruchs[964]. Ausnahmsweise sei das Rechtsschutzinteresse aber zu verneinen, wenn zweckwidrige und damit nicht schutzwürdige Ziele des Gläubigers durch ganz besondere Umstände des Einzelfalls hervortreten, die das gesetzmäßige Vollstreckungsverlangen des Gläubigers als unlauter erscheinen ließen[965].

---

957 Zeiss, Die arglistige Prozeßpartei, III (S. 153 f.) und VII (S. 189 f.).

958 Zum Begriff vgl. Zeiss, Die arglistige Prozeßpartei, VII (S. 189 ff.); man kann auch in Anlehnung an die materiellrechtlichen Fallgruppen nach § 242 BGB von einem Rechtsmißbrauch im engeren Sinne sprechen; der hier gewählte Begriff ist aber konkreter.

959 BVerfG NJW 1983, S. 559; OLG Frankfurt, MDR 1973, S. 323; Baumbach/Lauterbach/Albers/Hartmann, Grundz. § 253 ZPO Rn. 33 f. und 48; Dassler/Schiffhauer/Gerhardt/Muth, § 15 ZVG Rn. 9; Steiner-Hagemann, §§ 15, 16 ZVG Rn. 126; Storz, Zwangsversteigerungsverfahren, S. 307 f.; Thomas/Putzo, § 704 Vorbem. Rn. 45.

960 Wieser, DGVZ 1990, S. 177 (178 I; S. 184 IV). Zur Zwangshypothek ebenso: LG Frankfurt, Rpfleger 1989, S. 35; LG Freiburg, Rpfleger 1989, S. 469.

961 Allg. Ansicht, z.B. KG Rpfleger 1968, S. 328; Thomas/Putzo, Vorbem. § 704 ZPO Rn. 38; Zöller-Stöber, vor § 704 ZPO Rn. 20; vgl. auch Zeiss, Zivilprozeßrecht, Rn. 180.

962 OLG Düsseldorf, NJW 1977, S. 1642 (1643); Baumbach/Lauterbach/Albers/Hartmann, § 704 ZPO Grundz. Rn. 37 mit Verweis auf Grds. 38 vor § 128 ZPO.

963 Stöber, Zwangsvollstreckung in das unbewegliche Vermögen, S. 56 Rn. 111; Zöller-Stöber, vor § 704 ZPO Rn. 17.

964 So auch z.B.: Steiner-Hagemann, §§ 15, 16 ZVG Rn. 127; Stöber, Zwangsvollstreckung in das unbewegliche Vermögen, S. 56 Rn. 111.

965 BGH NJW 1970, S. 565 (566); 1971, S. 1751; Stöber, ZIP 1980, S. 976 (977); ders., ZIP 1981, S. 944 (947); ders., in: Zwangsvollstreckung in das unbewegliche Vermögen, S. 57 Rn. 111.

So verhält es sich mit den eingangs geschilderten Fällen; der Gläubiger verfolgt jeweils zumindest auch einen Zweck, der außerhalb des Zweckes der Zwangsvollstreckung – der Befriedigung gerade des titulierten Anspruchs – liegt. Der Gläubiger verhält sich rechtsmißbräuchlich. Eine Schutzwürdigkeit ist nicht zu erkennen. Damit sind diese Fälle systematisch als Problem des Rechtsschutzinteresses zu verstehen[966].

Wenn demgegenüber vereinzelt vertreten wird, in solchen Fällen sei das Vorliegen eines ordnungsgemäßen Antrages zu überprüfen, da mangels ernsthafter Verfolgung der Zwangsvollstreckung keine empfangsbedürftige prozessuale Willenserklärung gegeben sei[967], kann dem nicht gefolgt werden. Die in dem Antrag manifestierte Willenserklärung umfaßt in diesen Fällen regelmäßig zumindest die Einleitung der Zwangsvollstreckung, d.h. der Aufnahme des Verfahrens, und sei es auch nur, um mit der Einschaltung eines Vollstreckungsorgans den Schuldner unter Druck zu setzen. Wäre der Gegenansicht zuzustimmen, daß die Willenserklärung mit einem Willensmangel behaftet ist, weil ein ernstlicher, in dem Fall auf die Zwangsräumung gerichteter Wille nicht vorliege, würde dem Gläubiger entgegen dem eindeutigen Sachverhalt zugleich abgesprochen, daß er die Einleitung des Zwangsvollstreckungsverfahrens ernsthaft verfolge.

Der Grundstückseigentümer hat in dem gegenwärtigen Verfahrensstadium nicht mehrfach die Zwangsversteigerung beantragt und zurückgenommen. Der abgelöste Gläubiger hatte das Verfahren eingeleitet; es kommt auch auf die Umstände des Einzelfalls an, ob der abgelöste Gläubiger oder der Grundstückseigentümer selbst den Antrag im ersten Zwangsvollstreckungsverfahren zurückgenommen hat. Wäre allein auf die Häufigkeit verfahrensbestimmender Maßnahmen abzustellen, könnte das Versteigerungsgericht dem Grundstückseigentümer kein rechtsmißbräuchliches Verhalten vorwerfen. Die zuvor erläuterten Fälle zeigen aber, daß die Maßnahmen des jeweiligen Gläubigers als Indiz für den oder die mit der Zwangsvollstreckung verfolgten Zwecke herangezogen wurden und es letztlich also auf das Motiv ankommt, wie es sich objektiv nach außen darstellt. Die Häufigkeit der Antragstellung oder Rücknahme allein ist daher kein Kennzeichen dieser Fallgruppe, das wie eine Voraussetzung zu verstehen wäre.

Allgemeiner Sinn und Zweck der Zwangsvollstreckung ist die mit Machtmitteln des Staates erzwungene Befriedigung eines Anspruchs[968]. Im Zwangsversteigerungsverfahren erfolgt die Erfüllung aufgrund der Verwertung des Grundstücks oder grundstücksgleichen Rechts. Ist dieser Zweck des Verfahrens, ist das Rechtsschutzinteresse grundsätzlich zu bejahen und ein Rechtsmißbrauch abzu-

---

966 So auch Wieser, DGVZ 1990, S. 177 (179 und Fn. 16).

967 AG Berlin Tempelhof-Kreuzberg, DGVZ 1968, S. 58.

968 So z.B. LG Frankfurt, MDR 1988, S. 504.

lehnen. Wird dieser Zweck nicht verfolgt, sondern lediglich die Veränderung sonstiger Umstände zwecks Verbesserung der materiellen Rechtslage angestrebt, nutzt der Antragsteller ein staatliches Institut zweckwidrig aus. Der Grundstückseigentümer, der die Zwangsversteigerung des Erbbaurechts einleitet, damit ein Heimfallgrund eintritt, verfolgt tatsächlich nicht das Ziel, das Verfahren bis zu dem für ihn im Hinblick auf den Erbbauzins nachteilhaften Zuschlag durchzuführen. Der Grundstückseigentümer handelt folglich rechtsmißbräuchlich. Das Versteigerungsgericht müßte daher den Antrag auf erneute Einleitung des Erbbaurechts zurückweisen, wenn sich an dem Verhalten des Grundstückseigentümers nach außen hin ein Rechtsmißbrauch feststellen läßt.

Schneider vertritt zu der Frage der Feststellung eines Rechtsmißbrauchs im Vollstreckungsrecht die Meinung, es könne nicht systematisch oder dogmatisch vorgegangen werden, sondern nur topisch[969]. Die objektiv ersichtlichen Argumente seien gegeneinander abzuwägen. Dieser Ansicht ist zu folgen. Es geht hier um die Tatsachenfrage, ob eine zweckwidrige Verwendung des Rechtsinstituts der Zwangsversteigerung vorliegt. Dafür, daß der Grundstückseigentümer die Zwangsversteigerung bis zum Zuschlag durchführen möchte, und gegen die Bejahung eines Rechtsmißbrauchs sprechen je nach den Umständen des Einzelfalls objektiv folgende Gründe:

Da der Grundstückseigentümer auch aus anderen Rechten als dem abgelösten Recht, wie z.B. aus der Erbbauzinsreallast[970], in das Erbbaurecht vollstrecken kann, wird die Beantragung der Zwangsversteigerung durch den Grundstückseigentümer von der Rechtsordnung grundsätzlich gebilligt. Der Grundstückseigentümer ist als Titelgläubiger auch grundsätzlich berechtigt, die Zwangsvollstreckung einzuleiten. Er könnte zudem beabsichtigen, selbst mitzubieten; er könnte die betreibende Forderung durch die Zwangsversteigerung oder dadurch realisieren wollen, daß er selbst abgelöst wird. Der Grundstückseigentümer könnte auch erwarten, daß der Erbbauberechtigte die Schuld begleicht, um den Verlust des Erbbaurechts zu verhindern. Schließlich verbietet die Rechtsordnung dem Gläubiger nicht, sich durch das Zwangsvollstreckungsverfahren wie hier den Wegfall des Erbbauzinses teilweise selbst zu schädigen.

Argumente gegen die Durchführung der Zwangsversteigerung und für die Annahme eines Rechtsmißbrauchs sind:

Der Grundstückseigentümer vollstreckt aus der abgelösten Forderung erneut, obwohl er das ursprüngliche Verfahren hätte fortsetzen können. Das ergibt sich aus dem vorgelegten Titel, dem für das Versteigerungsgericht erkennbar derselbe materiell-rechtliche Anspruch wie im ersten Zwangsversteigerungsverfahren zugrundeliegt. Es besteht die Gefahr, daß der Erbbauzins wegfällt.

---

969 Schneider, Anm. zum Beschluß des OLG Köln vom 22.7.1964, S. 929.

970 S. oben II. 2. a) aa) bbb), S. 50, und II. 2. c) bb), S. 57.

Bei einer Abwägung dieser objektiven Kriterien wird das Versteigerungsgericht das Rechtsschutzinteresse regelmäßig schon deshalb bejahen, weil es dem grundsätzlichen Recht des Grundstückeigentümers den Vorrang einräumen wird, als Titelgläubiger den Verfahrensgang bestimmen zu können.

Offen ist noch die Frage, in welchem Verhältnis der Rechtsmißbrauch und das Rechtsschutzinteresse im Vollstreckungsrecht, welches vereinzelt in der Rechtsprechung und Literatur aus § 803 Abs. 2 ZPO hergeleitet wird, zu § 242 BGB steht. Da § 803 Abs. 2 eine bloße Ordnungsvorschrift ist[971], würde ihre Verletzung lediglich die Anfechtbarkeit der Maßnahme – hier der Anordnung der Zwangsversteigerung – zur Folge haben. Ansonsten bliebe der Verstoß unbeachtlich. § 803 ZPO findet nicht auf alle Verfahren der Zwangsvollstreckung, insbesondere nicht auf die Zwangsversteigerung, unmittelbar Anwendung, da es in diesen Fällen nicht um eine Pfändung von beweglichen Sachen geht. Da das Rechtsschutzinteresse für Vollstreckungsanträge nicht ausdrücklich geregelt ist, ist die Ähnlichkeit der hier erläuterten Fälle des Rechtsmißbrauchs mit dem in § 803 Abs. 2 ZPO geregelten Fall zu prüfen. Der Norm liegt ein Sachverhalt zugrunde, bei dem die Erzielung eines Verwertungserlöses nach Abzug der Vollstreckungskosten objektiv nicht realistisch erscheint. Das Ziel der Pfändung erscheint von vorneherein nicht erreichbar zu sein[972]. Der Zweck der Zwangsvollstreckung kann also aus objektiven Gründen nicht erreicht werden. Die hier zugrundeliegenden Fälle liegen anders. Die Prognose für die Zwangsvollstreckung ist nicht ohne weiteres aus sachlichen Gründen negativ. Der Gläubiger verhindert vielmehr aus einem persönlichen, außerhalb des konkreten Vollstreckungsverfahrens liegenden Motiv die Verwertung des gepfändeten Gegenstandes. Insoweit kann man von einem subjektiven Grund sprechen. Also sind die Fälle nicht vergleichbar. Eine Analogie zu § 803 Abs. 2 ZPO muß deshalb abgelehnt werden.

Es bleibt das Verhältnis zu § 242 BGB zu klären. Im Prozeßrecht versteht Zeiss den institutionellen Mißbrauch als Materie des § 242 BGB[973]. Institutioneller Mißbrauch einer prozessualen Befugnis bedeute in der Regel, daß das Rechtsschutzinteresse fehle[974]. Es wurde zuvor bereits erläutert, daß die hier diskutierten Fälle der materiell-rechtlichen Fallgruppe des Rechtsmißbrauchs im engeren Sinn entsprechen. Mithin prägt die Analogie zu § 242 BGB die Fallgruppe des vollstreckungsrechtlichen Rechtsmißbrauchs.

Im Ergebnis liegt also treuwidriges Verhalten im Vollstreckungsrecht gem. § 242 BGB analog durch institutionellen Mißbrauch zwangsvollstreckungsrechtlicher Befu-

---

971 MüKo-Schilken, § 803 ZPO Rn. 48; Stein/Jonas-Münzberg, § 803 ZPO Rn. 34; Wieczorek-Schütze, § 803 ZPO G III; Zöller-Stöber, § 803 ZPO Rn. 11.

972 MüKo-Schilken, § 803 ZPO Rn. 45; Zöller-Stöber, § 803 ZPO Rn. 9.

973 Zeiss, Die arglistige Prozeßpartei, S. 202 X; ders., Zivilprozeßrecht, Rn. 292 ff.

974 Zeiss, Die arglistige Prozeßpartei, S. 202 X; ders. Zivilprozeßrecht, Rn. 292 und 295.

gnisse zur Verbesserung der materiellen Rechtslage vor, wenn die Zwangsvollstreckung nur aus dem Zweck eingeleitet wird, daß die Voraussetzung eines materiellen Anspruchs eintritt. Das Vollstreckungsgericht prüft diesen Rechtsmißbrauch im Rahmen des Rechtsschutzinteresses von Amts wegen, ermittelt aber nicht von Amts wegen.

bb) Die fehlende Prüfungskompetenz bezüglich eines unredlichen Erwerbs der Rechtsstellung

Weiter ist zu überlegen, ob die im materiellen Recht herausgebildete Fallgruppe des unredlichen Erwerbs der eigenen Rechtsstellung[975] auf das Vollstreckungsrecht übertragen werden könnte. Das Recht, das bei Einleitung der Zwangsvollstreckung ausgeübt wird, ist der vollstreckbare materielle Anspruch[976]. Die Folge der Anwendbarkeit der vorgenannten Fallgruppe im Zwangsvollstreckungsrecht wäre, daß in die gesetzlich vorgesehene Kompetenzverteilung zwischen Rechtspfleger und Notar einerseits (§ 20 Nr. 12 RPflG, § 797 ZPO) und dem Versteigerungsgericht andererseits in unzulässiger Weise eingegriffen würde. Das Versteigerungsgericht hätte erneut die materiell-rechtliche Prüfung der Rechtsnachfolge anzustellen. Diese obliegt ihm jedoch nicht. Zudem würde das vollstreckungsrechtliche Rechtsschutzsystem ausgehöhlt. Materiell-rechtliche Einwendungen gegen die Zwangsvollstreckung sind vom Schuldner gem. § 767 ZPO geltend zu machen[977].

aaa) Widersprüchliches vollstreckungsrechtliches Verhalten[978]

An rechtsmißbräuchliches widersprüchliches Verhalten des Grundstückseigentümers ist zu denken, weil der Erbbauberechtigte aufgrund der Beendigung des ersten Zwangsversteigerungsverfahrens durch den abgelösten Gläubiger oder den Grundstückseigentümer möglicherweise darauf vertraut hat, daß das Verfahren nicht kurzfristig erneut eingeleitet würde und sich darauf eingerichtet hat. In diesem Kontext stellen sich viele Fragen. Dieses Vertrauen des Erbbauberechtigten müßte

975 Zu den Voraussetzungen vgl. oben V. 1. a) bb) ccc) (1), S. 169.

976 Zum Begriff: Rosenberg/Gaul/Schilken, § 6 II 1.

977 Ferner hat der Grundstückseigentümer den vollstreckbaren Anspruch aus den bereits dargestellten Gründen auch nicht rechtswidrig erworben.

978 Dagegen wird die materiellrechtliche Fallgruppe des widersprüchlichen Verhaltens aufgrund schuldrechtlicher Verpflichtung gegenüber einem Dritten hier nicht erörtert. Diese Frage ist nicht Gegenstand der vorliegenden Arbeit: Es ist nicht erkennbar, daß es Fälle gibt, in denen der Grundstückseigentümer in der Vollstreckung des abgelösten Rechts gegenüber Dritten eingeschränkt ist. Auch die materiell-rechtliche Fallgruppe des „Dolo agit, qui petit, quod statim redditurus est" scheidet aus. Mit der Ausübung des vollstreckbaren Anspruchs verfolgt der Grundstückseigentümer formal die Verwertung des Erbbaurechts zwecks Befriedigung der Schuld. Der Erlös müßte er nicht alsbald an den Erbbauberechtigtgen zurückgeben, da dem Grundstückseigentümer nicht die Zwangsvollstreckung aus dem Titel schlechthin verboten werden kann.

schutzwürdig sein und gem. § 242 BGB zur Zurückweisung des Antrages führen. Auch die systematische Einordnung des widersprüchlichen vollstreckungsrechtlichen Verhaltens z.B. beim Rechtsschutzinteresse müßte geklärt werden; schließlich müßte diese Fallgruppe von der eingangs entwickelten Fallgruppe des institutionellen Mißbrauchs zwangsvollstreckungsrechtlicher Befugnisse abgegrenzt werden.

Das Vertrauen wäre nicht schutzwürdig, wenn die Rechtsordnung dem Gläubiger die Befugnis einräumt, derart vorzugehen. Das gesamte Vollstreckungsrecht wird von dem Grundsatz durchzogen, daß der Vollstreckungsgläubiger den Verfahrensgang bestimmt. Vor allem im Zwangsversteigerungsgesetz ist ihm das Recht eingeräumt worden, das Verfahren einzuleiten, vorläufig einzustellen oder zu beenden. Das Vertrauen eines Vollstreckungsschuldners, daß der Gläubiger ein beendetes Zwangsvollstreckungsverfahren nicht erneut einleitet, ist nicht grundsätzlich schutzwürdig. Eine Fallgruppe kann daraus nicht hergeleitet werden.

bbb) Ergebnis

Trotz rechtsmißbräuchlichen Verhaltens des Grundstückseigentümers wird das Versteigerungsgericht den Antrag des Grundstückseigentümers regelmäßig nicht zurückweisen, sondern das Verfahren anordnen.

4. Die Arglist des Grundstückeigentümers aufgrund der Ausübung des Heimfallrechts

Muß der Grundstückseigentümer auf Übertragung des Erbbaurechts aufgrund des Heimfalls klagen, hat das erkennende Gericht zu entscheiden, ob die Voraussetzungen des Heimfallanspruchs vorliegen. Das betrifft insbesondere die Eintragung des Zwangsversteigerungsvermerks als Heimfallgrund. Es kommt auf die Umstände des Einzelfalls an, ob von Amts wegen ein Rechtsmißbrauch geprüft wird: Trägt der Kläger die Tatbestandsmerkmale schlüssig vor, ohne daß der Erbbauberechtigte unter Hinweis auf das taktische Vorgehen die Anspruchsvoraussetzungen bestreitet, besteht kein Anlaß für das Gericht, einen redlichen Erwerb der eigenen Rechtsstellung des Grundstückseigentümers zu bezweifeln. In diesen Fällen stellt sich nicht die Frage, in welchem Konkurrenzverhältnis der institutionelle Mißbrauch vollstreckungsrechtlicher Befugnisse mit materiellem Rechtsmißbrauch steht. Anders ist die Ausgangslage, wenn z.B. die Versteigerungsakten im streitigen Verfahren hinzugezogen werden. Dann stellt sich die Frage, welche Auswirkungen das Vorgehen des Grundstückseigentümers auf den geltend gemachten Heimfallanspruch hat. Unzweifelhaft hat der Grundstückseigentümer den Erwerb des Rechts treuwidrig herbeigeführt[979]. Bejaht man infolgedessen auch einen Verstoß bei der Ausübung des erschlichenen materiellen Rechts, würde das dazu führen, daß der institutionelle Mißbrauch vollstreckungsrechtlicher Befugnisse zur Verbesserung der materiellen Rechtslage mehrfach unter verschiedenen Prämissen berücksichtigt würde. Er wäre als Fall des fehlenden Rechtsschutzinteresses im Vollstreckungsverfahren und als Hindernis der Durchsetzung im Erkenntnisverfahren zu berücksichtigen.

Dieses Ergebnis mutet systemwidrig an: Die Organe im Vollstreckungsverfahren und im Erkenntnisverfahren würden an die gleiche Willenserklärung – den Antrag auf erneute Einleitung der Zwangsversteigerung – anknüpfen und jeweils in eigener Zuständigkeit entscheiden. Allerdings wird in der hier diskutierten Fallkonstellation das Gericht im Erkenntnisverfahren nur involviert, wenn das Versteigerungsgericht den Rechtsmißbrauch nicht bejaht. Anderenfalls weist es den Versteigerungsantrag zurück, und es findet ein unredlicher Erwerb der eigenen materiellen Rechtsstellung – des Heimfallanspruchs – nicht statt. Dem Prozeßgericht kommt damit in dem Fall, daß man seine Zuständigkeit für die Prüfung der Treuwidrigkeit bejaht, eine Art Auffangfunktion zu.

Es existiert keine Norm, die der Anwendung des § 242 BGB auf diesen Fall unmittelbar entgegensteht. Insbesondere ist keine Vorschrift wie § 767 Abs. 2 ZPO ersichtlich, die diese nach dem Zeitpunkt des Entstehens bestimmter Einwendungen präkludiert. Zweifelhaft ist, ob § 767 Abs. 2 ZPO analog anwendbar ist. Die Norm vereinbart die Ziele, einerseits die Rechtskraft des titulierten Anspruchs und andererseits den Schuldner vor unberechtigten Zwangsvollstreckungsmaßnahmen zu schützen[980]. Der vorliegend diskutierte Fall liegt anders; der Schuldner wird im Erkenntnisverfahren in Anspruch genommen. Eine Analogie zu den Vorschriften der Vollstreckungsabwehrklage kommt deshalb nicht in Betracht.

Zu fragen ist weiter, ob die Ausübung des Heimfallanspruchs treuwidrig ist, weil sie dem Sinn und Zweck des Rechts widerspricht[981]. Der Sinn und Zweck des Heimfallanspruchs besteht insbesondere darin, den Grundstückseigentümer vor Pflichtverstößen des Erbbauberechtigten zu schützen[982]; er soll letztes und schärfstes Mittel sein[983]. Vorliegend hat der Erbbauberechtigte nicht durch eine erneute Handlung gegen seine Pflicht aus dem Erbbaurechtsvertrag verstoßen, die Zwangsversteigerung des Erbbaurechts als eine Form des Vermögensverfalls zu

979 Vgl. oben V. 1. a) bb) ccc), S. 167 f.

980 Vgl. Baumbach/Lauterbach/Albers/Hartmann, § 767 ZPO Rn. 50 und 57 ff.

981 Zu den Voraussetzungen des Rechtsmißbrauchs im engeren Sinne: V. 1. a) bb) ccc) (2) oben auf S. 167.

982 Fn. 613.

983 Von Oefele/Winkler, Rn. 4.77.

vermeiden; er hält aber den bisherigen Zustand des Nichterfüllens der titulierten Forderung aufrecht. Ein Rechtsmißbrauch im engeren Sinn ist daher abzulehnen.

Schließlich könnte Arglist im Sinne des Grundsatzes „Dolo agit, qui petit, quod statim redditurus est“ vorliegen. Dem Erbbauberechtigten steht bei dem hier diskutierten Vorgehen des Grundstückseigentümers ein Schadensersatzanspruch aus § 826 BGB – gerichtet auf Rückübertragung des Erbbaurechts – zu. Bei Kenntnis des Gerichts oder entsprechendem Sachvortrag im Klageverfahren sind diese Umstände von Amts wegen zu berücksichtigen und der Antrag auf Übertragung des Erbbaurechts abzuweisen.

Letztlich ist also entscheidend, ob das Prozeßgericht von Amts wegen oder aufgrund entsprechenden Parteivorbringens des Erbbauberechtigten die Umstände berücksichtigt, die eine Arglist des Grundstückseigentümers begründen.

VI. Die Konsequenzen

1. Das Entstehen einer Eigentümergrundschuld oder -hypothek[984]

Mißlingt die taktische Verknüpfung der vorliegend diskutierten Institute nicht aus den zuvor dargestellten Gründen, ist zu überlegen, welche rechtlichen und wirtschaftlichen Folgen sie für die Beteiligten hat[985]. Der Grundstückseigentümer könnte aufgrund der Vollziehung des Heimfallanspruchs gleichzeitig Anspruchsverpflichteter z.B. der Grundschuld geworden sein. Hypotheken und Grundschulden gehen beim Heimfall grundsätzlich nicht unter, sondern auf den neuen Erbbauberechtigten über, § 33 Abs. 1 S. 1 ErbbauV[986]. Ausnahmsweise erlöschen die vorgenannten Rechte bei der Vollziehung des Heimfalls gem. § 33 Abs. 1 S. 1 und S. 3 ErbbauV, wenn sie dem Erbbauberechtigten zustehen. Dieser Fall ist vorliegend unbeachtlich, weil aus einem dinglichen Recht, das dem Erbbauberechtigten zustünde, nicht die Zwangsversteigerung betrieben wird und die Frage der Rettungsablösung deshalb nicht relevant wird. Der Grundstückseigentümer wird Schuldner der Hypothek oder Grundschuld. Gläubiger und Schuldner des dinglichen Rechts vereinigen sich somit in der Person des Grundstückseigentümers. Es entsteht daher eine Eigentümergrundschuld oder Eigentümerhypothek[987].

2. Der Vergütungsanspruch des Erbbauberechtigten

Bei Vollziehung des Heimfallanspruchs durch den Grundstückseigentümer könnte dem Erbbauberechtigten ein Vergütungsanspruch erwachsen, § 32 ErbbauV. Ob ein solches Recht besteht und welchen Umfang es hat, ist davon abhängig, ob im Einzelfall ein Erbbaurecht zur Befriedigung des Wohnbedürfnisses minderbemittelter Bevölkerungskreise betroffen ist und welche ergänzenden Vereinbarungen im Erbbaurechtsvertrag geschlossen wurden. Bei der vorgenannten Art

---

984 Vorkaufsrechte, Nießbrauch, Dienstbarkeiten, ein etwaig bestelltes Untererbbaurecht oder auch Vormerkungen, die der Sicherung eines schuldrechtlichen Rechts dienen sollen, erlöschen, § 33 Abs. 1 S. 1 und S. 3 ErbbauV. Sie setzen sich auch nicht an dem Vergütungsanspruch fort, der dem Erbbauberechtigten gegebenenfalls gegen den Grundstückseigentümer zusteht. Insoweit erhält der Grundstückseigentümer ein lastenfreies Erbbaurecht.

985 Nachfolgend wird die Rechtslage anhand einer Skizze veranschaulicht.

986 Der Übergang ergibt sich auch aus den allgemeinen Vorschriften über den Übergang von Belastungen bei Veräußerungen eines Grundstücks. Eine ausdrückliche Regelung in der Erbbaurechtsverordnung wäre daher nicht erforderlich gewesen.

987 Zur Umwandlung einer Fremdhypothek in eine Eigentümerhypothek: Palandt-Bassenge, § 1113 BGB Rn. 2.

von Erbbaurechten muß der Grundstückseigentümer aufgrund der zwingenden gesetzlichen Regelung eine Vergütung in Höhe von zwei Dritteln des Verkehrswerts zahlen, § 32 Abs. 3 ErbbauV; bei allen anderen Erbbaurechten kann eine Vergütung wirksam ausgeschlossen werden.

Es ist aber nicht ersichtlich, daß letzteres in der Praxis regelmäßig vorkommt. Vielmehr ist davon auszugehen, daß in Anlehnung an die gesetzliche Regelung und unabhängig von dem Bestellungszweck des Erbbaurechts normalerweise eine Vergütungspflicht des Grundstückseigentümers in Höhe von zwei Dritteln des Wertes des Erbbaurechts[988] vereinbart wird[989]. Bei den nachfolgenden Betrachtungen wird deshalb von einer Vergütung in dieser Höhe ausgegangen. Die Vergütung wird im Zeitpunkt der Umschreibung des Erbbaugrundbuchs auf den Grundstückseigentümer fällig[990].

3. Die Konfusion der abgelösten Forderung

Dem dinglichen Recht, aus dem in das Erbbaurecht gegebenenfalls[991] vollstreckt wurde, liegt regelmäßig eine persönliche Forderung des Gläubigers gegen den Erbbauberechtigten zugrunde. Es fragt sich, welches Schicksal die Forderung nach der Vollziehung des Heimfallanspruchs erleidet. Gem. § 33 Abs. 2 ErbbauV tritt beim Vollzug des Heimfallanspruchs kraft Gesetzes eine befreiende Schuldübernahme ein, d.h., die Verpflichtung geht auf den Grundstückseigentümer über. Dabei ist gem. § 33 Abs. 2 S. 2 ErbbauV i.V.m. § 416 BGB grundsätzlich die Zustimmung des Gläubigers erforderlich. Vor der Zustimmung oder bei endgültig verweigerter Zustimmung tritt keine Schuldübernahme ein, sondern eine Erfüllungsübernahme nach § 415 Abs. 3 BGB.

Zweifelhaft ist, welche Folgen der Übergang der schuldrechtlichen Verpflichtung auf den Grundstückseigentümer hat. Es könnte eine Konfusion eintreten, welche grundsätzlich zur Folge hat, daß das Schuldverhältnis erlischt[992]. Etwas

---

988 Zum Verkehrswert des Erbbaurechts vgl. von Oefele/Winkler, Rn. 4.115.

989 Vgl. Linde-Richter, Rn. 311 (§ 10 Nr. 2 b)); von Oefele/Winkler, S. 470 (§ 8 Abs. 1).

990 Nach früherer Ansicht sollte der Anspruch bereits bei Geltendmachung des Heimfallrechts fällig werden (BGH NJW 1976, S. 895). Eine Begründung hierfür fehlte. Nach heutiger einhelliger Meinung kann die Vergütung erst gefordert werden, wenn der Heimfallanspruch vollzogen wird (BGHZ 111, S. 154; BGH Rpfleger 1990, S. 412; Palandt-Bassenge, § 32 ErbbauV Rn. 2; von Oefele/Winkler, Rn. 4.113). Dem ist zuzustimmen. Die Vergütung soll einen Ausgleich für den Verlust des Erbbaurechts darstellen. Dieser tritt erst bei entsprechender Umschreibung des Erbbaugrundbuchs ein.

991 Anders bei der Zwangsvollstreckung aus einem Recht gem. § 10 Abs. 1 Nr. 1-3 ZVG, vgl. z.B. oben II. 2. a) aa) aaa), S. 52 f.

992 BGHZ 48, S. 214 (219); BGH WM 1980, S. 199; OLG Köln, NJW-RR 1992, S. 1337; Palandt-Heinrichs, Überbl. v. § 362 BGB Rn. 4.

anderes kann sich aufgrund von Besonderheiten des Einzelfalls ergeben[993]. Bei Erlöschen des Schuldverhältnisses würde dem Grundstückseigentümer keine Forderung mehr gegen den früheren Erbbauberechtigten zustehen. Er hätte den Erbbauberechtigten mit zwei Dritteln des Wertes des Erbbaurechts zu entschädigen. Er könnte den durch die Gläubigerablösung eingetretenen Vermögensschaden nur in Höhe von einem Drittel des Wertes des Erbbaurechts kompensieren.

Unter einer Konfusion ist zu verstehen, daß sich Forderung und Schuld in einer Person vereinen[994]. Das ist aufgrund der Gläubigerablösung und der durch den Heimfallanspruch bedingten gesetzlichen Schuldübernahme der Fall. Die Norm § 33 Abs. 2 ErbbauV sieht aber vor, daß sich der Erbbauberechtigte die Forderungen, die der Grundstückseigentümer aufgrund der Vollziehung des Heimfalls übernimmt, anrechnen lassen muß. Eine Forderung, die erloschen ist, kann nicht angerechnet werden. Es fragt sich, ob die Anrechnung nach § 33 Abs. 3 ErbbauV oder die Konfusion vorgeht.

Das Problem ist gesetzlich nicht ausdrücklich geregelt. Auch in der einschlägigen Literatur ist eine Stellungnahme hierzu nicht ersichtlich. Es könnte durch Auslegung der maßgeblichen Vorschrift § 33 Abs. 3 ErbbauV gelöst werden. Sinn und Zweck der Anrechnungsregel ist, einen Ausgleich dafür zu bieten, daß der Grundstückseigentümer für die persönliche Schuld des Erbbauberechtigten haftet und der Erbbauberechtigte von der Zahlungspflicht frei wird. Der Ausgleich wird nur geschaffen, wenn hier die übernommene Schuld nicht untergeht, weil anderenfalls der Grundstückseigentümer keinen Gegenwert für das Übernehmen erhält. Das wäre aber der Fall, wenn die Konfusion eintritt. Die Konfusion muß daher hinter der Anrechnung nach § 33 Abs. 3 ErbbauV zurücktreten. Mit anderen Worten muß aufgrund des Sinns und Zwecks der einschlägigen Norm (nach hier vertretener Ansicht) die Anrechnung dem Erlöschen des Schuldverhältnisses durch die Konfusion eine logische Sekunde vorgehen.

4. Das Schicksal des Erbbauzinsvereinbarungen und der Anpassungsklausel

Die Erbbauzinsreallast existiert bei Vollziehung des Heimfallanspruchs fort, § 33 Abs. 1 S. 1 ErbbauV. Die persönliche Forderung und die Anpassungsklausel nach altem Recht erlöschen aufgrund der Konfusion[995]. Die dingliche Erhöhungsklausel i.S.d. § 9 Abs. 2 S. 2 ErbbauV n.F. bleibt bestehen.

---

993 Vgl. BGHZ 48, S. 214 (219); BGH WM 1980, S. 199; OLG Köln, NJW-RR 1992, S. 1337; Palandt-Heinrichs, Überbl. v. § 362 BGB Rn. 4.

994 BGHZ 48, S. 214 (219); BGH WM 1980, S. 198 (199); OLG Köln, NJW-RR 1992, S. 1337.

995 So auch z.B. von Oefele/Winkler, Rn. 6.91.

5. Die wirtschaftlichen Folgen für die Beteiligten

a) Der Grundstückseigentümer

Vorteilhaft für die Realisierung der Forderung, die der Grundstückseigentümer bei der Gläubigerablösung erworben hat, und der gegebenenfalls übernommenen dinglichen Verpflichtungen ist der Fall, daß sie den Vergütungsanspruch des Erbbauberechtigten der Höhe nach nicht übersteigen. Verbleibt nach der Anrechnung ein Restvergütungsanspruch des Erbbauberechtigten, schuldet der Grundstückseigentümer eine Restzahlung. Wenn der angerechnete Betrag und die Restzahlung zusammen den Wert des Erbbaurechts, das der Grundstückseigentümer durch den Heimfall erhalten hat, erheblich unterschreitet und keine weitere Belastungen mit übergegangen sind, hat die taktische Verbindung von Gläubigerablösung und Heimfallanspruch dem Grundstückseigentümer folgende Vorteile verschafft:

Der Grundstückseigentümer hat die Zwangsversteigerung des Erbbaurechts endgültig abgewendet, indem er das Erbbaurecht der Vermögensmasse des mittellos gewordenen Schuldners entzogen hat. Weitere Gläubiger des Erbbauberechtigten können in das Erbbaurecht nicht mehr vollstrecken. Außerdem ist er gegen Vergütung in Höhe von nur zwei Dritteln des Wertes Inhaber des Erbbaurechts geworden[996].

Haben der Grundstückseigentümer und der Erbbauberechtigte die Zahlung einer Vergütung beim Heimfall wirksam ausgeschlossen, besteht eine ähnliche Rechtslage wie zuvor. Es erwächst dem Grundstückseigentümer ein Bereicherungsanspruch[997]. In beiden Fällen übernimmt der Grundstückseigentümer die Haftung, ohne daß er diese auf die Vergütung anrechnen kann. Der Grundstücks-

---

996 Weiterführend könnte der Grundstückseigentümer folgende Übelegungen berücksichtigen: Veräußert er das Erbbaurecht zu dem Verkehrswert an einen Dritten, kann er darüber hinaus einen Gewinn erzielen. Letzteres ist allerdings von zwei Faktoren abhängig, die im Zeitpunkt des Heimfalls nicht mehr vom Grundstückseigentümer beeinflußt werden können. Die Verpflichtung zur Zahlung einer Vergütung sowie deren Höhe, soweit diese nicht gem. § 32 Abs. 2 ErbbauV gesetzlich vorgeschrieben ist, werden in aller Regel bereits bei Abschluß des Erbbaurechtsvertrages gem. § 2 Nr. 4 ErbbauV vereinbart. Der Umfang der Haftung für die Forderungen und die dinglichen Belastungen, die übergehen, richtet sich danach, in welchem Umfang der Erbbauberechtigte gegenüber seinen Gläubigern wirksam Verpflichtungen eingegangen ist. Hierauf kann der Grundstückseigentümer bei Abschluß des Erbbaurechtsvertrages Einfluß nehmen. Er kann nach § 5 Abs. 2 ErbbauV die Belastung von seiner Zustimmung abhängig machen. In diesem Fall hat er es in der Hand, nur solchen Belastungen zuzustimmen, die die vereinbarte Vergütung nicht überschreiten.

Übersteigen die übernommenen Verpflichtungen dinglicher oder schuldrechtlicher Art dagegen die Vergütung, muß der Grundstückseigentümer dem früheren Erbbauberechtigten keine Vergütung mehr zu zahlen. Hinsichtlich des überschießenden Teils steht ihm ein Bereicherungsanspruch gegen den Erbbauberechtigten zu. Diese Schuld wird aufgrund des Vermögensverfalls des früheren Erbbauberechtigten allerdings regelmäßig nicht zu realisieren sein.

997 So auch: von Oefele/Winkler, Rn. 4.122.

eigentümer wird die Forderung in der Zwangsvollsteckung gegen den bisherigen Erbbauberechtigten meist nicht realisieren können.

b) Der bisherige Erbbauberechtigte

Der Erbbauberechtigte ist durch den Übergang der Verpflichtungen auf den Grundstückseigentümer von bestimmten Zahlungspflichten frei geworden. Er ist jedoch nicht mehr Inhaber des Erbbaurechts und hat hierfür je nach den Umständen des Einzelfalls auch keine adäquate Vergütung erhalten.

c) Der betreibende Gläubiger

Anders als bei anderen Lösungsvorschlägen zur Rettung des Erbbauzinses[998] wird der vormals betreibende Gläubiger nicht benachteiligt. Seine Forderung gegen den Grundstückseigentümer wird bei der Gläubigerablösung in vollem Umfang befriedigt.

---

998 Vgl. beispielsweise s. oben III. 5., S. 116; III. 7., S. 121 f.

VII. Die Ergebnisse: Die taktische Verbindung als Rettungsmöglichkeit bei unverjährtem Heimfallanspruch und der Vorwurf institutionellen Mißbrauchs zwangsvollstreckungsrechtlicher Befugnisse zur Verbesserung der materiellen Rechtslage bei verjährtem Recht

Da die Novellierung der Erbbaurechtsverordnung durch das Sachenrechtsbereinigungsgesetz den Erbbauzins weder bei bestehenden noch bei neuen Erbbaurechten kraft Gesetzes versteigerungsfest gemacht hat und der neue dingliche Erbbauzins auch bei Vorliegen einer Vereinbarung i.S.d. § 9 Abs. 3 ErbauV n.F. bei einer Zwangsversteigerung des Erbbaurechts aus den Rangklassen gem. § 10 Abs. 1 Nr. 1-3 ZVG ausfällt, hat der Gesetzgeber das Problem Erbbaurecht ohne Erbbauzins nur teilweise gelöst. Die in Literatur und Rechtsprechung bislang diskutierten Lösungsvorschläge bieten dem Grundstückseigentümer entweder keine ausreichenden Möglichkeiten, den Erbbauzins zu retten, oder haben ungewisse wirtschaftliche Erfolgsaussichten.

Die hier vorgeschlagene Lösung besteht in der taktischen Verbindung von Gläubigerablösung und Heimfallrecht. Zwingende Voraussetzung hierfür ist, daß ein Heimfallrecht für den Fall der Zwangsversteigerung des Erbbaurechts vertraglich ausbedungen ist, was in der Praxis nahezu ausschließlich der Fall ist; anderenfalls muß der Grundstückseigentümer den Ausfall der Erbbauzinsen hinnehmen.

Ist der konkret entstandene Heimfallanspruch noch nicht verjährt, kann der Grundstückseigentümer das mißliebige Ergebnis des Ausfalls des Erbbauzinses in wirtschaftlich zufriedenstellender Weise durch die Verknüpfung beider Institute verhindern.

Problematisch ist dagegen die Rechtslage, wenn das einzelne Recht auf Übertragung des Erbbaurechts bereits verjährt ist. Die zur Erlangung der verfahrensbeherrschenden Rechtsposition erforderliche Gläubigerablösung durch den Grundstückseigentümer scheitert nicht daran, daß der Grundstückseigentümer neben der Verhinderung der Zwangsversteigerung des Erbbaurechts das weitere Ziel verfolgt, die Voraussetzung eines neuen Heimfallanspruchs herbeizuführen. Schikanöses oder treuwidriges Verhalten liegen insoweit nicht vor. Er handelt aber bei der erneuten Einleitung der Zwangsversteigerung arglistig, da er hierbei versucht, seine formale Rechtsstellung als Titelgläubiger für einen außerhalb des Verfahrens liegenden Zweck auszunutzen. Anhand der Judikatur zur mehrfachen

Rücknahme und erneuten Stellung eines Vollstreckungsauftrages zu einem gesetzlich nicht vorgesehenen Ziel konnte eine Fallgruppe des institutionellen Mißbrauchs zwangsvollstreckungsrechtlicher Befugnisse zur Verbesserung der materiellen Rechtslage entwickelt werden. Ihre Voraussetzungen liegen vor, wenn die Zwangsvollstreckung ausschließlich zu dem Zweck eingeleitet wird, die Bedingungen eines materiellen Anspruchs herbeizuführen. Dabei stellt dieser Rechtsmißbrauch einen Fall des Fehlens des Rechtsschutzinteresses dar, das das Vollstrekkungsgericht von Amts wegen prüft, aber nicht ermittelt. Aus diesem Grund kann der Grundstückseigentümer, obwohl sein Verhalten als institutioneller Mißbrauch zu bewerten ist, die Zwangsversteigerung des Erbbaurechts regelmäßig erneut einleiten. Bei der Ausübung und Durchsetzung des Heimfallanspruchs kommt es auf die Umstände des Einzelfalls an, ob die Arglist des Grundstückseigentümers der Rückübertragung des Erbbaurechts auf den Grundstückseigentümer als Fallgruppe des „dolo agit, qui petit, quod statim redditurus est" entgegensteht.

Gelingt die taktische Verbindung, befindet sich der Grundstückseigentümer in einer unantastbaren Rechtsposition: Er kann über das Erbbaurecht frei verfügen, ohne daß ein Verlust des Erbbauzinses eintritt. Die sonstigen Vermögensschäden können aufgrund der Vorrangigkeit der Anrechnung gem. § 33 Abs. 2 ErbbauV vor der Konfusion kompensiert werden.

Literaturverzeichnis

Bartholemeyczik, Horst: Die Kunst der Gesetzesauslegung, 3. Aufl., Frankfurt am Main 1965

Baumbach, Adolf / Lauterbach, Wolfgang / Albers, Jan / Hartmann, Peter: Zivilprozeßordnung, 59. Aufl., München 2001

Baumgärtel, Gottfried: Treu und Glauben, gute Sitten und Schikaneverbot im Erkenntnisverfahren, in: ZZP Bd. 69 (1959), S. 89 ff.

Baur, Fritz / Stürner, Rolf: Lehrbuch des Sachenrechts, 17. Aufl., München 1999

Beck'sches Formularbuch: zum Bürgerlichen Handels- und Wirtschaftsrecht, 7. Aufl., München 1998

Behmer, Rüdiger: Der Rang des Heimfallanspruchs beim Erbbaurecht, in: Rpfleger 1983, S. 477 ff.

Bernhöft, Franz: Zur Lehre von den Fiktionen, Weimar 1907

Bertolini, Erich: Erbbauzins und Vereinbarung gem. § 59 Abs. 1 ZVG, in: MittBayNot 1983, S. 112

Bierling, Ernst Rudolf: Juristische Prinzipienlehre, 1. Bd., Neudruck Aalen 1961

Bittmann, Folker: Treu und Glauben in der Zwangsvollstreckung, in: ZZP Bd. 97 (1984), S. 32 ff.

Böttcher, Roland: ZVG, Gesetz über die Zwangsversteigerung und die Zwangsverwaltung mit Erläuterungen, 2. Aufl., München 1996 (zitiert: Böttcher, Zwangsversteigerungsgesetz, 2. Aufl.); 3. Aufl., München 2000 (zitiert: Böttcher, Zwangsversteigerungsgesetz)

— Praktische Fragen des Erbbaurechts, RWS-Skript 279, 2. Aufl., Köln 1998 (zitiert: Böttcher, Praktische Fragen des Erbbaurechts)

Brandel, Josef: Das Erbbaurecht in Freiburg i.Br. seit 1919, München 1967

Brox, Hans / Walker, Wolf-Dietrich: Zwangsvollstreckungsrecht, 6. Aufl., Köln, Berlin, Bonn, München 1999

Bruck, Ernst / Möller, Hans: Versicherungsvertragsgesetz, 2. Bd.: §§ 49-80 VVG, 8. Aufl., Berlin, New York 1980; 4. Bd.: Allgemeine Haftpflichtversicherung (§§ 149-158a VVG), 8. Aufl., Berlin 1970; 5. Bd.: Erster Halbband: Kraftfahrtversicherung (Pflichtversicherung und § 158b-k VVG einschließlich Fahrzeugversicherung ohne Kraftfahrtversicherung), 8. Aufl., Berlin, New York 1994 (zitiert: Bruck/Möller-Bearbeiter)

Busse, Hans-Ulrich: Zur Zwangsversteigerung von Erbbaurechten, in: NJW 1955, S. 1546

Bydlinski, Franz: Juristische Methodenlehre und Rechtsbegriffe, 2. Aufl., Wien, New York 1991

Canaris, Claus-Wilhelm: Die Vertrauenshaftung im Deutschen Recht, Münchener Universitätsschriften Bd. 16, München 1971 (zitiert: Canaris, Die Vertrauenshaftung im Deutschen Recht)

— Die Verdinglichung obligatorischer Rechte, in: Festschrift für Werner Flume, Köln 1978, Bd. I, S. 371 ff. (zitiert: Canaris, Die Verdinglichung obligatorischer Rechte)

— Die Feststellung von Lücken im Gesetz, 2. Aufl., Berlin 1983 (zitiert: Canaris, Die Feststellung von Lücken im Gesetz)

Claussen, Lorenz: Renaissance des Erbbaurechts?, in: WiB 1995, S. 864 ff.

— Formulierungsvorschlag für die Vereinbarung eines umsatzabhängigen Erbbauzinses, in: WiB 1995, S. 974 f.

Czub, Hans-Joachim: Sachenrechtsbereinigung, Herne, Berlin 1994

Dassler, Gerhard / Schiffhauer, Horst / Gerhardt, Walter / Muth, Johannes M.: Gesetz über die Zwangsversteigerung und die Zwangsverwaltung, 12. Aufl., Stuttgart, Berlin, Köln 1991

Demelius, Gustav: Die Rechtsfiktion in ihrer geschichtlichen und dogmatischen Bedeutung, Weimar 1858

Dette, Hans: Venire contra factum proprium nulli conceditur, Zur Konkretisierung eines Rechtssprichwortes, Schriften zur Rechtstheorie Heft 115, Berlin 1985

Donau, Helmut: Die Bedeutung von Fiktionen, Vermutungen und Auslegungsregeln im summarischen Prozeß, in: ZZP 67 (1954), S.451 ff.

Drischler, Karl: Einzel- und Zweifelsfragen des Immobilienvollstreckungsrechts, in: Rpfleger 1967, S. 357 ff.

Duden: Das Stilwörterbuch, Bd. 2, 7. Aufl., Mannheim, Wien, Zürich 1988 (zitiert: Duden, Bd. 2)

— Das Bedeutungswörterbuch, Bd. 10, 2. Aufl., Mannheim, Wien, Zürich 1985 (zitiert: Duden, Bd. 10)

Dulckeit, Gerhard: Die Verdinglichung obligatorischer Rechte, Tübingen 1951

Egert, Hans: Die Rechtsbedingung im System des bürgerlichen Rechts, Berlin 1974

Eichel, Sven: Buchbesprechung: Geißel, Der Erbbauzins in der Zwangsversteigerung unter besonderer Berücksichtigung der Beleihbarkeit des Erbbaurechts, in: DNotZ 1995, S. 91

Eickmann, Dieter: Die Auswirkungen von Grundbucheintragungen in Abteilung II auf die Kreditsicherungspraxis. Kommunikationsforum Recht-Wirtschaft-Steuern, Skript 160, 2. Aufl., Köln 1989

Engisch, Karl: Die Einheit der Rechtsordnung, Nachdruck der 1935 in Heidelberg erschienenen Ausgabe, Darmstadt 1987 (zitiert: Engisch, Einheit der Rechtsordnung)

— Einführung in das juristische Denken, 9. Aufl., Stuttgart 1997 (zitiert: Engisch, Einführung in das juristische Denken)

Enneccerus, Ludwig / Nipperdey, Hans-Carl: Allgemeiner Teil des Bürgerlichen Rechts, Erster Halbband, 15. Aufl., Tübingen 1959

Erman, Walter: Handkommentar zum Bürgerlichen Gesetzbuch, 1. Bd., 10. Aufl., Münster 2000 (zitiert: Erman-Bearbeiter); 2. Bd., 9. Aufl., Münster 1993 (zitiert: Erman-Bearbeiter, 9. Aufl.)

Esser, Josef: Wert und Bedeutung der Rechtsfiktionen, 2. Aufl., Frankfurt am Main 1969 (zitiert: Esser, Wert und Bedeutung der Rechtsfiktionen)

— Vorverständnis und Methodenwahl in der Rechtsfindung, Frankfurt am Main 1970 (zitiert: Esser, Vorverständnis und Methodenwahl)

— Grundsatz und Norm in der richterlichen Fortbildung des Privatrechts, Rechtsvergleichende Beiträge zur Rechtsquellen- und Interpretationslehre, 4. Aufl., Tübingen 1990 (zitiert: Esser, Grundsatz und Norm in der richtlichen Fortbildung)

Essig, Olga: Das Erbbaurecht der Stadt Posen, Berlin 1920

Fikentscher, Wolfgang: Schuldrecht, 9. Aufl., Berlin, New York 1997

Fischer, Albrecht: Fiktionen und Bilder in der Rechtswissenschaft, in: AcP 117 (1919), S. 143 ff.

Fischer, Josef: Rechtliche Gestaltung und Probleme der öffentlichen Grundstückslast, in: NJW 1955, S. 1583 ff.

Flik, Hanns: Sind die „alten“ Erbbaurechte der Neuen Bundesländer verkehrsfähig?, in: DtZ 1997, S. 146 ff.

Flume, Werner: Allgemeiner Teil des Bürgerlichen Gesetzbuches, Bd. II: Das Rechtsgeschäft, Berlin, Heidelberg, New York 1965

Gaul, Hans-Friedhelm: Zur Struktur der Zwangsvollstreckung, in: Rpfleger 1971, S. 81 ff.
— Festschrift für Baumgärtel, S. 75 ff., Köln, Berlin, Bonn, München 1990

Geissel, Wolf-Heinrich: Der Erbbauzins in der Zwangsversteigerung unter besonderer Berücksichtigung der Beleihbarkeit des Erbbaurechts, Berlin 1992 (zitiert: Geissel)
— Zinssicherung in der Zwangsversteigerung des Erbbaurechts, S. 146

Gernhuber, Joachim: § 242 BGB – Funktion und Tatbestände, in: JuS 1983, S. 764 ff.
— Das Schuldverhältnis, Tübingen 1989 (zitiert: Gernhuber, Das Schuldverhältnis)

GEWOS: Erbbaurechte in Westdeutschland. Eine Analyse für den Verband der Privaten Bausparkassen e.V. Hamburg 1997

Glaser, Hugo: Das Erbbaurecht in der Praxis. Grundzüge und Rechtsprechung zum Erbbaurecht, 2. Aufl., Herne, Berlin 1975

Glaß, Otto / Scheidt, Adolf: Erbbaurecht. Verordnung vom 15. Januar 1919, 2. Aufl., Berlin 1930

Groth, Walter: Erbbaurecht ohne Erbbauzins?, in: DNotZ 1983, S. 652 ff.
— Nochmals: Erbbaurecht ohne Erbbauzins?, in: DNotZ 1984, S. 372 ff.

Günther, Hermann: Verordnung über das Erbbaurecht, Berlin, Leipzig 1919

Güthe, Georg / Triebel, Franz: Kommentar zur Grundbuchordnung, 1. Bd., Berlin 1936

Hagemann, Karl: Die Zwangsversteigerung eines Erbbaurechts, in: Gruchot 65 (1921), S. 31 ff. (zitiert: Hagemann, Gruchot 65)
— Anmerkung zum Beschluß des OLG Oldenburg, in: Rpfleger 1985, S. 203 (204)

Hagen, Horst: Funktionale und dogmatische Zusammenhänge zwischen Schadens- und Bereicherungsrecht, in: Festschrift für Karl Larenz zum 70. Geburtstag, München 1973, S. 867 ff.

Hahn, Carl / Mugdan, Benno: Die gesammten Materialien zu den Reichs-Justizgesetzen, 5. Bd.: Materialien zum Gesetz über die Zwangsversteigerung und die Zwangsverwaltung und zur Grundbuchordnung, Berlin 1897

Handschumacher, Johannes W.: Zinssicherung in der Zwangsversteigerung des Erbbaurechts. Vorschläge zur Lösung des Rangkonfliktes bei der Beleihung von Erbbaurechten, Frankfurt am Main 1993

Hellwig, Hans-Jürgen: Zur Systematik des zivilprozeßrechtlichen Vertrages, Bonn 1968

Herbig, Hans / Gaitzsch, Matthias / Hügel, Stefan / Weser, Hans-Hermann: Sachenrechtsänderungsgesetz, 2. Aufl., München 1998

Hoche, Ulrich: Buchbesprechung „Kommentar zur ErbbaurechtsVO“ von LGDir. Ingenstau und MinRat Dr. Schnitzler, in: NJW 1955, S. 942

Hoeniger, Georg: Vom Wesen des Erbbaurechts an Städtischem Grundbesitz, Görlitz 1920

Hönn, Gerhard: Anmerkung zum Urteil des BGH vom 14.03.1969, in: NJW 1969, S. 1669

Hornung, Anton: Der Einfluß des Beurkundungsgesetzes auf die gerichtlichen Beurkundungsbefugnisse im Zwangsversteigerungsverfahren, in: Rpfleger 1972, S. 203 ff.

Hueck, Alfred: Der Treuegedanken im modernen Privatrecht, München 1947

Hußlein, Otto L.: Superficies und Erbbaurecht, Forchheim in Oberfranken 1932

Ingenstau, Jürgen: Kommentar zum Erbbaurecht, 7. Aufl., Düsseldorf 1994 (zitiert: Ingenstau, 7. Aufl.)

Ingenstau, Jürgen / Hustedt, Volker: Kommentar zum Erbbaurecht, 8. Aufl., Düsseldorf 2001

Jaeckel, Paul / Güthe, Georg / Volkmar, Erich / Armstroff, Ernst: Kommentar zum Zwangsversteigerungsgesetz, 7. Aufl., Berlin 1937

Jasper, Uwe Jens: Der Weg zu einem variablen Erbbauzins, Frankfurt am Main 1963

Jauernig, Othmar: Bürgerliches Gesetzbuch, 9. Aufl., München 1999

Joswig, Dietrich: Nichtbestreiten, Geständnis und Anerkenntnis im Klauselerteilungsverfahren, in: Rpfleger 1991, S. 144 f.

Kappelhoff, Wilhelm: Die im voraus erteilte Zustimmung des Grundstückseigentümers zur Zwangsversteigerung des Erbbaurechts, in: Rpfleger 1985, S. 281

Kaufmann, Arthur: Analogie und Natur der Sache, 2. Aufl., Heidelberg 1982

Klawikowski, Horst: Neue Erbbauzinsreallast, in: Rpfleger 1995, S. 145 f.

Knothe, Hans-Georg: Das Erbbaurecht. Eine rechtsdogmatische und rechtspolitische Untersuchung, Frankfurt am Main 1987

Kölpin, Gerhard: BBK Nr. 10/2000, S. 449 ff.

Korintenberg, Werner / Wenz, Peter: Gesetz über die Zwangsversteigerung und Zwangsverwaltung, 6. Aufl., Köln 1935

Krey, Volker: Zur Problematik richterlicher Rechtsfortbildung contra legem, in: JZ 1978, S. 361 ff.

Küster, Günter: Aufwendungen für ein Erbbaurecht im Privatvermögen, in: Neue Wirtschaftsbriefe (NWB) 1995, S. 4189 ff.

Larenz, Karl: Richtiges Recht, Grundzüge einer Rechtsethik, München 1979 (Larenz, Richtiges Recht)

— Lehrbuch des Schuldrechts, Bd. I: Allgemeiner Teil, 14. Aufl., München 1987 (zitiert: Larenz, Schuldrecht I)

— Allgemeiner Teil des deutschen Bürgerlichen Rechts, Ein Lehrbuch. 8. Aufl., München 1992 (zitiert: Larenz, Allgemeiner Teil des Deutschen Bürgerlichen Rechts)

— Methodenlehre der Rechtswissenschaft, 2. Aufl., Berlin, Heidelberg, New York 1992 (zitiert: Larenz, Methodenlehre)

Larenz, Karl / Canaris, Claus-Wilhelm: Methodenlehre der Rechtswissenschaft, 3. Aufl., Berlin, Heidelberg, New York 1995

Linde, Trutz / Richter, Rüdiger: Erbbaurecht ohne Erbbauzins in Recht und Praxis, 2. Aufl., Freiburg 1993

Link, Harald: Vormerkung und Streitbefangenheit, in: NJW 1965, S. 1464 ff.

Lupprian, Heinz : Gesetz über die Zwangsversteigerung und Zwangsverwaltung, Münster 1952

Lutter, Marcus: Zustimmung zur Erbbaurechtsübertragung für den Fall der Zwangsversteigerung, in: DNotZ 1960, S. 234

Mayer, Günther: Die Behandlung einer Vereinbarung über das Bestehenbleiben von Rechten (§ 91 ZVG) im Verteilungstermin, in: Rpfleger 1969, S. 3 ff.

Medicus, Dieter: Durchblick: Drittbeziehungen im Schuldverhältnis, in: JuS 1974, S. 613 ff.

— Allgemeiner Teil des BGB, 7. Aufl., Heidelberg 1997 (zitiert: Medicus, Allgemeiner Teil)
— Schuldrecht I, Allgemeiner Teil, 12. Aufl., München 2000 (zitiert: Medicus, Schuldrecht I)

Meikel, Georg / Imhof, Wilhelm / Riedel, Hermann: Grundbuchrecht, 6. Aufl., Berlin 1968

Mohrbutter, Christian: Die Eigentümerrechte und der Inhalt des Erbbaurechts bei dessen Zwangsversteigerung, Schriften zum deutschen und europäischen Zivil-, Handels- und Prozeßrecht, Bd. 159, Bielefeld 1995

Mohrbutter, Harro / Mohrbutter, Christian: Die Neuregelung des Erbbauzinses, in: ZIP 1995, S. 806 ff.

Mohrbutter, Jürgen / Drischler, Karl / Radtke, Manfred / Tiedemann, Heinz-Adolf: Die Zwangsversteigerungs- und Zwangsverwaltungspraxis, Bd. 2, 8. Aufl., Köln, Berlin, Bonn, München 1990

Mohrbutter, Jürgen / Mohrbutter, Harro: Handbuch des gesamten Vollstreckungs- und Insolvenzrechts, 2. Aufl., Berlin 1974 (zitiert: J. Mohrbutter/H. Mohrbutter, Handbuch)

Münchener Kommentar zum Bürgerlichen Gesetzbuch: Bd. 1: Allgemeiner Teil (§§ 1-240), AGB-Gesetz, 3. Aufl., München 1993; Bd. 2: Schuldrecht Allgemeiner Teil (§§ 241-432), 2. Aufl., München 1985 und 3. Aufl., München 1994; Bd. 6: Sachenrecht (§§ 854-1296), Wohnungseigentumsgesetz, Erbbaurechtsverordnung, Sachenrechtsbereinigungsgesetz, Schuldrechtsänderungsgesetz, 2. Aufl., München 1986 (zitiert: MüKo-Bearbeiter, 2. Aufl.); 3. Aufl., München 1997 (zitiert: MüKo-Bearbeiter BGB)

Münchener Kommentar zur ZPO: Bd. 1: §§ 1-354, München 1992; Bd. 2: §§ 355-802, München 1992; Band 3: §§ 803-1048, EGZPO, GVG, EGGVG, Internationales Zivilprozeßrecht, München 1982 (zitiert: MüKo-Bearbeiter ZPO)

Münchener Vertragshandbuch, Bd. 4, Bürgerliches Recht 2. Halbband, 4. Aufl., München 1998

Münzberg, Wolfgang: Geständnis, Geständnisfiktion und Anerkenntnis im Klauselerteilungsverfahren?, in: NJW 1992, S. 201 ff.

Mugdan, Benno: Die gesammten Materialien zum Bürgerlichen Gesetzbuch für das Deutsche Reich, II. Bd.: Recht der Schuldverhältnisse, Berlin 1899; III. Bd.: Sachenrecht, Berlin 1899 (zitiert: Mugdan Bd.)

Musielak, Hans-Joachim: Kommentar zur Zivilprozeßordnung, München 1999

Muth, Johannes N.: Das Fortbestehen von Grundpfandrechten als abweichende Versteigerungsbedingung nach § 59 Abs. 3 ZVG, in: JurBüro 1985, S. 14-22, 802-816 und 970-980
— Zwangsversteigerungspraxis, Frankfurt a.M. 1989 (zitiert: Muth, Zwangsversteigerungspraxis)
— Zum Befriedigungsumfang bei einer Liegenbelassungsvereinbarung, in: Rpfleger 1990, S. 2 ff.

Nußbaum, Arthur: Die Zwangsversteigerung und Zwangsverwaltung. Tübingen 1916

Oefele, Helmut Frhr. v.: Buchbesprechung: Handschumacher, Zinssicherung in der Zwangsversteigerung des Erbbaurechts, in: DNotZ 1995, S. 91
— Die Erbbaurechtslösung nach dem Sachenrechtsbereinigungsgesetz, in: DtZ 1995, S. 158 ff.
— Änderung der Erbbaurechtsverordnung durch das Sachenrechtsänderungsgesetz, in: DNotZ 1995, S.643-653

Oefele, Helmut Frhr. v. / Winkler, Karl: Handbuch des Erbbaurechts, 2. Aufl., München 1995 (zitiert: von Oefele/Winkler)

Palandt, Otto: Bürgerliches Gesetzbuch, 52. Aufl., München 1993; 54. Aufl., München 1995; 57. Aufl., München 1998; 58. Aufl., München 1999 (jeweils zitiert: Palandt-Bearbeiter, Aufl.); 60. Aufl., München 2001 (zitiert: Palandt-Bearbeiter)

Pöschl (ohne Nennung des Vornamens): Das Erbbaurecht in der Zwangsversteigerung, in: BWNotZ Bd. 22/23 (1956/57), S. 41 ff.

— Zwangsversteigerung von Erbbaurechten, in: BB 1961, S. 581

Prölss, Erich R. / Martin, Jürgen: VVG, 25. Aufl., München 1992

Rahn, Hans: Die „Dinglichkeit" des Heimfallanspruchs und der sonstigen zum Inhalt eines Erbbaurechts bestimmbaren Verpflichtungen des Erbbauberechtigten (§ 2 ErbbauVO), in: BWNotZ 1961, S. 53 ff.

Ranft, Wilfried: Die „Verdinglichung" des Erbbaurechtsinhalts, Frankfurt am Main, Berlin, Bern, New York, Paris, Wien 1993

Reinhard, Paul / Müller, Hans: Das Zwangsversteigerungsgesetz, 8. Aufl., Stuttgart 1934

Reinicke, Dietrich / Tiedtke, Klaus: Der Schutz des guten Glaubens beim Erwerb einer Grundschuld kraft Gesetzes, in: WM 1986, S. 813 ff.

RGRK: Das Bürgerliche Gesetzbuch mit besonderer Berücksichtigung der Rechtsprechung des Reichsgerichtes und des Bundesgerichtshofes, Bd. II, 1. Teil: §§ 241-413, 12. Aufl., Berlin 1976; Bd. III, 2. Teil.: Anh. § 1011: ErbbauVO; §§ 1018-1203; Anh. § 1203: SchiffsRG, 12. Aufl., Berlin 1996 (zitiert: RGRK-Bearbeiter)

Richter, Rüdiger: Der Erbbauzins im Erbbaurecht, Europäische Hochschulschriften: Reihe 2, Frankfurt am Main 1983

Riewald (ohne Nennung des Vornamens): Der rechtliche Inhalt der öffentlichen Grundstückslast, in: JW 1932, S. 449 ff.

Ripfel, Franz / Schütze, Rolf A.: Erbbaurechtsvertrag. Heidelberger Musterverträge, 3. Aufl., Heidelberg 1993

Rosenberg, Leo / Gaul, Hans Friedhelm / Schilken, Eberhard: Zwangsvollstreckungsrecht, 11. Aufl., München 1997 (zitiert: Rosenberg/Gaul/ Schilken)

Rosenberg, Leo / Schwab, Karl Heinz / Gottwald, Peter: Zivilprozeßrecht, 15. Aufl., München 1993

Ruland, Michael: Wegfall des Erbbauzinses in der Zwangsversteigerung, in: NJW 1983, S. 96 ff.

Rumpf, Max: Gesetz und Richter. Versuch einer Methodik der Rechtsanwendung, Berlin 1906

Samoje, Sigismund: Erbbaurecht. Kommentar zu der Verordnung über das Erbbaurecht vom 15. Januar 1919, Berlin 1919

Schaub, Günter: Arbeitsrechts-Handbuch, 9. Aufl., München 2000 mit Nachtrag 1999

Scharen, Uwe: Der Heimfallanspruch in der Zwangsversteigerung des Erbbaurechts, in: Rpfleger 1983, S. 342 f.

Scheuerle, Wilhelm A.: Die Rechtsanwendung, Nürnberg und Düsseldorf 1952

Schiffhauer, Horst: § 59 ZVG – eine Crux ohne Ende, in: Rpfleger 1986, S. 326 ff.

Schlesinger, Victor: Erbbaurechtliche Fragen. Ein Beitrag zur Lehre vom Erbbaurecht des BGB, Berlin-Charlottenburg 1910

Schmalz, Dieter: Methodenlehre für das juristische Studium, 4. Aufl., Baden-Baden 1998

Schneider, Egon: Anm. zum Beschluß des OLG Köln vom 22.07.1964, S. 929 f.

— Logik für Juristen, 5. Aufl., München 1999

Schöner, Hartmut / Stöber, Kurt: Grundbuchrecht, 12. Aufl., München 2001

Schreiber, Klaus: Die Urkunde im Zivilprozeß, Berlin 1982 (zitiert: Schreiber, Urkunde im Zivilprozeß)

— Sachenrecht, 3. Aufl., Stuttgart, München, Hannover, Berlin, Weimar, Dresden 2000 (zitiert: Schreiber, Sachenrecht)

Sichtermann, Siegfried / Hennings, Dorothee: Bedeutung und Behandlung der Eintragungen in Abt. II des Grundbuchs, 11. Aufl., Stuttgart 1988

Siebert, Wolfgang: Verwirkung und Unzulässigkeit der Rechtsausübung. Ein rechtsvergleichender Beitrag zur Lehre von den Schranken der privaten Rechte und zur exceptio doli (§§ 226, 242, 826 BGB), unter besonderer Berücksichtigung des gewerblichen Rechtsschutzes (§ 1 UWG), Marburg 1934

Soergel, Hans-Theodor: Bürgerliches Gesetzbuch, Bd. 2: Schuldrecht I (§§ 241-432), 12. Aufl., Stuttgart, Berlin, Köln 1990; Bd. 4: Sachenrecht (§§ 854-1296); 12. Aufl., Stuttgart, Berlin, Köln 1990; Bd. 6: Sachenrecht (§§ 854-1296); WEG, ErbbauVO, SchiffsG; 12. Aufl., Stuttgart, Berlin, Köln 1989 (zitiert: Soergel-Bearbeiter)

Sperling, Eberhard: Die Stillhalteerklärung als Mittel zur Sicherung des Erbbauzinses im Fall der Zwangsversteigerung, in: NJW 1983, S. 2487 f.

Stahlhacke, Eugen: Vorschläge zur Neuordnung des Erbbaurechts, 2. Aufl., Tübingen 1960

Stakemann, Hans: Zur Zwangsversteigerung des Erbbaurechts, in: NJW 1984, S. 962 f.

Staudinger, Julius von: BGB, 12. Aufl.: Zweites Buch: Recht der Schuldverhältnisse §§ 255-327, Berlin 1979; §§ 564-580a (Mietrecht 2), Berlin 1997; §§ 611-619, Berlin 1993; Drittes Buch: Sachenrecht §§ 973-1011; ErbbRVO, Berlin 1989 (zitiert: Staudinger-Bearbeiter, 12. Aufl.)

— 13. Bearbeitung: Erstes Buch: Allgemeiner Teil, §§ 90-240, Berlin 1995; Zweites Buch: Recht der Schuldverhältnisse, Einleitung zu §§ 241 ff., §§ 241-243; §§ 255-327; §§ 433-534 Berlin 1995; Drittes Buch: Sachenrecht. ErbbVO; §§ 1113-1203, Berlin 1996; §§ 1204-1296, §§ 1-84 SchiffG, Berlin 1997 (zitiert: Staudinger-Bearbeiter)

Strauch, Volker: Die Befriedigungsfunktion im Zwangsversteigerungsgesetz, München 1993

Stein, Friedrich / Jonas, Martin: Zivilprozeßordnung, Bd. II 2: §§ 300-510 b), 20. Aufl., Tübingen 1989; Bd. 3: §§ 253-299 a, 21. Aufl., Tübingen 1997; Bd. 6: §§ 704-863, 21. Aufl., Tübingen 1995 (zitiert: Stein/Jonas-Bearbeiter)

Steiner, Udo: Zwangsversteigerung und Zwangsverwaltung, Bd. 1: §§ 1-104, 9. Aufl., München 1984 (zitiert: Steiner-Bearbeiter)

Sternel, Friedemann: Mietrecht, 3. Aufl., Köln 1988

Stöber, Kurt: Anmerkung zum Urteil des OLG München vom 17.09.1980, in: ZIP 1980, S. 976 ff.

— Änderungen der Versteigerungsbedingungen in der Bietstunde, in: ZIP 1981, S. 1 ff.

— Zwangsvollstreckung in das unbewegliche Vermögen, 6. Aufl., München 1992 (zitiert: Stöber, Zwangsvollstreckung in das unbewegliche Vermögen)

— Die nach Inhaltsvereinbarung bestehenbleibende Erbbauzins-Reallast, in: Rpfleger 1996, S. 136 ff.

Storz, Karl-Alfred: Gläubigerablösung in der Zwangsversteigerung, in: ZIP 1980, S. 159 ff.

— Praxis des Zwangsversteigerungsverfahrens. 6. Aufl., München 1991 (zitiert: Storz, Zwangsversteigerungsverfahren, 6. Aufl.); 7. Aufl., München 1998 (zitiert: Storz, Zwangsversteigerungsverfahren)

Streuer, Rudolf: Rezension zu „Die „Verdinglichung" des Erbbaurechtsinhalts, von Wilfried Ranft, in: Rpfleger 1993, S. 509 (510)

— Anmerkung zum Beschluß des BayObLG vom 18.07.1996 (2 Z BR 73/96), in: Rpfleger 1997, S. 18

Stübben, Josef: Sind für die Zwecke der Beleihung von Erbbaurechten durch Hypothekenbanken und andere Kreditinstitute Bestimmungen des geltenden Rechts ausreichend oder erscheint – und in welchen Situationen – eine Ergänzung dieser Bestimmungen geboten? Gutachten zu den Verhandlungen des 31. Deutschen Juristentages, 2. Bd., S. 98 ff., Berlin 1912

Thomas, Heinz / Putzo, Hans: ZPO, 22. Aufl., München 1999

Tradt, Erich: Der Erbbauzins in der Zwangsversteigerung des Erbbaurechts, in: DNotZ 1983, S. 652 ff.

Tuhr, von Andreas: Der Allgemeine Teil des Deutschen Bürgerlichen Rechts, 1. Bd.: Allgemeine Lehren und Personenrecht, Leipzig 1910; 2. Bd. Erste Hälfte: Die rechtserheblichen Tatsachen, insbesondere das Rechtsgeschäft, München und Leipzig 1914 (zitiert: von Tuhr Bd.)

Verhandlungen der verfassungsgebenden Deutschen Nationalversammlung, Bd. 335, Anlagen zu den stenographischen Berichten, Berlin 1920

Vollkommer, Max: Verfassungsmäßigkeit des Vollstreckungszugriffs, in: Rpfleger 1982, S. 1 ff.

Vossius, Oliver: Sachenrechtsbereinigungsgesetz, 2. Aufl., München 1996

Wang, Weiluo: Wertermittlung eines mit einem Erbbaurecht belasteten Grundstücks, Frankfurt am Main 1994

Wank, Rolf: Die Auslegung von Gesetzen, Köln, Berlin, Bonn, München 1997

Weichhaus, Erhard: Der Heimfallanspruch bei der Zwangsversteigerung eines Erbbaurechts, in: Rpfleger 1979, S. 329 ff.

Weirich, Hans-Arnim: Grundstücksrecht, 1. Aufl., München 1985; 2. Aufl., München 1996 (zitiert: Weirich, Grundstücksrecht, Aufl.)

Wenzel, Frank: Die Beleihung von Erbbaurechten, in: Zeitschrift für Bankrecht und Bankwirtschaft 1995, S. 357 ff.

Wieacker, Franz: Zur rechtstheoretischen Präzisierung des § 242 BGB, Tübingen 1956

Wieczorek, Bernhard: Zivilprozeßordnung, 2. Bd.: §§ 253-510c, 2. Aufl., Berlin, New York 1976

Wieling, Hans-Josef: Venire contra factum proprium und Verschulden gegen sich selbst, in: AcP 176, S. 334

Wieser, Eberhard: Die Zwangsvollstreckung als Druckmittel, in: DGVZ 1990, S. 177 ff.

Wilhelm, Jan: Sachenrecht, Berlin, New York 1993

Wilke, Axel: Zur Auslegung des § 9 Abs. 2 ErbbauVO i.d.F. des Sachenrechtsänderungsgesetzes 1994, in: DNotZ 1995, S. 654 ff.

Windel, Peter A.: Die Rechtsbehelfe des Schuldners gegen eine Vollstreckung aus einer unwirksamen notariellen Urkunde (§ 794 Abs. 1 Nr. 5 ZPO) – zugleich ein Beitrag zum Rechtsschutzsystem des 8. Buches der ZPO, in: ZZP 102, S. 175 ff.

Winkler, Karl: Der Erbbauzins in der Zwangsversteigerung des Erbbaurechts, in: DNotZ 1970, S. 390 ff.

— Der Erbbauzins in der Zwangsversteigerung des Erbbaurechts, in: NJW 1985, S. 940 ff.

— Das Erbbaurecht, in: NJW 1992, S. 2514 ff.

Wolff, Eberhard / Hennings, Dorothee: Zwangsversteigerungs- und Zwangsverwaltungsgesetz, 3. Aufl., Stuttgart 1990

Wurm, Karl / Wagner, Hermann / Zartmann, Hugo: Das Rechtsformularbuch, 14. Aufl., Köln 1998

Zeiss, Walter: Die arglistige Prozeßpartei, Berlin 1967 (zitiert: Zeiss, Die arglistige Prozeßpartei)

— Zivilprozeßrecht, 9. Aufl., Tübingen 1997 (zitiert: Zeiss, Zivilprozeßrecht)

Zeller, Friedrich / Stöber, Kurt: Zwangsversteigerungsgesetz, 14. Aufl., München 1993 (zitiert: Zeller/Stöber, 14. Aufl.); 16. Aufl., München 1999 (zitiert: Zeller/Stöber)

Zippelius, Reinhold: Juristische Methodenlehre, 7. Aufl., München 1999

Zöller, Richard: Zivilprozeßordnung, 22. Aufl., Köln 2001 (zitiert: Zöller-Bearbeiter)

Die Abkürzungen folgen, soweit nicht vorstehend andere Abkürzungen gewählt wurden, dem von Hildebert Kirchner herausgegebenen „Abkürzungsverzeichnis der Rechtssprache“, 4. Aufl., Berlin, New York 1993.

CENTAURUS VERLAG

Otto, Christian
Die Grenzen gemeindlicher Wirtschaftsbetätigung
Aktuelle Beiträge zum Öffentlichen Recht, Band 7, 2001, 296 S.,
ISBN 978-3-8255-0353-6, 35,20 € / 62,40 sFr

Papakiriakou, Theodoros:
Das Griechische Verwaltungsstrafrecht in Kartellsachen:
Zugleich ein Beitrag zur Lehre vom Verwaltungs- und Unternehmensstrafrecht
Studien zum Wirtschaftsstrafrecht, Bd. 15, 2002, ca. 360 S.,
ISBN 978-3-8255-0339-0, ca. 35,80 € / 63,50 sFr

Papakiriakou, Theodoros:
Das Europäische Unternehmensstrafrechts in Kartellsachen:
Beitrag zur materiellrechtlichen Ausgestaltung eines rechtsstaatlichen und effektiven Verwaltungs- bzw. Unternehmensstrafrechts am Beispiel ausgewählter Grundprobleme des europäischen Kartellbußgeldrechts
Studien zum Wirtschaftsstrafrecht, Bd. 17, 2002, ca. 360 S.,
ISBN 978-3-8255-0359-8, ca. 35,80 € / 63,50 sFr

Penzlin, Dietmar
Strafrechtliche Auswirkungen der Insolvenzordnung
Studien zum Wirtschaftsstrafrecht, Band 11, 2000, 260 S.,
ISBN 978-3-8255-0292-8, 40,39 € / 72,– sFr

Reumann, Ute
Die Europäische Zentralbank:
Zwischen Selbstbestimmung und vertragsmäßiger Zusammenarbeit mit der Gemeinschaft
Aktuelle Beiträge zum Öffentlichen Recht, Band 5, 2001, 340 S.,
ISBN 978-3-8255-0325-3, 40,39 € / 72,– sFr

Röhm, Peter M.
Zur Abhängigkeit des Insolvenzstrafrechts von der Insolvenzordnung
Studien zum Wirtschaftsstrafrecht, Band 18, 2002, 388 S.,
ISBN 978-3-8255-0373-4, ca. 31,– € / 51,50 sFr

FSC
www.fsc.org
MIX
Papier | Fördert
gute Waldnutzung
FSC® C083411

Kolibri 360 GmbH
Ferdinand-Jühlke-Straße 7
99095 Erfurt, Deutschland
produktsicherheit@kolibri360.de